# "吃鸡自由"科学简史

文杰 汤波 刘冉冉 著

科学普及出版社
·北京·

图书在版编目（CIP）数据

"吃鸡自由"科学简史 / 文杰，汤波，刘冉冉著. -- 北京：科学普及出版社，2023.3
ISBN 978-7-110-10537-5

Ⅰ．①吃… Ⅱ．①文… ②汤… ③刘… Ⅲ．①鸡－产业发展－研究－世界 Ⅳ．①F307.3

中国国家版本馆CIP数据核字（2023）第029423号

| 作　　者 | 文　杰　汤　波　刘冉冉 |
|---|---|
| 绘　　者 | 陈　浩（铁岭师范高等专科学校艺术学院） |
| 策划编辑 | 邓　文 |
| 责任编辑 | 郭　佳 |
| 装帧设计 | 金彩恒通 |
| 责任校对 | 吕传新 |
| 责任印制 | 李晓霖 |

| 出　　版 | 科学普及出版社 |
|---|---|
| 发　　行 | 中国科学技术出版社有限公司发行部 |
| 地　　址 | 北京市海淀区中关村南大街16号 |
| 邮　　编 | 100081 |
| 发行电话 | 010-62173865 |
| 传　　真 | 010-62173081 |
| 网　　址 | http://www.cspbooks.com.cn |

| 开　　本 | 880mm×1230mm　1/32 |
|---|---|
| 字　　数 | 300千字 |
| 印　　张 | 11.5 |
| 版　　次 | 2023年3月第1版 |
| 印　　次 | 2023年3月第1次印刷 |
| 印　　刷 | 河北环京美印刷有限公司 |
| 书　　号 | ISBN 978-7-110-10537-5/F・273 |
| 定　　价 | 68.00元 |

（凡购买本社图书，如有缺页、倒页、脱页者，本社发行部负责调换）

# 序　言

"闻鸡起舞""雄鸡一唱天下白""鸡功最巨，诸菜赖之"……提到鸡，大家脑海中多半会浮现很多成语和诗句，也有可能会唤起很多人的美味记忆和期待。

的确，鸡是大家再熟悉不过的家养动物，但是家鸡如何从瘦小谨慎的原鸡一步步驯化而成，如何从中国西南部、泰国北部和缅甸一带的丛林走向全球，如何从王室祭祀用品发展成为老百姓餐桌上的美食，如何从过年过节才吃得到的美味担当变为餐餐可享用的寻常食物，这里面蕴藏着许许多多有趣而不同寻常的历史、文化和科学故事。

在本书中，中国农业科学院北京畜牧兽医研究所文杰研究员等以家鸡驯化历史、育种科技和产业发展中的科学故事为"主菜"，辅之以生动有趣的历史和文化故事，烹制成关于人类吃鸡简史的科普"大餐"，非常值得细细"品尝"。大家享用这一科普"大餐"后，一定会对鸡这种常见的家养动物产生全新的、系统的认识。

作为一种常见的家养动物，鸡却拥有很多并不寻常的特性。随着学习和研究的深入，我们会发现鸡身上有很多有意思的科学问题，比如家鸡是如何被驯化的？公鸡打鸣会把自己震聋吗？母鸡下蛋的极限在哪里？母鸡为什么会变成公鸡？斗鸡为什么好斗？肉鸡长得快，到底是基因决定的，还是激素的功劳？鸡如何变身药物工厂？除了作为食物，鸡还有哪些重要用途？这些有趣的科学问题都可以在这本科普图书中找到答案。

在这本科普图书中，我们将不难发现，家鸡在中国历史和饮食文化中占据非常特殊的地位。中国是全球家鸡驯化中心之一，也是最早饲养家鸡的国家之一。中国养鸡历史最早可追溯至3000多年前的殷商时期，考古学家发现了这一时期的家鸡遗骨，而且当时的甲骨文已出现了"鸡"的象形文字。中国也是世界上家鸡种质资源最为丰富的国家之一，现有地方鸡种110多个，拥有很多世界上独一无二的鸡种，其中九斤黄

（Cochin Chicken）和狼山鸡等中国地方鸡种对世界鸡种遗传改良做出了重要贡献。在中国传统文化中，鸡素来有"德禽"之称，有"文、武、勇、仁、信"五德；而鸡与吉同音，因此鸡也被推崇为吉祥之鸟，在中国传统文化中代表吉祥、积极向上、勇敢守信等正面形象。古人将鸡与牛、马、羊、猪、狗并列为"六牲"或"六畜"，其中鸡是鸟类的唯一代表，也是其中最特别的一个。无独有偶，鸡在中国"十二生肖"中同样是鸟类的唯一代表，除了龙和蛇之外，其余9种生肖均为哺乳动物。鸡在中国饮食文化中当然是不可或缺的，清代诗人和美食家袁枚曾言"鸡功最巨，诸菜赖之。"我国南方更有"无鸡不成宴"的说法。如今，鸡肉已成为我国第二大肉类消费品，未来将有望成为最主要的动物蛋白来源。

当然，这本图书的主题是"吃鸡"，其最浓墨重彩的部分则是介绍中外古人吃鸡趣闻，科技进步如何帮助现代人实现"吃鸡自由"，未来人类如何吃鸡等内容，全面展现了全球和我国肉鸡产业发展的历史、现状和未来趋势。要实现全国范围内的"吃鸡自由"，需要肉鸡育种、动物营养、疫病防控、环境控制等科技进步，其中肉鸡育种科技创新贡献最大。因此，作者在书中系统地介绍了我国拥有独具特色的地方鸡种质资源，以及这些种质资源对世界肉鸡产业做出了哪些贡献；我国科学家如何利用这些种质资源，培育出好养又好吃的黄羽肉鸡新品种，让大家"吃得好""吃得安全"；为了解决我国肉鸡种源"卡脖子"问题，我国科学家和企业家如何攻克难关，成功培育出三大白羽肉鸡自主品种，实现白羽肉鸡品种"0到1"的重大突破；面对国际育种科技前沿和我国肉鸡产业发展的重大需求，我国科学家如何坚持自主创新，实现肉鸡育种科技迭代升级，为我国肉鸡产业注入新的动力。

文杰研究员作为我国肉鸡产业技术体系的领导者，也是我国肉鸡育种自主创新的实践者，带领团队先后培育了6个优质黄羽肉鸡新品种和1个白羽肉鸡新品种，创制了在肉鸡企业中广泛应用的肉鸡育种基因芯片，这些肉鸡育种科技成果将对我国肉鸡核心种质资源的持续改良发挥重要作用。此次，文杰研究员领衔撰写这本有趣又有料的科普图书，必将让广大读者对鸡的物种本身及我国肉鸡产业有新的、深入的了解，也将对我国家鸡产业的健康发展产生积极影响。

因此，我非常乐意向读者推荐这本有趣的科普图书。

张亚平

中国科学院院士

# 目 录

## 第一章　起源与扩散

2　　用鸡复活恐龙，一共要几步？

17　　中国会是家鸡全球驯化中心吗？

27　　鸡和欧洲人到底谁先到达美洲？

41　　难道是贪玩的人类推动鸡成为全球物种？

## 第二章　吃鸡之外

56　　咯咯哒，如何让母鸡多下蛋？

71　　喔喔喔，公鸡打鸣会把自己耳朵震聋吗？

80　　咯咯哒还是喔喔喔，母鸡性别转换之谜

## 第三章　吃鸡过去时

96　从祭坛用品到待客美食：中国人吃鸡简史

108　从"预言家"到盘中餐：世界人民吃鸡缩影

122　人类能实现"吃鸡自由"，多亏了两个女人

## 第四章　吃鸡现在时：先要"自由"

136　为什么肉鸡长得快？基因告诉你答案

149　给种鸡"算命"是个技术活

163　中国鸡种对世界鸡种遗传贡献知多少

178　白羽肉鸡如何逆袭成为"明日之鸡"？

194　国产白羽肉鸡新品种诞生记

208　小个子也有大作为

## 第五章　吃鸡现在时：还要美味与健康

- 222　儿时的土鸡味，到底是啥味？
- 236　让脂肪长在正确的位置上
- 247　鸡蛋的"坏"名声从何而来？
- 261　鸡蛋是如何拯救人类的？
- 275　乌骨鸡到底有没有药用价值？
- 287　鸡为科学家带来几项诺贝尔奖？

## 第六章　吃鸡将来时

- 308　全球正进入饲料禁抗新时代
- 321　基因编辑会为鸡的育种带来惊喜吗？
- 330　细胞培养肉能替代养殖鸡肉吗？

- 341　**参考文献**
- 355　**后　记**

# 第一章
# 起源与扩散

用鸡复活恐龙，一共要几步？ 2

中国会是家鸡全球驯化中心吗？ 17

鸡和欧洲人到底谁先到达美洲？ 27

难道是贪玩的人类推动鸡成为全球物种？ 41

"吃鸡**自由**"科学**简史**

# 用鸡复活恐龙，
# 一共要几步？

恐龙曾经统治地球长达1.6亿年，至于恐龙灭绝的原因则众说纷纭。人们比较认同的一种说法是，由于6600万年前的小行星撞击地球，导致几乎所有恐龙都在短时间内灭绝了。凭借曾深埋在岩石里的各类化石，科学家和艺术家联手拼凑出各种恐龙栩栩如生的形象，展现在世界各地的博物馆里、各种图书画册上和影视作品中，以及各种玩具店里，深受孩子们青睐。由于神秘的恐龙广受孩子们的喜爱，总有人异想天开，梦想利用现代生物科技复活远古恐龙，甚至想要为孩子们带来小盗龙、圆顶龙之类活生生的恐龙宠物。

## 第一章 起源与扩散

著名科幻电影《侏罗纪公园》就讲述了这样的故事。电影中，科学家从封存在琥珀中的史前蚊子体内发现了恐龙的血液，从中分离出恐龙的遗传基因，并利用这些恐龙基因复活出6600万年前灭绝的恐龙，由此建立了一个恐龙保护区——侏罗纪公园。电影中，"侏罗纪公园"吸引了大量游客前往，人们想要一睹鲜活恐龙们的真容。电影《侏罗纪公园》上映后，吸引了全世界无数观众的目光，也掀起了复活恐龙的热烈讨论。不过，理智的科学家无情地告诉大家，用电影中的方法复活恐龙，难如登天。因为即使在保存最完好的恐龙化石中，恐龙的DNA由于遭受了千百万年的破坏，也早已被分解得支离破碎，根本无法辨认，更别说以此复活恐龙了。这就好像喜马拉雅山经过长年累月的风化，全部变成砂砾，散落在地球的各个角落，你显然无法将这些原属于喜马拉雅山的砂砾全部收集起来，更不可能将这些砂砾重新堆积成原来的喜马拉雅山。

不过，还是有人不死心，这个人就是美国古生物学家杰克·霍纳（Jack Horner）。霍纳虽然因为严重阅读障碍未能完成大学学业，但是他在古生物学领域，特别是恐龙研究领域，还是取得了很多重大研究成果，包括发现和命名一种善于孵化和照顾幼龙的"慈母龙"。在职业生涯中，霍纳获得了多项古生物学界重要的奖项。同时，他还是电影《侏罗纪公园》的两位科学顾问之一。

早在《侏罗纪公园》电影上映之前，霍纳心中就萌生了利用现代生物科技复活恐龙的想法。他不仅仅只是心血来潮，而是把这一看似疯狂的想法付之行动。不过，他的恐龙复活计划与电影中的计划截然不同，他竟然准备用现代鸡来复活远古恐龙。你没看错，就是鸡！

## 鸟类是活着的恐龙？

霍纳的主要理论根据在于——鸡是恐龙的后代。

不仅鸡是恐龙的后代，所有鸟类都是恐龙的后代，或者说鸟类其实就是活着的恐龙，这是目前古生物学界的主流观点。准确来说，鸟类是由小型肉食性兽脚类恐龙进化而来，即鸟类的"兽脚类起源说"。

"兽脚类起源说"最早是由英国著名生物学家托马斯·亨利·赫胥黎（Thomas Henry Huxley）博士提出来的。赫胥黎是达尔文进化论的坚定支持者和捍卫者，因此被称为"达尔文的斗牛犬"。在

## 第一章 起源与扩散

达尔文1859年发表《物种起源》的两年内,有人在德国南部相继发现了属于侏罗纪晚期的一种神秘动物的化石,这种动物生活在距今1.5亿年前,长有牙齿,还有三趾前爪和长长的尾巴,与小型兽脚类恐龙非常相似,但是又长满羽毛,头骨与鸟类相近。英国著名古生物学家理查德·欧文(Richard Owen)将其中一块较为完整的鸟类骨架化石描述为"始祖鸟"。其实,始祖鸟是由德国古生物学家赫尔曼·冯·迈耶(Hermann Von Meyer)仅仅依据一根羽毛化石命名的,意为鸟类的祖先。近年来虽然存在一些争议,但是目前多数学者仍然认为始祖鸟是鸟类的祖先。赫胥黎在比较了始祖鸟化石和同一位置出土的小型兽脚类恐龙——美颌龙的化石后,发现它们有很多相似之处,因此提出了鸟类起源于兽脚类恐龙的假说。

不过,20世纪初,有一些古生物学家基于恐龙和始祖鸟的比较分析,又提出了鸟类起源的"槽齿类起源说",即这些动物的一个共同特点是都有槽齿,认为槽齿类爬行动物是鸟类和恐龙的共同祖先。这一假说在之后的几十年里得到全世界很多古生物学家的支持,"兽脚类起源说"一度销声匿迹。直到20世纪70年代,"兽脚类起源说"又重新开始活跃,特别是之后在中国辽宁热河地区出

## "吃鸡自由"科学简史

土了大量鸟类和带羽毛恐龙的化石,让"兽脚类起源说"再次占据上风。

早在20世纪初,一些国外的古生物学家在辽宁省热河地区进行野外发掘,陆续发现了大量化石。20世纪60年代开始,中国的古生物学家逐渐来到这一地区进行研究,发现该地区在1.3~1.2亿年前曾经生活着一个古老且种类繁多的生物群,即"热河生物群"。从90年代初开始,针对热河生物群的考古研究进入鼎盛时期,不断产生震惊学术界的重大发现,特别是大量远古鸟类和带羽毛恐龙化石的发现。

古生物学家相继发现了燕都华夏鸟、三塔中国鸟、圣贤孔子鸟、原始热河鸟、原羽鸟和义县鸟等白垩纪早期的远古鸟类的化石,这些是迄今为止全世界最丰富的早期鸟类化石。其中原始热河鸟化石仍然保留着长长的骨质尾巴,这个物种以植物果实等为食,与始祖鸟一起代表着鸟类进化的早期阶段。原羽鸟和义县鸟分别代表着反鸟类和今鸟型类的早期阶段。孔子鸟化石则是这些鸟类化石中最出名的一个,化石中的骨骼结构保存得比较完整,并有着清晰的羽毛印迹。孔子鸟具有与现代鸟类一样的角质喙和尾综骨，不再有牙齿，却保留了一些爬行动物的特征。根据化石出土地点的地质形成史推断，孔子鸟类生活在距今约1.3亿年到1.2亿年前，是目前已知的最早拥有无齿角质喙的鸟类。

与此同时，中国古生物学家们还在热河地区发现了大量带有羽毛的恐龙化石，为鸟类的恐龙起源假说带来了坚实的证据。1996年发现的中华龙鸟属于兽脚类中的美颌龙类，特征是头小尾巴长，尾椎骨超过50节，嘴里长有锯齿状的牙齿，最显著的特征是身上长有类似羽毛的皮肤衍生物，是世界上首次被发现的带"羽毛"的恐龙化石。之后，古生物家又发现了北票龙、尾羽龙、小盗龙等带有羽毛特征的恐龙化石，进一步证明兽脚类恐龙在演化早期就出现了羽毛，也为鸟类的兽脚类恐龙起源假说增加了强有力的证据。2009年，中国科学院古脊椎动物与古人类研究所的研究人员公布了另一项重大考古发现，他们在辽宁省葫芦岛市建昌县发现了一种比始祖鸟存在更早的带羽毛的小型兽脚类恐龙——近鸟龙，生活年代为距今约1.61亿年到1.60亿年前的侏罗纪，属于燕辽生物群，比始祖鸟早500万~1000万年，比其他带羽毛恐龙则早2500万~3500万年，从而填补了始祖鸟之前，恐龙向鸟类进化过程中的空白。为了纪念

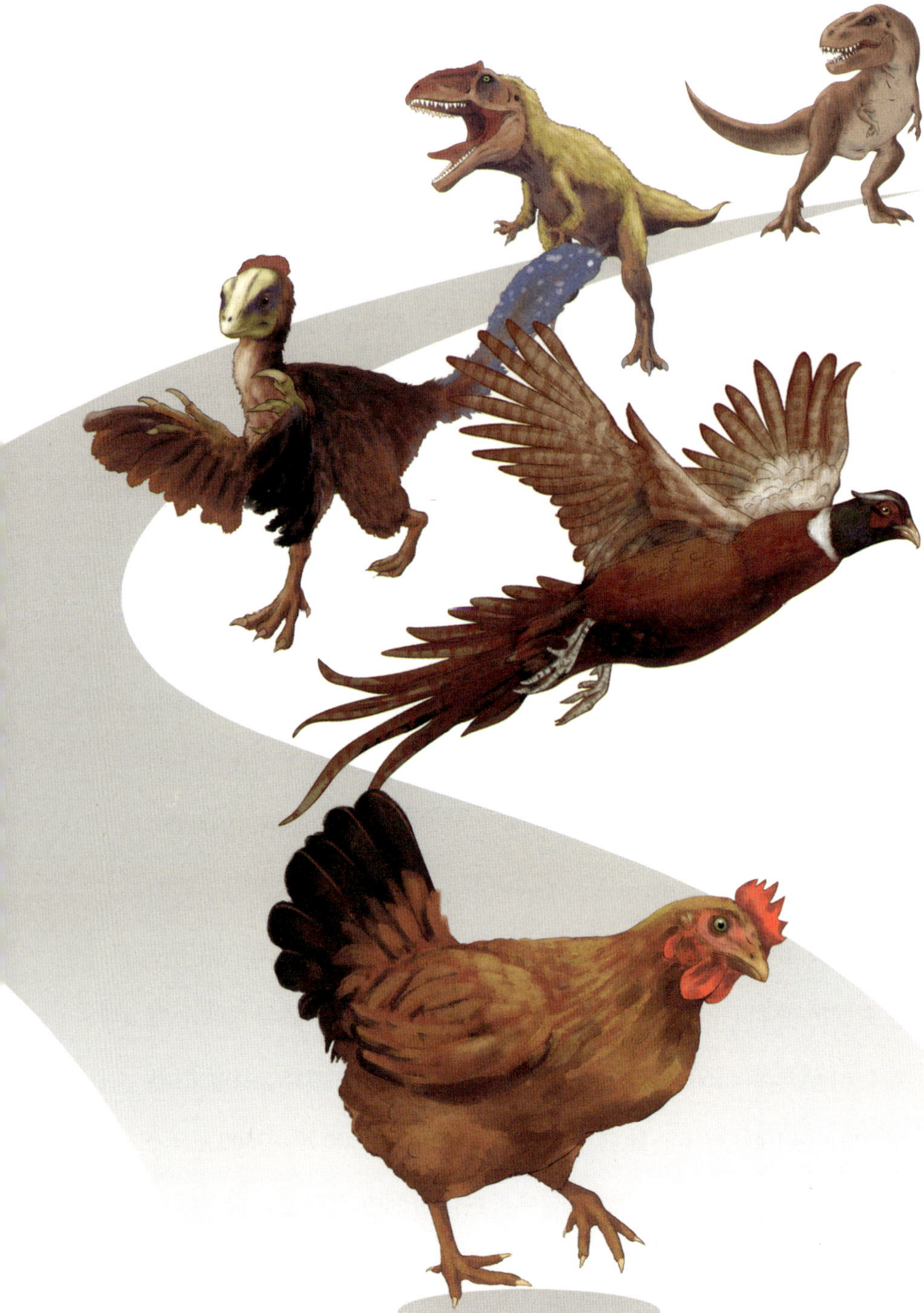

赫胥黎，研究人员还特意将其命名为赫氏近鸟龙。

随后，越来越多的考古发现为我们勾画出日渐清晰的鸟类演化路径：远在鸟类形成之前，一些小型兽脚类恐龙身上已经出现羽毛，而且羽毛变得越来越多，越来越华丽，最初并非为了飞行，而是为了御寒和求偶。某一天，某只拥有羽毛的恐龙在躲避敌害的奔跑过程中，偶尔扇动前肢上的羽翼，发现自己能像蜻蜓或蝴蝶一样飞离地面，甚至飞向高空，这是鸟类飞行起源的一种假说。还有另一种假说，喜欢在树上休憩的小型兽脚类恐龙在与同伴嬉戏打闹时，不小心跌下树枝，情急之下奋力扇动翅膀，使得自己平稳落在地上，免于摔伤。这是古生物学家关于鸟类飞行起源的两种主要假说，即地面起飞假说和树上跳跃假说，当然还有其他假说，这些假说各有各的根据，也各有各的缺陷。

## 鸟类的崛起

不管鸟类的祖先是如何学会飞行的，飞行这项技能都让它们在觅食、躲避敌害等方面拥有了巨大的优势，也让它们免于在6600万年前灭绝，并繁衍至今。为了便于飞行，大多数鸟类的头部和身体

### "吃鸡**自由**"科学**简史**

逐渐变小变轻。与此同时，远古鸟类的牙齿逐渐退化，角质喙慢慢形成，长长的尾巴渐渐失去，尾椎骨则退化变短愈合成尾综骨，覆之以尾羽。它们体内的呼吸系统、循环系统和消化系统等一系列生理特征也随之变化，比如出现了6个气囊辅助呼吸，血红蛋白比哺乳动物具有更强的携带氧气能力，小肠变短后可加快排便以减轻飞行时的身体重量等。有了飞行的能力，鸟类既可以在地面上觅食玩耍，也可以飞上树枝筑巢栖息，更可以迅速飞离危险地带，获得更大的生存空间和机会。

经过漫长的演化，现代鸟类最终在约1亿年前——白垩纪中晚期形成，并不断演化成形态、种类各异的鸟，其中一些鸟类成功躲过了给恐龙家族带来灭顶之灾的危机，也让鸟类成为地球生命演化史上最成功的陆生脊椎动物，为我们带来了绚丽多彩的鸟类世界。

一般认为，全世界现存的鸟类物种数量约有9000种。不过，最新研究发现，全世界的鸟类可能超过10000种。相对而言，地球上现存的两栖动物约7000种，爬行动物约6000种，而哺乳动物只有约5400种。中国约有1400种鸟类。

## 第一章 起源与扩散

在分类学上，鸟类属于动物界、脊索动物门、脊椎动物亚门、鸟纲。鸟纲下分为古鸟亚纲和今鸟亚纲，顾名思义，古鸟亚纲包括始祖鸟等中生代的原始鸟类，同时具有鸟类和爬行动物的特征；今鸟亚纲包括现存的所有鸟类和一些已经灭绝的早期鸟类。现存的今鸟亚纲又可分为三个总目，即突胸总目、平胸总目和企鹅目。突胸总目又被称为今颌总目，是鸟纲中最大的一个总目，涵盖了世界上现存的绝大多数鸟类，分布遍及全球。突胸总目最大的共同特征是鸟类的胸骨向外凸起形成龙骨，可附着强大的肌肉群，为翅膀扇动提供持续动力。因此，突胸总目的大多鸟类都具有较发达的羽翼，善于飞翔。平胸总目属于不会飞的走禽，其胸骨无龙骨突起，也没有尾综骨，非洲鸵鸟、鸸鹋、美洲鸵鸟是其中的常见物种。企鹅目下只有一个科，即企鹅科，含有6个属，18个种，都是不会飞但善于游泳的海鸟。企鹅并非都生活在南极洲，但是大多数企鹅生活在南半球。

在鸟类大家庭里，有的以色彩斑斓吸引眼球，如孔雀、金刚鹦鹉等；有的只有黑白两色也能尽显高贵，如天鹅；有的善于飞翔，如常年在北极圈和南极洲之间往返迁徙的北极燕鸥、能飞上万米

"吃鸡**自由**"科学**简史**

高空的灰雁、飞行速度快过高铁运行速度的军舰鸟等；有的善于奔跑，如奔跑速度可达70千米/小时的鸵鸟等；有的善于攀爬，如喜欢吃树皮里害虫的啄木鸟；有的善于游泳，如可在500米深海潜水20~30分钟的帝企鹅等；有的善于捕鱼，如人工驯化的鸬鹚一天可捕鱼10千克，不过这种捕鱼方式不仅对生态多样性造成破坏，也对鸬鹚自身无益，因此被法律所禁止；有的善于筑巢，如生活在非洲南部的群居织巢鸟，它们能利用草茎、柳条纤维等搭建重达1吨的超大型"公寓"，可同时容纳数十只甚至数百只鸟一起群居，而且每对鸟夫妻基本都能分配到独立房间；有的善于歌唱，如歌声婉转动听的画眉鸟、叫声高亢明亮的夜莺等；有的善于舞蹈，如丹顶鹤、琴鸟等；有的凶猛无比，如美洲角雕、安第斯神鹫等；有的小巧可爱，如生活在南美洲的蜂鸟，它们的身体长度仅为5~12厘米左右，重量仅有2.5~6.5克，但是飞行时的心跳每分钟高达1200次。

## 世界上数量最多的鸟类

与这些各具特色的鸟类相比，有一种在各方面都黯然失色的鸟类却荣登鸟类王国的数量之王，那就是这本书的主角——家鸡。

家鸡属于鸟类中的鸡形目。顾名思义，鸡形目就是长得像鸡的一类鸟，如我们所熟悉的孔雀、鹌鹑、雉鸡、火鸡等。鸡形目下面又包括6个科，家鸡属于雉科。据国际鸟类学家联盟数据显示，雉科是鸡形目中最大的一个分支，包括54个属、180个以上的不同物种，约占鸡形目物种总数的60%。

根据考古记录，鸡形目动物的共同祖先生活在约4000万年前，类似鸡形目的动物化石最早可以追溯到约8500万年前。雉科动物最早的化石记录可以追溯到渐新世晚期——大约3000万年前。雉科动物则是从2000万～2500万年前开始分化，形成雉鸡、鹌鹑、原鸡、火鸡、孔雀等雉科动物。

家鸡的数量到底有多少？据联合国粮食及农业组织统计，目前全球家鸡数量超过330亿只，鸟类数量居第二位的是外形同样平淡无奇的麻雀，据科学家估计约有16亿只，比家鸡少一个数量级。同样，家鸡的数量也高出其他家养动物至少一个数量级以上。2020年，全球牛、羊、猪、鸭等主要畜禽存栏量分别约为15亿头、14亿只、9.5亿头和11亿只，家鸡无疑是地球上最为重要的家养动物。

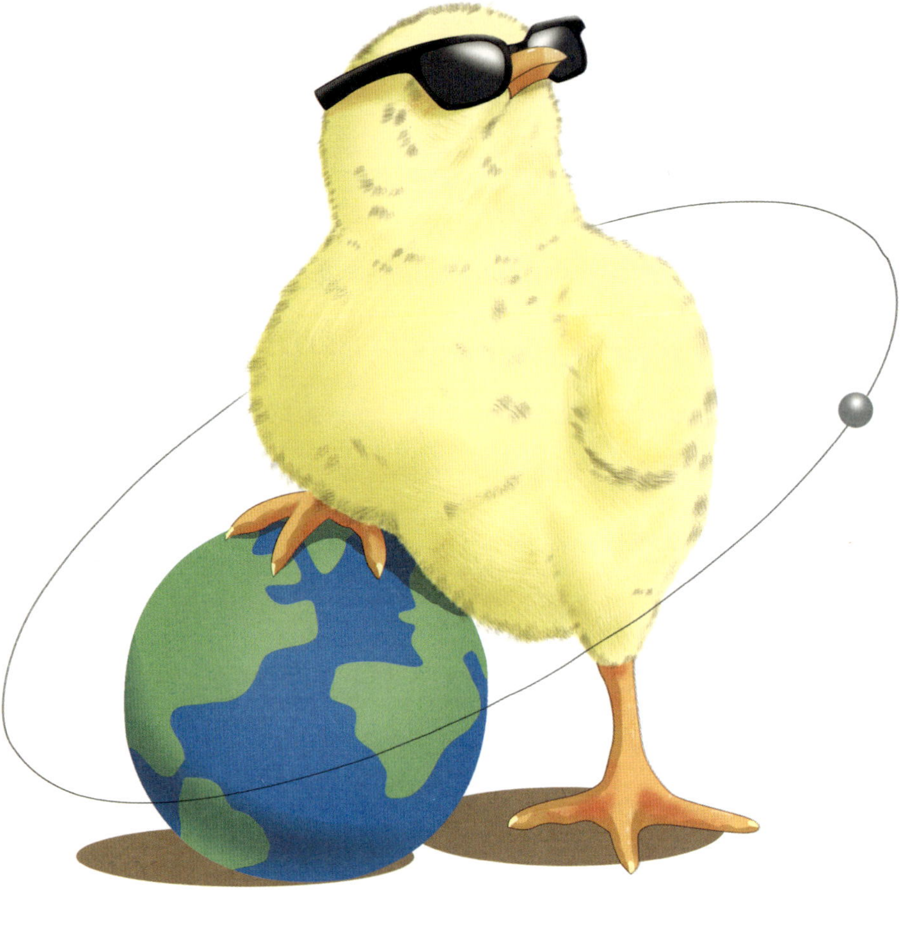

## 第一章　起源与扩散

按照以色列历史学家尤瓦尔·赫拉利（Yuval Noah Harari）在他的畅销书《人类简史》所言，如果要衡量某物种演化成功与否，评判标准就在于世界上其 DNA 螺旋的拷贝数的多寡。虽然评判物种演化成功的标准并非如此简单，但是携带物种 DNA 的个体数量必定是衡量标准之一。从这个角度来说，鸡是世界上演化最成功的物种之一。

正因为鸟类从恐龙演化而来，而鸡是最常见的鸟类，也是最常见的实验动物之一，因此霍纳提出了利用鸡复活恐龙的计划——"恐龙鸡"（Chickenosaurus）计划。

"恐龙鸡"计划大致步骤包括：第一步找到控制恐龙标志性特征的基因；第二步利用基因编辑等基因工程技术对鸡的细胞或胚胎进行基因改造；第三步孵化出这些基因改造的鸡胚，让其表现出一些恐龙的标志性特征，比如牙齿、尾巴、前肢等，培育出所谓的"恐龙鸡"。霍纳将他的这一新奇计划录制成演讲视频，发布在著名演讲视频网站上，受到广泛关注，全球观看人次已超过了 365 万。

显然，霍纳的计划并非复活真正的恐龙，只是让鸡表现出一些恐龙特征，充其量只能算是恐龙复活计划的 1.0 版本。但是，即使

### "吃鸡自由"科学简史

是这类恐龙复活计划的初级版本,其难度也非常大,到底能否成功呢?看完这本书,大家或许能找到一些答案。

那么,让我们先了解一下,平淡无奇的鸡是如何从雉科动物甚至整个鸟类大家庭中脱颖而出,一步步成为世界上数量最多的鸟类,最终成为人类驯化的重要物种的?

第一章 起源与扩散

# 中国会是家鸡全球驯化中心吗？

关于鸡的起源和驯化过程，吸引了很多科学家的关注，也存在一定争议。与人类起源和其他家养动物的驯化过程一样，争议的焦点主要集中在鸡的祖先是谁、家鸡何时被驯化及驯化中心在哪里这三大问题。

### 鸡的祖先是谁？

弄明白祖先是谁，无疑是研究家养动物的起源和驯化历史的首要任务。鸡作为人类驯化的重要物种，其起源自然受到很多科学家的关注。19世纪60年代末，进化论的创始人、英国生物学家查尔

## "吃鸡自由"科学简史

斯·达尔文就曾指出,生活在印度河流域的红原鸡(*Gallus gallus*)才是现代家鸡的唯一祖先。

为什么达尔文会认为家鸡是由红原鸡驯化而来的呢?首先当然是因为红原鸡和家鸡长得实在太像。

不过,作为19世纪最伟大的科学家之一,达尔文并非仅仅依靠外表做出判断。在《动物和植物在家养下的变异》一书中,达尔文对红原鸡与家鸡的相似之处进行了详细描述。红原鸡不仅形态、羽色与一些现代鸡种比较接近,而且它们的习性和鸣叫声也非常相近。另外,丛林中的红原鸡还时不时跑到附近的农户家中偷"吃",除了与家鸡争抢食物之外,还会趁机与已驯化的母鸡们约会、恋爱,交配并繁衍出一些可生育的后代。达尔文还比较了其他原鸡与家鸡的差异,这些原鸡包括生活在印度德干高原以南的灰原鸡(*Gallus sonneratii*)、生活在斯里兰卡的黑尾原鸡(*Gallus lafayettei*),以及以印度尼西亚为主要生活区域的绿原鸡(*Gallus varius*)。这些原鸡与家鸡在一些方面存在显著差异,特别是杂交后代基本不育,达尔文最终认为红原鸡才是家鸡的真正祖先。

红原鸡

灰原鸡

绿原鸡

黑尾原鸡

哪种原鸡才是我的祖先呢？

### "吃鸡自由"科学简史

不过,随着线粒体DNA、基因组测序等现代分子生物技术的发展,人们发现红原鸡并非家鸡的唯一祖先。一个由来自9个国家的科学家组成的国际研究小组对4种原鸡,以及家鸡和普通雉鸡进行了全基因组测序和比对分析,发现家鸡与4种原鸡都有不同程度的双向基因渗入,也就是说,4种原鸡都可能对现代家鸡有遗传贡献,其中红原鸡与家鸡之间存在近80%的基因渗入,灰原鸡、黑尾原鸡与家鸡之间也有非常广泛的双向基因渗入,基因渗入比例有12%~14%,而绿原鸡与家鸡之间基因渗入比例要低一些,约为9%,但是在性染色体中这一比例一般还要更低一些。

更具体的例子是一些基因的分析,直接证明其他原鸡对现代家鸡也有遗传贡献。据瑞典乌普萨拉大学著名动物遗传学家雷夫·安德森(Leif Andersson)教授团队的一项研究表明,黄色鸡皮基因可能来自灰原鸡,而不是红原鸡。鸡皮颜色受多基因控制,一般有黄色、白色或黑色,其中黄色鸡皮在现代饲养的蛋鸡和肉鸡品种中都非常普遍,我国地方鸡种的鸡皮就以黄色居多。研究人员经过一番努力,发现了控制黄色鸡皮的基因。出人意料的是,家鸡的这一基因与红原鸡的同源性并不高,但是与灰原鸡却高度同源。这些研究进一步说明家鸡的基因可能来自多个原鸡祖先，即家鸡的基因主要源自红原鸡，但是其他原鸡也做出了遗传贡献。

说到红原鸡，其实它们广泛分布在亚洲南部和东南部地区，根据栖息地和特点的不同，又可以分为5个亚种：指名亚种（*Galus gallus gallus*）、滇南亚种（*Galus gallus spadiceus*）、爪哇亚种（*Galus gallus bankiva*）、印度亚种（*Galus gallus murghi*）和海南亚种（*Galus gallus jabouillei*）。

到底这些红原鸡亚种对家鸡的遗传贡献有多少？中国科学院昆明动物研究所的张亚平院士和吴东东研究员领导的国际研究小组给出了答案，他们在分析来自全球范围内的家鸡样本、4种野生原鸡和5种红原鸡亚种代表的863个基因组后，认为滇南原鸡亚种是家鸡的主要祖先，而且家鸡驯化后又与其他红原鸡亚种及其他原鸡进行了杂交，比如印度尼西亚的家鸡从印尼原鸡亚种中继承了1.6%~6.5%的血统，以及指名原鸡亚种4.8%~10.7%的血统。而中国的家鸡则拥有海南原鸡亚种1.3%~6.2%的血统。不过，原产于意大利的世界著名蛋鸡品种白来航鸡竟然继承了印度原鸡亚种25%的血统，这一比例远大于其他家鸡品种，包括一些南亚品种，

### "吃鸡**自由**"科学**简史**

说明印度原鸡亚种对白来航鸡做出了非常重要的遗传贡献。

## 家鸡何时被驯化？

家鸡何时被驯化？这也是一个令人好奇的问题。目前关于物种起源的时间问题，一般需要用考古学和分子生物学等学科知识来共同解答。

目前，全球家鸡最早的考古证据来自公元前 2000 年印度河谷地区的哈拉帕和摩亨佐·达罗等遗址，现位于巴基斯坦境内。这些遗址中发掘的鸡骨要比原鸡的大，又比现代家鸡的小，因此推测其为已驯化的家鸡。在年代约为公元前 5000 年的河北省武安市磁山遗址中，考古人员也发现类似鸡骨的遗存，不过还存在较大的争议，有人认为这些所谓的鸡骨更接近雉鸡的骨头。相对而言，考古学家认为，从河南省安阳市距今 3300 年左右的殷墟遗址出土的鸡骨是中国最早的家鸡遗存记录。

当考古学家苦于化石考古记录太少之时，分子生物学家开始成为家鸡起源驯化历史研究的主角。他们通过分析原鸡、雉鸡和现代广泛饲养的家鸡等动物之间的基因遗传变异，从而推算出这些远亲之间的遗传距离和发生变异的时间，试图弥补化石考古的缺憾。

之前提到的成员来自9个国家的研究小组，正是通过对4种原鸡，以及家鸡和普通雉鸡进行了全基因组测序和比对分析，推测出原鸡和普通雉鸡是在2100万年前发生分离的。在4种原鸡之间，绿原鸡与其他原鸡遗传关系最远，大概相隔400万年，红原鸡与另外两种原鸡则在260万年前发生分离，灰原鸡和黑尾原鸡在180万年前发生分离，而红原鸡与家鸡的遗传距离只有约8000年。瑞典乌普萨拉大学著名动物遗传学家雷夫·安德森教授领导的研究小组通过基因组重测序发现，家鸡与红原鸡的分离时间也是在距今8000年前，而目前广泛饲养的肉鸡和蛋鸡品种是在公元1900年前后形成的，该研究成果发表在《自然》杂志上。

由张亚平院士和吴东东研究员领导的国际研究小组进一步确定了红原鸡亚种中的遗传距离，认为印度原鸡亚种与其他原鸡亚种大概有50万年的遗传距离，而其他4种亚种有5万~12.5万年的遗传距离，从而说明这些红原鸡亚种早在家鸡驯化之前就已发生分化，并推测家鸡是滇南原鸡亚种在9500年前驯化的。

"吃鸡自由"科学简史

虽然分子生物学家推测家鸡驯化的时间是在距今8000年前，不过考古学家对目前分子生物学家推测的家鸡驯化时间还存有不小的疑问，因此仍然在孜孜以求，希望找到更早期、更原始的家鸡化石，以实现化石考古记录与DNA推测时间的完美吻合。

## 驯化中心在哪里？

家鸡到底从哪里开始驯化？这个问题也是众说纷纭。

由于目前公认的家鸡最早考古记录是在距今4000年前的印度河谷地区，因此这一地区被认为是家鸡的驯化中心。这一观点受到很多专家支持，达尔文也持类似观点，认为家鸡是由印度河流域的红原鸡驯化而来。

中国农业大学赵兴波教授团队曾在《美国国家科学院院刊》上发表论文，支持家鸡多中心驯化起源假说，认为中国北方地区可能是家鸡驯化中心之一。研究人员从中国北方多个不同考古遗址中收集了39块类似鸡骨的遗骨，这些遗址包括距今10000年前的河北省徐水县南庄头遗址、距今7000年前的河北省武安市磁山遗址，等等。通过提取和比对这些遗骨的古线粒体DNA，研究人员推测这些遗骨最有可能属于鸡形目雉科中的原鸡属，而不是其他属。距今10000年前，中国北方地区气候发生了巨大变化，气候变得温暖潮湿，森林大面积覆盖，基本适合原鸡生存。与此同时，该地区已开始发展小米种植与猪的驯化，也就是说该地区在10000年前已存在农业活动遗迹，不排除家鸡在该地区驯化的可能。基于上述研究结果，研究人员认为中国北方地区可能是家鸡驯化中心之一。不过，这个观点很快受到诸多质疑。中国社会科学院考古研究所袁靖教授等人认为，距今7000年前的中国北方地区多个遗址中出土的所谓鸡骨，从形态上分析均不属于原鸡或家鸡，更有可能属于雉，而且当时中国北方气候与现在差别不大，并非温暖潮湿，并不适合原鸡栖息。

前面提到过的张亚平院士和吴东东研究员领导的国际研究团队则在《细胞研究》杂志上提出了与上述家鸡驯化中心不同的观点，认为家鸡单独起源于滇南原鸡亚种，这些滇南原鸡亚种主要分布在中国西南、泰国北部、缅甸等国家和地区，这些区域可能是家鸡驯化中心。《科学》杂志也对这项研究做出报道，认为这是一项解开家鸡驯化起源谜团的重磅研究。

### "吃鸡**自由**"科学**简史**

当然,关于家鸡驯化起源的研究并不会就此结束,还存在诸多争议,需要考古学家和分子生物学家等专家的共同努力,拿出更多有力的证据,来解开家鸡驯化谜团。不过即使我们永远无法揭开家鸡的驯化起源之谜,也不会妨碍鸡从亚洲丛林走入寻常千家万户的庭院,成为与我们日常生活和健康息息相关的重要物种。

第一章 起源与扩散

# 鸡和欧洲人到底谁先到达美洲？

大约8000年前，家鸡在中国西南、泰国北部和缅甸等国家和地区被驯化，伴随着早期人类的迁徙、贸易等活动，扩散到世界各地，逐渐成为世界各地房前屋后常见的动物，在人类文明进程中扮演着重要角色。也可以说，鸡的迁徙历史从一个侧面见证了数千年来人类的历史变迁。

**从人类厨余刨食开始**

中国科学院昆明动物研究所张亚平院士团队研究表明，家鸡大约于8000年前由红原鸡的滇南亚种驯化而来，也就是说中国西南、

## "吃鸡自由"科学简史

泰国北部和缅甸等国家和地区是家鸡的驯化中心,而并非之前认为的印度河谷地区或中国北方地区。不过,红原鸡是如何被驯化成家鸡的呢?到目前为止,科学家还没有明确答案。

有人推测红原鸡可能与人类形成了一种共生关系,即原鸡喜欢在人类定居点附近的厨余里觅食,一些原鸡不再害怕人类,人类也逐渐喜欢上了这种神奇的鸟类。人类喜欢鸡,可能有多种原因,比如鸡能准时报晓,好斗的习性可以用于娱乐,吃得少还能自己找食吃,易于饲养,能下蛋也能当肉吃,为人类增加了稳定的蛋白来源,等等。

于是,家鸡驯化中心附近的居民开始在自家的住所附近养起鸡来,有可能在迁徙过程中也携带着它们。这样,鸡也从中国西南、泰国北部和缅甸一带向北、向西和向东扩散开来。不过,鸡到底是如何从驯化中心扩散到整个亚洲,甚至整个世界的呢?科学家所知甚少,只能根据考古记录、文字记载及基因记忆等有限资料分析,形成一个大概的轮廓。

既然家鸡是从中国西南、泰国北部和缅甸等国家和地区开始被驯化的,那么家鸡首先会在亚洲扩散,比如向北在中国全境繁衍,

世界那么大，我想去看看

## "吃鸡自由"科学简史

在朝鲜半岛站稳脚跟后,再迁徙到日本群岛;向西扩散到印度河流域,再经由印度河谷地区扩散到西亚地区,并继续扩散到地中海地区,进而进入欧洲和非洲;向东扩散至东南亚国家,再随着早期人类的足迹进入大洋洲和太平洋附近的岛国,甚至继续漂洋过海进入南美洲。不过,家鸡在每个地区扩散的路径都各具特色。

### 在东亚一路向北?

如果家鸡是在中国西南、泰国北部和缅甸等国家和地区开始被驯化,那么家鸡在中国的扩散足迹应该是从中国南方向北方迁徙,不过目前发现的考古记录尚不支持这种推测。迄今已有50个以上的新石器时代和青铜器时代的考古遗址出土过类似家鸡的遗骨,包括公元前8000年前的河北省徐水县南庄头遗址、公元前5000年前的河北省武安市磁山遗址和公元前3500年前的山东省兖州市王因遗址等中国北方考古遗址。不过,2016年,中国和日本的考古学家对1800多块中国北方地区出土的早期禽类遗骨重新进行形态学分析,发现这些禽类遗骨绝大多数并不属于家鸡,因为它们的形态学特征更接近中国比较常见的野鸡——雉鸡。

第一章　起源与扩散

只有测年时间在公元前 3000—前 700 年的河南省下王岗遗址和公元前 2300—前 1900 年的山西省周家庄遗址出土的禽类遗骨比较符合家鸡的解剖学特征。另外，河南省安阳市殷墟遗址出土的公元前 1300 年左右的家鸡遗骨，也获得考古学家认可。殷墟遗址曾经出土了大量动物遗骨，其中小屯一号灰坑中出土了一块不完整的鸡头骨，已具有明显的家鸡解剖学特征，如枕髁小、枕骨下窝深而大、眼神经外支管孔和迷走神经孔发育完善等。另外，该遗址出土的甲骨文中"雉"和"鸡"的写法已明显区分，因此可以说中国饲养家鸡的历史至少有 3300 年。

相对而言，中国南方地区最早的家鸡遗骨记录则晚一些，比如距今 4000 年的云南省元谋大墩子文化遗址、距今 2400 年的湖北省枣阳市九连墩遗址，均发现了家

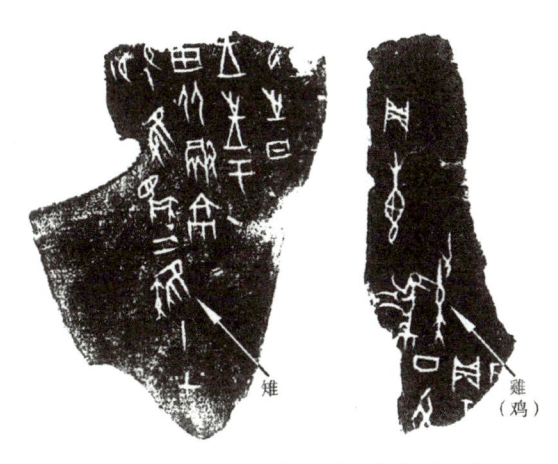

殷墟出土甲骨文中的"雉"与"鸡"
（中国社会科学院袁靖教授授权）

## "吃鸡自由"科学简史

鸡遗骸。由于南方地区气候潮湿，祭祀文化没有北方盛行，导致南方地区出土的家鸡遗骨比北方更少，也更晚，但并不代表南方地区饲养家鸡的历史比北方晚，当然这需要更多的科学证据来验证，进而分析家鸡在中国的扩散路径。

有意思的是，分子生物学证据显示，虽然中国云南省离家鸡驯化中心较近，云南省特有的地方鸡种与红原鸡也存在非常近的遗传关系，但是中国很多地方鸡种却并非从云南直接引入。中国科学院昆明动物研究所、华南农业大学等机构的科学家先后利用一些原鸡属特有的线粒体 DNA 片段，对中国和世界其他地方的地方鸡种与红原鸡的遗传关系进行对比分析，发现中国地方鸡种存在多种母系遗传起源。云南省地方家鸡的母系祖先与红原鸡滇南亚种高度同源，但是与中国其他地区的地方鸡种缺乏相似性。广东、广西、江西等地可能是中国家鸡的重要母系起源中心，但是该地区的家鸡母系祖先与云南及周边地区的地方鸡种没有太大关系，却与老挝、缅甸等地的红原鸡，以及印度尼西亚的家鸡具有更近的亲缘关系。因此，科学家推测，广东、广西、江西等地的家鸡母系祖先并非来源于云南及周边地区，可能是通过"海上丝绸之路"从东南亚引入。

该家鸡母系祖先在华南地区繁育之后，逐渐往北向湖北、河南等地，往东向浙江、江苏、山东等地，往西向广西、贵州、云南、四川等地扩散。科学家还推测，四川也是中国家鸡母系祖先重要的繁育中心，该母系祖先可能来自山东和河南一带，其群体在四川得到快速繁育，然后以四川为中心，向周边区域扩散，成为中国现代地方鸡种的重要母系来源。

家鸡在中国北方地区繁衍生息之后，逐渐进入毗邻的朝鲜半岛和日本群岛。朝鲜半岛最早的家鸡考古记录出现在距今2400年前，而日本本土鸡有多种起源，最初是在公元前300—公元300年期间通过朝鲜半岛传入，然后在794—1192年期间从中国传入，另外还有18世纪从东南亚引入。日本名古屋大学和广岛大学的研究人员利用线粒体DNA和基因组微卫星分子标记对38个日本本土鸡种进行了遗传分析，发现日本本土鸡种的遗传贡献主要来源于中国鸡种，少部分来源于东南亚。

## 印度是欧洲和非洲家鸡的起源地？

大量研究显示，印度河谷地区是重要的家鸡驯化中心，也是欧

### "吃鸡自由"科学简史

洲和亚洲鸡种的主要起源地。从考古记录来看，印度河谷地区最古老的鸡骨是在公元前2000年的摩亨佐·达罗，因此科学家推测印度河谷地区在公元前2000年前已广泛饲养家鸡。不过，目前亚洲最古老的鸡骨发现于公元前3900年的伊朗地区，土耳其和叙利亚等地区也出土过公元前2400—前2000年的鸡骨，约旦在公元前1200年的考古遗址中也发现了家鸡的遗骸。这些考古记录表明家鸡经由印度河谷地区扩散到西亚，继而进入欧洲和非洲。

根据考古记录、历史文献和图像证据，可将鸡的全球迁徙历史分为三个主要阶段：第一个阶段是从公元前6000年开始，家鸡在亚洲南部或东南部地区被驯化；第二个阶段是从公元前3000年开始，家鸡从驯化中心扩散到西亚，包括伊朗、叙利亚等地；第三个阶段是公元前900—前700年传入欧洲。

对欧洲动物考古文献的调查表明，在公元前1世纪之前，考古遗址中的鸡遗骸比例极低，几乎从未超过动物遗骸总数的3%。目前，欧洲发现最早的家鸡遗骸，存在于公元前9世纪末和公元前8世纪。有人推测欧洲的鸡是由西亚的腓尼基人带到欧洲的。腓尼基人生活在今天的黎巴嫩和叙利亚沿海一带，在西班牙和葡萄牙

## 第一章 起源与扩散

等国家所在的伊比利亚半岛上。考古学家从腓尼基人遗址中发现了公元前9世纪末的家鸡遗骸，而中欧最早的家鸡遗骸出现在捷克首都布拉格附近。在英国，最早确认的鸡骨考古记录可以追溯到公元前770—前390年之间。到公元前1世纪，家鸡的遗骸在欧洲各处已经非常常见了。

欧洲的文学作品也印证了这一点。生活在公元前8世纪的古希腊著名诗人荷马在他的史诗《伊利亚特》和《奥德赛》等传世作品中从来没有提到过鸡。直到公元前6世纪，希腊文学作品中才出现鸡，之后越来越多的文学作品中出现了鸡的概念和形象。公元前5世纪，古希腊著名剧作家阿里斯托芬将鸡称为"波斯鸟"，可能表明这一时期鸡是从伊朗（古称波斯）进口到希腊的。

分子生物学研究结果也同样证明欧洲鸡与印度鸡的渊源颇深。中国科学院昆明动物研究所、华南农业大学等机构的科学家利用线粒体DNA对全球地方鸡种和东南亚红原鸡进行遗传分析，推测出多个家鸡母系祖先可能由印度尼西亚起源，向西传播到印度，并在印度完成第一次群体扩张，再由印度近中东地区传播到欧洲，在欧洲完成第二次群体扩张，逐渐形成欧洲家鸡的主要母系祖先，并对

## "吃鸡自由"科学简史

全球的现代商品鸡种产生深远影响。

非洲家鸡则可能通过陆路和海路等多条路线从印度进入非洲大陆。非洲最早关于家鸡的记录来自埃及，可追溯到公元前2000年前，不过这些记录并非家鸡遗骸，而是根据埃及墓葬中出土的古文典籍和图像推测出来的。目前，非洲最古老的鸡骨发现于埃塞俄比亚，可追溯到公元前9世纪。一个普遍观点是，来自印度的家鸡经由美索不达米亚到达非洲北部的埃及，随后沿着尼罗河谷向南扩散到努比亚，然后沿着苏丹-萨赫勒走廊，从东非海岸一路向西，在沿路的非洲国家扩散开来。

科学家对来自南亚（巴基斯坦）、中东（伊拉克和沙特阿拉伯）、北非（阿尔及利亚和利比亚）和非洲之角（埃塞俄比亚）的本土鸡种进行线粒体DNA分析，发现在近90%的样品中存在相同的母系祖先，推测这些家鸡的母系祖先很可能起源于南亚次大陆，并沿着陆地路线扩散到中东和非洲的不同国家。与此同时，非洲地方鸡种中也含有一些来自东南亚鸡种的血统，暗示非洲东部沿海的鸡种也可能经过印度洋海上贸易路线与东南亚鸡种发生联系。在非洲地方鸡种中还观察到少量的母系祖先谱系，这些母系祖先谱系在中国云南地方鸡种中所占比例非常高，即这些母系祖先最有可能起源于云南地区，之后通过中国海上丝绸之路贸易辗转来到非洲大陆。

值得一提的是，线粒体 DNA 多样性证据显示马达加斯加岛上的鸡种并非来自马达加斯加与南亚次大陆或东南亚之间的直接海上贸易，而是与东非沿海地区有着更强的遗传联系。另一个证据是，马达加斯加语中的"鸡"一词是从东非海岸的班图语中借鉴来的，并非来自南岛语系。

## 发现美洲的历史会被鸡改写吗？

家鸡的扩散路径除了向北扩散到东亚和向西传播到西亚之外，也向东扩散到东南亚岛屿，随后进入大洋洲及太平洋群岛，家鸡的扩散路径也进一步佐证了人类漂洋过海征服太平洋群岛的伟大壮举。甚至有研究显示，南美洲出土的家鸡遗骸可能改写人类发现美洲大陆的历史。

考古证据表明，早在公元前 3000 年，从中国大陆迁徙到东南亚岛屿的第一批移民（如拉皮塔人），可能将猪、鸡、甘薯等畜禽和农作物带到马来西亚、印度尼西亚、菲律宾等东南亚国家，并随着

### "吃鸡**自由**"科学**简史**

拉皮塔人漂洋过海进入大洋洲和太平洋群岛。人类在太平洋群岛的殖民，也促进了家鸡扩散到太平洋三大群岛，即美拉尼西亚、密克罗尼西亚和波利尼西亚，因为在大多数太平洋岛屿的考古遗址中均发现了家鸡的遗骸。澳大利亚、新西兰等国家的科学家对来自波利尼西亚和东南亚岛屿的现代家鸡和古代家鸡样本中的线粒体DNA进行了测序分析，发现大约3850年前，家鸡在密克罗尼西亚和新几内亚岛屿之间随着人类的迁徙而扩散，在之后数千年里，家鸡经由菲律宾、新几内亚、所罗门群岛、圣克鲁斯群岛、瓦努阿图岛的东迁路线，逐渐扩散到波利尼西亚群岛，进而远及北端的夏威夷岛和东端的复活节岛，即将横跨浩瀚的太平洋，踏上神秘的南美洲土地。

2007年之前，人们普遍认为美洲的鸡是由西班牙人在1500年前后带去的。不过，1532年当西班牙侵略者弗朗西斯科·皮萨罗（Francisco Pizzaro）带人闯入当时非常繁荣的印加帝国时，他们发现当地已广泛饲养鸡，并将鸡用在很多印加宗教仪式上。如果印加人只是在短短几十年前接触欧洲人带来的鸡，那么可能很难将鸡融入自己的生活和文化中。

第一章　起源与扩散

2007年，一个由新西兰、智利、澳大利亚等国家的研究人员组成的国际研究小组完成的一项重要考古发现，为这一谜团带来了新的解释。研究人员对智利中南部一个考古遗址出土的一些鸡骨头进行了仔细研究，他们依靠放射性碳测年法，测出这些鸡骨头的历史在公元1321—1407年之间，至少属于5只鸡。接下来，研究人员小心翼翼地从智利出土的古鸡骨中提取出线粒体DNA并测序，然后与智利现代鸡和太平洋中部的波利尼西亚群岛上出土的鸡骨的线粒体DNA序列进行比对，发现智利出土的鸡骨和波利尼西亚的鸡骨中的线粒体DNA之间的变异位点惊人地相似，而现代鸡却缺乏这些变异位点。因此，研究人员认为近700年前生活在智利的鸡是波利尼西亚人漂洋过海带过来的，这一时间早于哥伦布发现美洲的时间。

这一发现被多家有影响力的国际媒体报道，引起广泛关注。不过，后来有多项研究显示，关于太平洋群岛鸡种率先到达南美洲的说法可能源自现代家鸡DNA对古代鸡骨DNA的污染。2020年，一项涉及来自6个南美国家的本土鸡线粒体DNA遗传研究显示，没有任何证据表明南美鸡与太平洋岛屿（包括复活节岛）的本土鸡

### "吃鸡自由"科学简史

之间存在母系遗传关系，该研究更支持南美洲大陆的本土鸡起源于欧洲或亚洲。看来，要改写欧洲人发现美洲大陆的历史还需要新的证据。

尽管家鸡在全世界扩散迁徙的历史并不完整，有一些还存在争议，需要更多更准确的考古和分子生物学证据加以辨析。但是历经数千年，家鸡已经从中国西南、泰国北部或缅甸等国家和地区的某些村庄扩散到地球上有人类居住的几乎每个角落，在世界各地的人类生活甚至历史进程中都扮演着重要角色。

第一章　起源与扩散

# 难道是贪玩的人类推动鸡成为全球物种？

数千年前，鸡为什么会跟随着人类的脚步迁徙到世界各地呢？因为鸡会下蛋，还是它们的肉好吃？可能不仅如此。很多考古学家推测，原本偏安于东南亚丛林的家鸡成为全球物种的原因，还包括宗教和玩赏，比如斗鸡。

## 斗鸡曾风靡全球

斗鸡比赛是一种血腥的娱乐活动。一般由两只训练有素、斗志昂扬的公鸡相互啄斗，直到其中一只死亡或受重伤。为了在斗鸡比

## "吃鸡自由"科学简史

赛中取胜，人们很早就专门培育出善于打斗的斗鸡品种。

公元前1500年，"斗鸡"一词首次出现在印度古籍中，因此考古学家推测，斗鸡是从印度等南亚或东南亚地区的家鸡驯化中心扩散到欧洲乃至全球的。据《大英百科全书》记载，斗鸡这项娱乐活动在古代印度、中国、波斯和其他东方国家很流行。一些墓葬文物和古籍显示，公元前1000多年的腓尼基、希伯来和迦南等中东地区已开始饲养斗鸡，一些贵族子弟和商人以斗鸡为乐。

斗鸡可能是由波斯传入希腊的。据传，古希腊将军地米斯托克利（约公元前524—前460年）在率军抵抗入侵的波斯帝国时，让他的士兵观看斗鸡，激励士兵为胜利而战，最终将波斯军队击败。之后，古希腊和古罗马地区开始流行斗鸡这项娱乐活动，进而传播到欧洲大陆，包括英伦三岛。

据推测，斗鸡是由狂热的斗鸡爱好者、罗马帝国统治者恺撒大帝引入英国的。到16世纪，斗鸡在英国盛行。在亨利八世国王时期，斗鸡比赛得以在皇宫中举行，在白厅宫建造有专门的斗鸡舱，供亨利八世及王公贵族观看。斗鸡比赛一度成为一项全民活动，甚至开设了专门的"斗鸡"学校，向学生传授斗鸡的要点，

第一章 起源与扩散

例如斗鸡的繁殖、训练等。神职人员也参与到这项活动中，教堂庭院和教堂内部被用作斗鸡场。17世纪早期，英国开始系统性地育种斗鸡，培育了一些斗鸡品种。1709年，一位名为罗伯特·豪利特（Robert Howlett）的英国人还专门写了一本关于斗鸡的指导书《皇室的消遣——斗鸡》，书中介绍了斗鸡育种、训练、饲养、比赛等知识。不过，1835年，英国议会颁布了一道禁止虐待动物的法令，斗鸡活动在英格兰、威尔士等地迅速降温。到1895年，苏格兰地区也禁止了斗鸡。据2007年英国防止虐待动物协会的一份报告显示，英格兰、威尔士等地仍然存在一些"地下"的斗鸡比赛。

18世纪初，受到英国人、亚洲人和西班牙人的影响，美国社会也逐渐流行斗鸡活动。乔治·华盛顿、托马斯·杰斐逊、安德鲁·杰克逊和亚伯拉罕·林肯等美国总统都喜爱斗鸡，起草《独立宣言》的本杰明·富兰克林还曾经担任过斗鸡裁判员。18世纪中期，美国社会也开始大量繁育斗鸡，出现了一些优秀的斗鸡品种。2008年，路易斯安那州通过了禁止斗鸡的法律，至此在全美范围内都禁止斗鸡比赛，在39个州和哥伦比亚特区组织、参与或训练斗鸡都为重罪，

## "吃鸡自由"科学简史

而在大多数州，即使观看斗鸡比赛也是违法的。

目前，越来越多的国家将斗鸡视为非法活动，但是在哥伦比亚、海地、墨西哥、秘鲁等南美国家，以及泰国、伊朗、印度尼西亚等亚洲国家仍然开展斗鸡比赛，法国和西班牙的部分地区也允许斗鸡。据美联社报道，2021年2月，在印度南部的阿萨姆邦的一场非法斗鸡比赛中，一位男子竟然被斗鸡腿上绑的小刀划伤，不治身亡。印度尼西亚巴厘岛仍然盛行斗鸡，因为斗鸡是巴厘岛一种传统的宗教活动。美国人类学家克利福德·格尔茨（Clifford Geertz）在亲身调查后，出版了著作《深度游戏：巴厘岛斗鸡笔记》，对巴厘岛斗鸡现象进行了细致入微的观察与描述，并揭示了隐藏在其背后的社会文化观念及内涵。

## 中国斗鸡历史悠久

中国饲养斗鸡的历史可追溯到2500年前。据《左传·昭公二十五年》记载，鲁昭公二十五年（公元前517年），鲁国的权臣季平子很喜欢斗鸡，经常与同样喜欢斗鸡的鲁大夫郈昭伯一起斗鸡赌钱。为了取胜，双方各使阴招。一方给斗鸡披上铠甲，另一方则在

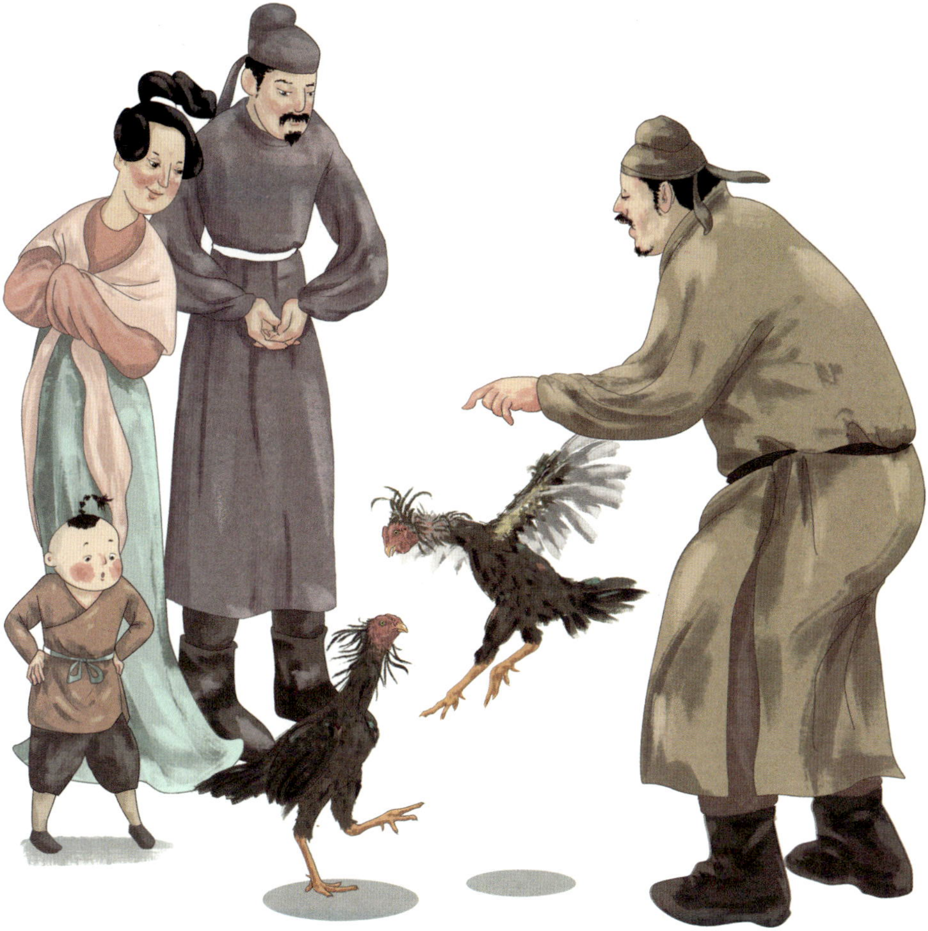

### "吃鸡自由"科学简史

自家公鸡的爪子上绑上铜钩。结果，双方因为斗鸡结下梁子，各自纠结同党想扳倒对方。鲁昭公原本想借此机会将权倾朝野的季平子扳倒，结果被季平子联合几家同宗贵族抢先一步，鲁昭公兵败逃亡他国，客死异乡。《史记》《吕氏春秋》《淮南子》等史书都记载了这一由斗鸡引发的宫廷政变。现在山东省诸城市城北还保存有当时季、郈两人斗鸡的高台，名曰"斗鸡台"。

从此，斗鸡之风在历朝历代王公贵族中盛行。司马迁在《史记·平准书》中说："世家子弟富人或斗鸡走狗马，弋猎博戏，乱齐民。"汉高祖的父亲就是斗鸡的爱好者，之后的汉文帝、景帝、武帝、昭帝和宣帝均沉湎于此。汉代墓葬中也多次出现斗鸡的场景，体现了斗鸡已从一种娱乐活动逐渐上升为文化和宗教符号。初唐时期，国力逐渐强盛，斗鸡自然成为王公贵族们的重要娱乐项目之一。唐太宗、玄宗、代宗、懿宗和僖宗等唐朝皇帝都喜欢斗鸡。《新唐书·五行志》就记载了玄宗好斗鸡，大臣和外戚也都以斗鸡为乐。后面的皇帝估计也被玄宗带偏了，《资治通鉴》记载僖宗："上好骑射、剑槊、法算，至于音律、蒲博，无不一精一妙，好蹴鞠、斗鸡，与诸王赌鹅。"真是一个十足的贪玩皇帝！

第一章　起源与扩散

另一个与斗鸡有关的唐朝名人王勃，为了给唐高宗李治的两位王子的斗鸡比赛助兴，写了一篇《檄英王鸡》，被唐高宗看到后怒斥其在王子间挑拨是非，将其贬出王府。后来，王勃看望被贬的父亲路过江西南昌，写下千古绝唱《滕王阁序》。李白、杜甫、白居易、韩愈等诗人在诗文中均提到过斗鸡，《全唐诗》中至少有50首诗歌提到过"斗鸡"一词。

唐代传奇小说《东城老父传》更是将玄宗时期斗鸡成风的疯狂场景进行了一番精彩演绎，令人叹为观止。当时，宫内设有专门的鸡坊、斗鸡殿，光养鸡、驯鸡的人就多达500人，而出身贫寒的13岁少年贾昌因擅长斗鸡而被玄宗发现，当上了管理这500人的头目，被天下人称为"神鸡童"。他深得玄宗喜爱，从此荣华富贵，甚至胜过大多数靠科举考试出人头地的读书人。

唐朝之后，斗鸡逐渐转入民间，成为一些地区喜闻乐见的大众娱乐活动。南宋周去非著有《岭外代答》一书，有专门涉及斗鸡的篇章，详细介绍了我国广东地区斗鸡的品种、毛色、喜好，以及驯养斗鸡的方法和斗鸡的全过程。明代的斗鸡之风与唐代不相上下，当时有一种专门研究和举办斗鸡活动的民间组织，叫作斗鸡社。明朝之后，斗鸡成为一种民间娱乐活动。直至今日，在一些地区，如山东、河南、福建、云南和新疆等地，仍然会举行一些斗鸡比赛。

## 斗鸡是如何炼成的？

斗鸡的培育一般是驯鸡人根据斗鸡实践，一边总结一边摸索，因此斗鸡品种往往经过了长期、高强度的人工选择。斗鸡绝大多数为平头豆冠，少数为凤头玫瑰冠，喙短而尖，颈灵活有力，身形似鸵鸟，脚爪锋锐有力，皮肤一般为黄色或水红色。高鸡冠、大耳叶、大肉髯等原本是用于吸引雌性的雄性特征，在斗鸡过程中，反而成为容易受到攻击的不利部位，而眼眶较浅、眼球外露则容易被啄伤，因此在斗鸡选育中这些特性都逐渐被淘汰。头骨厚可以护住脑子，胸肌发达有利于氧气交换进而适应激烈的搏斗，因此一些有利于获得打斗优势的特性得以保留和固化。

经过长期选育，我国培育出了一些优秀的斗鸡品种。我国现有6个斗鸡地方品种被收入《国家畜禽遗传资源品种名录（2021年版）》，包括山东鄄城的鲁西斗鸡、河南开封的河南斗鸡、安徽

第一章　起源与扩散

| 河南斗鸡 | 鲁西斗鸡 | 皖北斗鸡 |

| 吐鲁番斗鸡 | 西双版纳斗鸡 | 赣州斗鸡 |

中国6种斗鸡品种（江苏省家禽科学研究所供图）

亳州的皖北斗鸡、福建的漳州斗鸡、云南的西双版纳斗鸡和新疆的吐鲁番斗鸡。

从线粒体DNA分析结果来看，所有斗鸡均属于家鸡，其中西双版纳斗鸡和吐鲁番斗鸡的遗传距离最近，其次是鲁西斗鸡和河南斗鸡，漳州斗鸡与其他4种斗鸡遗传距离较远。从考古学与民族学研究，鲁西斗鸡和河南斗鸡形成时间较早，其中鲁西斗鸡可以追溯到公元前700年，是我国记载最早的中国地方鸡品种之一。这些中原斗鸡被带到云南后，逐渐被驯化成适合当地气候的小型斗鸡，即西双版纳斗鸡。随后中原斗鸡和西双版纳斗鸡又被带到吐鲁番及周边地区，经过长时间的驯化，形成了吐鲁番斗鸡，所以吐鲁番斗鸡和西双版纳斗鸡遗传距离最近。而漳州斗鸡是清末、民国期间由本地斗鸡和国外斗鸡杂交混种衍化，育成时间不长，且混有国外鸡种血统，故与其余4种斗鸡遗传距离较远。漳州斗鸡遗传多样性最高，而西双版纳斗鸡和吐鲁番斗鸡遗传多样性最为贫乏。研究显示，后两种斗鸡经过了长期、高强度的人工选择，很多遗传特性都已丢失，而漳州斗鸡形成年代较晚，人工选择不强，还保留较丰富的遗传多样性。目前，关于皖北斗鸡的遗传分析较少，有人估计皖北斗鸡来源于中原斗鸡，与鲁西斗鸡和河南斗鸡遗传距离较近。

国外也相继培育出一些斗鸡品种。日本有一种萨摩（Shamo）斗鸡，主要是17世纪由泰国引进繁育，已繁育出日本官方认可的斗鸡品系7个。根据线粒体DNA遗传分析显示，日本斗鸡母系祖先可能来自中国和东南亚，萨摩斗鸡对日本本土鸡也有重要的遗传贡献。据巴西人阿尔梅达（Almeida）记载，巴西有4个主要的斗鸡品种，一种是来自日本的萨摩斗鸡，体型细长而高；一种是来自泰国的斗鸡，拥有三齿鸡冠；一种是来自印度的斗鸡，体形比较高大，还有一种是巴西本土的斗鸡，主要是泰国斗鸡和日本斗鸡的杂交后代。

## 斗鸡为什么"好斗"？

公鸡好斗是天性，主要为了争抢食物权和交配权。不过斗鸡为什么要比普通公鸡"好斗"得多，则引起了科学家的兴趣。

日本东海大学医学院的研究人员曾经对日本本土著名的萨摩斗鸡的攻击性进行分析，发现这些斗鸡大脑中的多巴胺代谢产物——去甲肾上腺素水平显著高于普通蛋鸡品种，有的萨摩斗鸡个体去甲肾上腺素水平高达普通蛋鸡的4倍，而两者之间的多巴胺含量却没有什么区别，表明去甲肾上腺素水平与萨摩斗鸡的攻击性密切相关。

原来，去甲肾上腺素是由交感神经末端分泌，主要充当大脑中的警报系统，对身体内部和外部刺激引起的压力和紧张产生反应，要么投入战斗，要么逃跑，即所谓的"战斗或逃跑"反应。去甲肾上腺素也被称为"愤怒激素"，过量的去甲肾上腺素会增加神经活动，还会增加心率和流向大脑和骨骼肌的血流量，从而使动

### "吃鸡自由"科学简史

物变得焦躁不安和具有攻击性。

去甲肾上腺素是由多巴胺经多巴胺-β-羟化酶催化合成，之后再经苯基乙醇胺-N-甲基转移酶催化合成肾上腺素。日本科学家进一步分析发现，萨摩斗鸡的多巴胺-β-羟化酶活性也要显著高于普通蛋鸡，而且萨摩斗鸡的多个与肾上腺素受体相关的基因发生了一些特定的突变，可能是导致其攻击性强的重要原因之一，其潜在的作用机制主要是这些突变的肾上腺素受体可以减轻斗鸡的疼痛感觉，使其毫无顾忌地投入到战斗中。这些特殊的基因突变集中在萨摩斗鸡基因组内，正是长期高强度人工选择的结果。另有研究显示，人类对萨摩斗鸡的人工选择强度要高于其他品种。

中国农业大学杨宁教授团队研究发现，我国的4个斗鸡品种也拥有一些特殊的基因突变，比如细胞因子信号转导抑制因子家族的第二号选手 *SOCS 2* 基因出现了拷贝数增加的现象，鲁西斗鸡的 *SOCS 2* 基因拷贝数是普通蛋鸡和肉鸡的3.5倍，其他斗鸡的 *SOCS 2* 基因拷贝数也均为普通商品鸡的两倍以上。细胞因子信号转导抑制因子是重要的抗炎症因子，*SOCS 2* 基因拷贝数增加可能与其有利于斗鸡损伤修复有关。

第一章　起源与扩散

由于动物福利保护意识的增强，斗鸡作为娱乐活动，势必逐渐走向衰落。但是，斗鸡作为稀有的家禽品种，具有一些商品化蛋鸡和肉鸡所没有的遗传多样性，比如肉质好、脂肪率低、富含风味物质等特点。因此，保护好斗鸡品种资源，将为培育优良肉鸡品种提供新的育种素材。

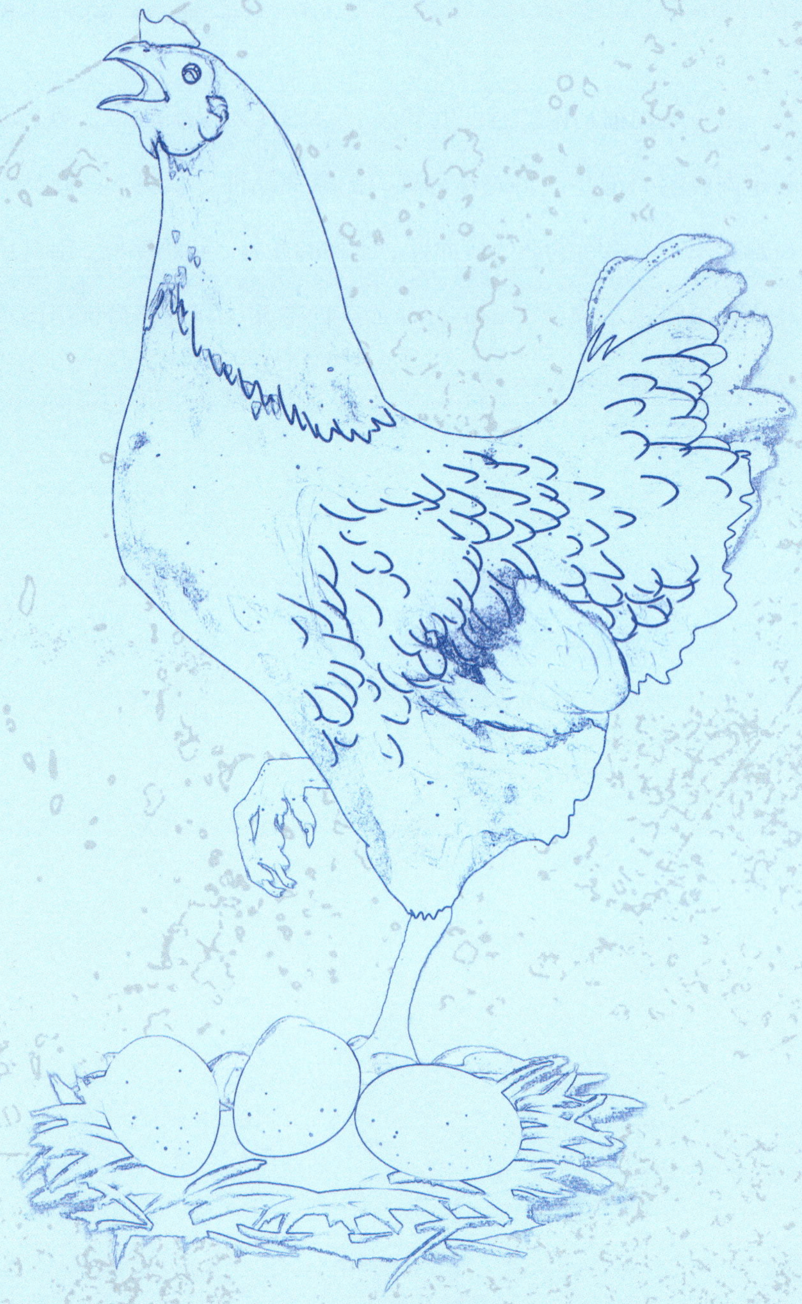

## 第二章
# 吃鸡之外

咯咯哒,如何让母鸡多下蛋? 56

喔喔喔,公鸡打鸣会把自己耳朵震聋吗? 71

咯咯哒还是喔喔喔,母鸡性别转换之谜 80

"吃鸡自由"科学简史

# 咯咯哒，如何让母鸡多下蛋？

鸡蛋是人类的重要食物来源，有时候还能治病救人，更是繁育小鸡的必需材料。因此，要实现吃鸡自由，养鸡人的首要任务是想办法让母鸡多下蛋。为了让母鸡每天唱响"咯咯哒"之歌，人类可谓是绞尽脑汁。

## 吃饱好还是饿着点好？

鸡蛋是古代养鸡业的主要产品，古人也一直在想方设法让母鸡多产蛋，最基本的方法就是给母鸡加餐。北魏农学家贾思勰在

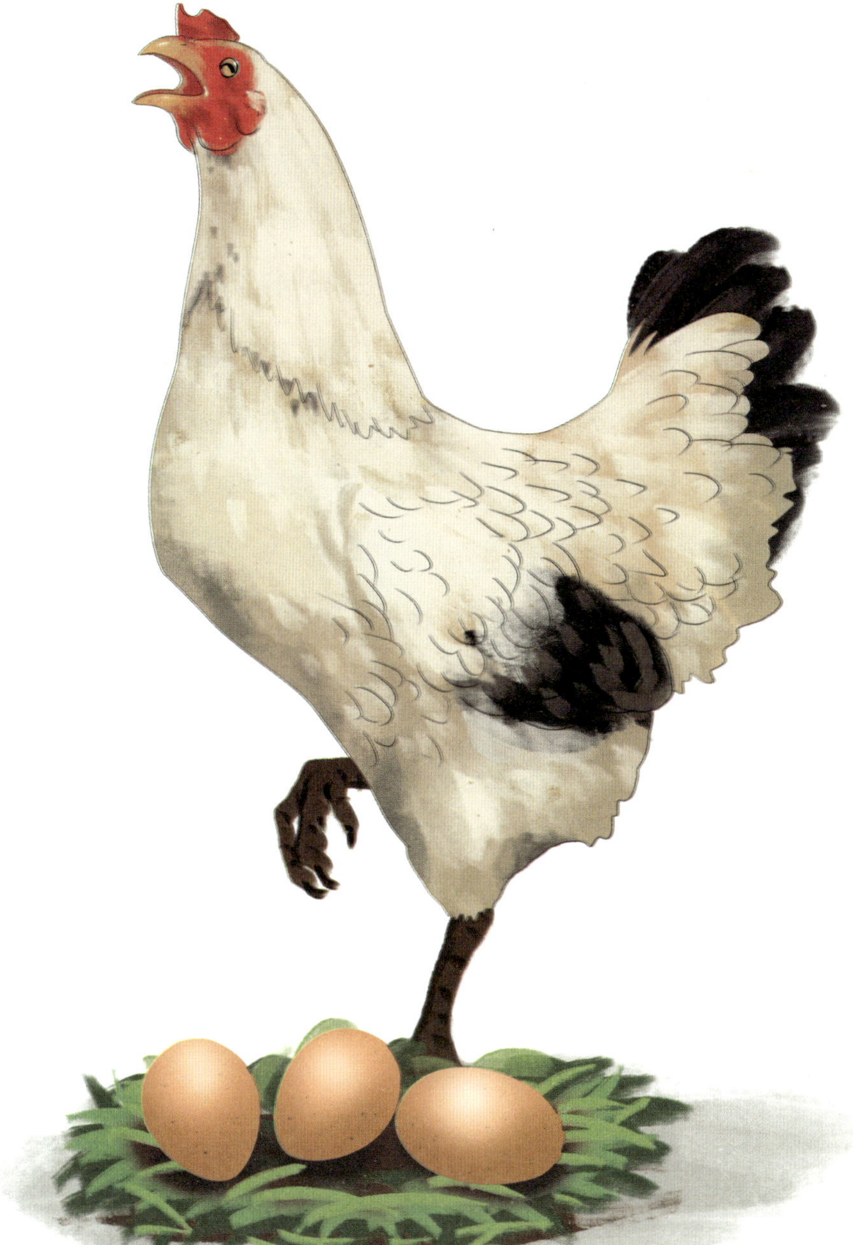

## "吃鸡自由"科学简史

《齐民要术》中记载，要让母鸡多下蛋，可将母鸡单独饲养，不让公鸡瞎掺和，关键是要多喂谷物，特别是冬天。这样的话，一只母鸡可产上百个鸡蛋，完全可以满足日常食用。明代徐光启在《农政全书》中改进了《齐民要术》中人工育虫喂鸡的方法：鸡舍四周砌墙，舍内一分为二，先后在左右两边鸡舍的中间泼粥、铺草、育虫，蛆虫长出后交替喂鸡，可以让鸡"自肥"，而且母鸡"生卵不绝"。

不过，这些方法都是基于经验，只有弄明白了鸡蛋自身的营养组成之后，科学家才能更精准地给母鸡配备"营养餐"，并非吃得越多越好，而是让它们尽可能多地将摄入的营养成分，转变为鸡蛋中的蛋白质、脂肪和其他成分。简单而言，鸡蛋由蛋壳、蛋黄和蛋白组成，分别约占蛋重的15%、32%和53%。一个鸡蛋重40~60克，蛋白质含量为6~7克，脂肪含量为5~6克，还有一些维生素和微量元素，因此鸡蛋中最主要的营养成分是蛋白质和脂肪。要让母鸡多下蛋，则需要保证母鸡的营养需要。

20世纪40年代开始，随着欧美养鸡业的快速发展，家禽营养学研究进入快车道，到70年代达到顶峰。这段时间，科研人员对蛋鸡

## 第二章 吃鸡之外

和肉鸡的营养需求研究得越来越透彻，建立了以玉米和大豆为基础的饲料配方体系。从1944年美国国家科学研究委员会出版了《家禽营养需求》第一版之后，每隔几年就会根据科学研究的最新进展，对建议的营养配方进行更新，针对不同用途、不同阶段甚至不同品种，给出了相应的能量、蛋白质、氨基酸、维生素、矿物质等营养配方指南，1994年已更新至第九版。对于蛋鸡来说，这个营养配方指南最大的变化在于钙的配比，从原有的2%提高到了4%。蛋鸡在一年生产过程中沉积在蛋壳中的钙，相当于其自身骨骼钙含量的40倍，可见钙对鸡蛋的形成是多么重要，蛋鸡缺钙自然无法连续生产正常的鸡蛋。与此同时，在第九版《家禽营养需求》中，能量需求、甲硫氨酸和半胱氨酸需求均有10%以上的提高，但粗蛋白含量却有所降低。

让母鸡吃好吃饱似乎是提高母鸡产蛋量的重要法宝，不过时不时让母鸡饿着点，也有可能产生奇效。现代医学研究表明，间歇式禁食有助于人类保持健康，具有控制体重、促进新陈代谢、改善心血管健康等好处。类似限制采食量的方法对于保持母鸡的健康、促进生产性能和繁殖性能提升也有帮助。

### "吃鸡**自由**"科学**简史**

对肉种鸡来说，生长速度与繁殖性能呈负相关，目前主要采取控制肉种鸡的采食量来解决这一矛盾。为了让商品肉鸡快速生长，人们一般让其自由采食，想吃多少吃多少。但是，肉种鸡就不能随意进食了，如果吃得太多，长得太胖，对肉种鸡身体不好，也会影响产蛋性能。因此，对母鸡一般采取限制采食量的方式，其中未产蛋的小母鸡限饲量可达自由采食量的1/3，甚至是1/2，产蛋母鸡也只让它们吃七八成饱。通过限饲，可以控制母鸡的生长速度，还能提高其繁殖性能。有研究表明，限饲的肉种鸡产蛋量可比自由采食的肉种鸡提高约30%。不同限饲方法的效果也有差异，研究显示，采取一周内非连续性限饲两天或三天，产蛋量、受精率和孵化率等繁殖性能整体上要优于每天限饲或隔天限饲。

## 饿得掉毛会怎样？

如果时不时让母鸡饿着点还能多产蛋，养鸡人何乐而不为呢？如果再狠一点，让母鸡饿得掉下一地鸡毛，反而能让母鸡迎来新的产蛋高峰，养鸡人自然不会放过这样的机会。

在一个典型的现代产蛋鸡群中，母鸡从21周左右开始产蛋，

27~29周进入产蛋高峰期，产蛋率超过90%，之后产蛋率开始下降，大约在72周产蛋率下降到65%左右，养殖效益大幅下降，因此养殖户会将这些老母鸡全部淘汰，重新再养一批小母鸡。在这样的产蛋周期里，优秀的蛋鸡一般可产300个以上，而肉种鸡的产蛋量要低很多。不过，人们逐渐发现，从头开始养殖小母鸡成本较高，过早淘汰老母鸡有点浪费，因此现代养鸡人利用我国宋朝就已发明的人工强制换羽方法，让老母鸡焕发第二春。

换羽其实是禽类的一种自然现象。原鸡和家鸡都有抱窝孵蛋的习性，在孵蛋过程中出现"自发性厌食"，采食量大幅下降，体重减少约20%，旧羽毛脱落，替之以新生羽毛，产蛋也随之停止，生殖系统逐渐恢复原状。等小鸡孵化后，母鸡羽毛更新完成，才逐渐恢复正常采食，并重新开始产蛋。其他鸟类也有类似的自发性厌食习性，其中帝企鹅可绝食4~6个月，体重最多可减少40%以上。人工强制换羽则是采用人工方法，使禽类按人类的意愿提前完成换羽，重启生殖系统，迎接第二个产蛋小高峰的到来。

据北宋赵希鹄所著的《调燮类编》记载，早在宋朝，中国人就发明了人工强制换羽的方法，用于控制禽类产蛋时间。当时人们

### "吃鸡**自由**"**科学简史**

观察到鹅在农历五至六月产蛋，因天热不利于孵化，为解决这一问题摸索出人工强制换羽的方法，具体做法是拔下两只翅膀最长的十二根翮羽（主翼羽），可以让鹅延迟产蛋，鹅换羽后到农历八月又会重新产蛋。这种人工强制换羽是否曾应用于其他禽类，尚未发现明确的历史记载，但是这种方法有可能是从更早的养鸡业中总结出的经验。北魏《齐民要术》中曾提到，养鸡无论是要育肥还是多产蛋，基本的一条是"雌雄皆斩去六翮"，虽然主要目的只是防止鸡飞走，但不排除，或许古人在养鸡实践中已逐渐发现，斩翅可能导致老母鸡停止下蛋，但是换羽后产蛋量反而提高了。

不过，这种强拔羽毛或斩翅的换羽方法比较费人工，对禽类刺激较大，还存在一定感染风险，对现代养鸡业来说得不偿失。这主要是因为当时人们只看到禽类自然换羽的表象，并不清楚禽类换羽的内因。更接近于禽类自然换羽过程的现代人工强制换羽技术起源于19世纪早期。20世纪30年代开始，各国科学家陆续研究出各种人工强制换羽的方法，50年代美国养鸡业中已广泛使用，目前美国75%的蛋鸡群采用了人工强制换羽方法，可将产蛋母鸡群的经济使用寿命从不到80周延长到110周，甚至可达140周。

现代人工强制换羽技术主要是模拟母鸡抱窝时少吃少喝的自然行为,采用停水、禁食和控制光照等措施,使鸡群的生活条件与营养供给发生剧烈变化,强制母鸡换羽休产。饥饿法是目前最常用、最实用也是最经济的强制换羽方法。研究表明,通过禁食让母鸡的体重降低25%~35%,产蛋性能恢复最为理想。一般完全禁食10~14天,这时母鸡体重迅速减轻,产蛋停止,并伴随着羽毛脱落。之后逐渐提高饲料供应量,大约8周后母鸡重新开始产蛋,产蛋率在80%以上的产蛋高峰期能维持2~3个月,产蛋率可超过85%。不过,这种饥饿法虽然是模拟自然的换羽过程,但是会降低母鸡的免疫力,增加患病和死亡风险,经常被动物福利组织所诟病。

为此,科学家不断研发新的人工强制换羽技术,其中最主要的替代方法是调节饲料中特定元素的含量,比如采用低钠、低钙、高锌、高铜或高碘的饲料,都可有效引发母鸡停产和换羽,其中高锌饲料可以在一周左右实现母鸡完全停产,在恢复正常锌水平后5周左右产蛋率可达50%,比饥饿法缩短了停产时间,也不用限制母鸡采食。不过这种饲料的矿物质含量过高，若是在鸡蛋和鸡肉中残留也可能给人类健康带来风险。

## 光照增产有学问

无论哪种强制换羽方法，一般都会在换羽期间通过减少光照时间来加速换羽，降低母鸡的死亡率。其实，不同光照时间、不同光源都会对母鸡的产蛋性能产生重要影响。

关于光照对产蛋的影响研究可以追溯到20世纪30年代。1933年，剑桥大学农学院的沃瑟姆（Whetham）首次对全球不同纬度地区的鸡的产蛋量进行了比较，发现较长的光照时间能显著提高产蛋量。自此，人工光照成为养鸡业中普遍用来提高产蛋量的重要技术之一。不过，后续研究发现，并非光照时间越长越好。一般光照时间在12~14小时都能获得较高的产蛋量，自然光和人造白炽灯光均可，再增加光照时间也不会显著增加产蛋量，但是如果将光照时间缩短至8小时甚至更短，一个产蛋周期的产蛋量则会降低一半以上。另外，对尚未产蛋的小母鸡采用光照处理，也不能操之过急，因为延长光照时间会促进小母鸡性成熟，早日开产，但是整个产蛋周期的总产蛋量反而减少了，可谓得不偿失。

为什么延长光照时间能刺激母鸡产蛋呢？20世纪30年代初，科学家观察到补充人工光照能刺激母鸡在冬季产蛋，因此认为鸟类只能通过视网膜上的光感受器来感受光照的变化。不过有人发现，在相同光照条件下，盲鸡与正常视力的蛋鸡的产蛋量并没有什么差异，应该还存在某些视网膜之外的光感受器。

这些视网膜外光感受器在哪儿呢？1935年，法国科学家贝努瓦（Benoit）开展了一项有趣的实验，他首先比较了有视力的鸭子和盲鸭的性腺发育情况，发现它们几乎没有差异，但是当他用黑色的布遮住鸭子的头部之后，这些鸭子的性腺发育表现出明显的迟缓。贝努瓦推测视网膜外光感受器应该在鸭子的脑部，这些光感受器可以感受透过头部皮肤和骨骼的光线变化，从而对昼夜更替做出反应。后来，科学家陆续发现下丘脑、松果体、小脑和间脑等部位均存在视网膜外光感受器。

科学家通过进一步研究发现，不同波长的单色光会对母鸡的产蛋能力产生不同的影响，其中波长较长的红光具有更强的能量，可以穿透颅骨和头部组织，作用于母鸡的视网膜外光感受器，激活母鸡的生殖系统，使母鸡的行为变得更加活跃，产蛋量也随之增加；而波长较短的绿光、黄光、蓝光能量较弱，难以穿透头部组织，主要作用于视网膜光感受器，使得母鸡容易慵懒犯困，反而抑制繁殖能力。以色列希伯来大学的研究显示，在红光处理14小时（同时蓝光照射6小时）之后，母鸡第30周到第44周的平均产蛋率接近85%，要比绿光处理14小时（同时红光照射6小时）提高15%。研究人员也观察到，红光能刺激母鸡脑部的红视蛋白，进而激活促性腺激素释放激素神经元，表达更多的促性腺激素释放激素，导致促卵泡激素和促黄体生成素显著增加，从而促进排卵，而蓝光和绿光的作用正好相反。

## 蛋鸡一代更比一代强

采用上述的间歇式断食、人工换羽和光照控制等方法，都能显著提高母鸡的产蛋性能，但是这种效果属于一次性操作，只在一代母鸡中有所体现。如果要在不同世代中维持高产蛋率，最好的办法是通过持续的选育，培育出高产蛋鸡品种，实现产蛋率一代更比一代强。

由于对遗传规律认识不全面，古代对鸡种的培育方法主要是选留，即把一些产蛋多的母鸡作为种鸡留下来，然后经过长时间的持续选留，也能获得高产蛋鸡品种。不过这种方法效率较低，育种时间过长，而且很难将多种优良性状集中在一个品种中。在19世纪中期英国维多利亚女王掀起"母鸡热"之后，人们对鸡的品种选育越来越重视，开始有意识地收集散落在世界各地的优良鸡种，并相继培育出一些生产性能优良的新品种。随着20世纪初孟德尔遗传定律被重新发现，农业动植物品种的选育有了理论指导，鸡的育种也随之进入快速发展时期。

由于野生原鸡需要花时间孵蛋和抚养小鸡，因此它们的产蛋性能较低，一般一年只会产1~2窝蛋，每窝鸡蛋4~10个。大多数家鸡同样具有就巢性，一旦母鸡在同一个鸡窝多次产蛋，且没有被取走，很容易诱发母鸡的就巢性。母鸡一看鸡蛋下得差不多了，该孵化了，于是停止产蛋，抱起窝来。这种抱窝习性在没有人工孵化技术的年代，对鸡的繁育非常重要。但是，当人工孵化技术比较成熟

## "吃鸡自由"科学简史

之后,这种就巢性反而成为养鸡业的重要障碍,因此育种家首先要选留就巢性较弱的母鸡,甚至没有就巢性的母鸡,这样就可以让母鸡源源不断地产蛋了。来自意大利的白来航鸡就是一种基本没有就巢性的蛋鸡品种,也是世界上最主要的蛋鸡品种。

20世纪20年代末,母鸡的年平均产蛋量已超过120个,相较它们的祖先红原鸡来说,这样的成绩已非常了不起了,不过育种学家还有更高的期望。由于一个鸡蛋从形成到落地需要23~24小时,因此母鸡年产蛋量极限是365个,育种学家希望育种的母鸡的产蛋性能尽量接近这一极限。

据吉尼斯世界纪录,目前全世界最高产蛋量纪录为364天产374个鸡蛋,不过这只是单只母鸡的产蛋纪录。现代养鸡业追求的是母鸡群的产蛋成绩,需要尽量提高鸡群产蛋量。经过育种学家的不断选育,到20世纪50年代,优秀蛋鸡的年产蛋量已突破210个,到90年代超过300个,目前已超过320个。在近100年里,蛋鸡产蛋量的年遗传进展维持在2个左右。

母鸡的产蛋量是如何不断提高的呢?这主要得益于以杂交育种技术为基础的遗传育种技术的持续应用。研究显示,鸡的产蛋数遗传力约为0.2~0.3，属于中等遗传力性状。对于中低等遗传力的性状，需要持续不断地进行选育提高。就产蛋量性状而言，基本做法是选留产蛋量高的母鸡和后代产蛋量高的公鸡作为种鸡，杂交选配后，它们后代的产蛋量会有所提高，继续选留少数产蛋量更高的母鸡和公鸡进行配种，如此反复，才能将蛋鸡或肉种鸡的产蛋量持续提高。到目前为止，蛋鸡的产蛋量仍然还有一定提升空间。

不过，要提高蛋鸡和肉种鸡的产蛋成绩，仅仅考虑产蛋量是远远不够的，还需要综合考虑鸡蛋的重量、蛋料比、开产日龄、蛋壳形状、蛋壳硬度、蛋壳颜色、受精率、孵化率和死亡率等众多性状。最终的育种目标是在尽量长的产蛋周期内，用尽量少的饲料，生产尽量多的总蛋重，获得尽量高的效益。2010年，荷兰汉德克集团旗下的伊莎公司首次提出"100周产蛋500个"的育种目标，即在原有育种工作的基础上，重点考虑母鸡的健康活力、鸡蛋品质、产蛋持久性等性状，让母鸡在100周的生长周期内生产超过500个鸡蛋。

相对原来"72周产300个鸡蛋"的育种目标来说，这一新的育

"吃鸡**自由**"科学**简史**

种目标是一次重大跨越,将大大延长蛋鸡的利用周期,节约大量饲料,降低全周期生产成本,提高养殖效益,这对于蛋鸡、养殖户、行业甚至地球来说,无疑是一个多赢的选择。目前,这一育种目标已在美国、英国、荷兰、德国、巴西和洪都拉斯等国家得以实现,预计将成为国内外蛋鸡育种的重要目标之一。

第二章 吃鸡之外

# 喔喔喔，
# 公鸡打鸣会把自己耳朵震聋吗？

如果你有幸去农村住上几天，就有可能在凌晨四五点被此起彼伏的公鸡打鸣声惊了美梦。你也许会埋怨：怎么天还没亮就叫个不停，而且声音还这么大，简直吵死了！等你睡了回笼觉，稍微清醒一些了，你脑子里或许会闪出一些疑问：为什么公鸡要在大清早打鸣？叫这么大声难道不怕把自己给震聋吗？恰巧，科学家也关心这些问题。

## "吃鸡**自由**"科学**简史**

### 公鸡打鸣为了啥？

母鸡下蛋"咯咯哒"，公鸡打鸣"喔喔喔"，对我们人类来说简直是天经地义、司空见惯的事情。不过，公鸡报晓在动物世界里其实是非常独特的习性，也可能正是这一习性让鸡更被人类所看重，毕竟在世界各地大多数文化中，公鸡报晓都具有积极意义。

大多数鸟类都会鸣叫，它们都依靠鸣管来发声。鸣管是鸟类共有的发声器官，它主要是由鸣骨和鸣膜组成的，有些能够发出婉转叫声的鸟还有鸣肌，不过鸡并没有鸣肌。所以不管是公鸡还是母鸡，虽然它们的鸣叫声稍显单调，但也可以说是独具特色。

公鸡打鸣的姿势非常独特而刻板。一只准备鸣叫的公鸡会先微微低头，然后快速抬头，脖子往上向前伸展，使尽全身力气发出"喔喔喔"的响亮叫声，脖子上的羽毛也会随之微微竖起。

公鸡为什么打鸣呢？科学家已经研究和总结出一些原因。

研究表明，公鸡打鸣的主要目的是宣告领地。鸡的祖先红原鸡生活在中国与东南亚交界的茂密丛林中，一般互相看不见对方，只有通过大声鸣叫，才能让其他公鸡知道自己的存在，而鸣叫声也用来警告对方不要靠近自己的领地，以免伤了和气。别看公鸡给人以好斗的印象，其实它们深谙能动口绝不动手的好处，通过反复鸣叫，以最小的代价避免直接冲突，显然是最符合各方利益的方式。

公鸡打鸣还可以确立自己的等级地位。当群体中有多只公鸡时，公鸡打鸣并非随心所欲，而是有着较为严格的秩序。公鸡是高度群居性动物，它们在野外群体里具有严格而固定的等级制度，等级较高的公鸡享有啄食、交配和巢穴等各方面的优先权。公鸡的打鸣秩序正是这种等级制度的重要体现。一般等级最高的公鸡会在黎明前两个小时左右首先打鸣，然后其他公鸡按照自己在群体中的等级顺序依次打鸣。"领唱者"每天早上的打鸣时间并不固定，但是后面随声唱和的公鸡的打鸣间隔时间基本固定，而且打鸣持续时间也依次递减。如果哪只公鸡坏了规矩，等待它的可能是一顿胖揍。不过，如果原来排名第一的公鸡离开了群体，排名第二的公鸡则会当仁不让地率先打鸣，其他公鸡则会依次替补。排名靠前的公鸡打鸣频率和时长也会高于排名靠后的公鸡。

公鸡打鸣也与交配行为有关。公鸡在交配前、交配后甚至是母鸡下蛋后，都有可能打鸣。公鸡为了选择配偶，除了炫耀自己绚丽的羽毛之外，还可能会通过打鸣来吸引母鸡的注意，一旦确定目标，

"吃鸡自由"科学简史

公鸡会非常坚决地行动起来，甚至不惜从别的公鸡胯下抢夺母鸡。交配之后，公鸡也可能打鸣，多少有点炫耀吹牛的意思。母鸡下蛋"咯咯哒"，与之交配的公鸡也可能会放声"喔喔喔"，向大家宣告自己的繁殖能力。公鸡在黎明前打鸣也与交配行为有关，因为这时它们体内的雄激素水平非常高，打鸣正好可以向周边的母鸡展示自己的雄风。

当群体面临危险时，比如突然来了一只老鹰要抓小鸡，公鸡也有义务通过打鸣来通知其他同伴赶紧躲避，或是采取应对措施。

## 公鸡报晓为什么准时？

在有关公鸡打鸣的问题中，"公鸡为什么能每天准时报晓"最能引起科学家的兴趣。

家养公鸡准时报晓的习性是从它们的祖先红原鸡继承而来的。生活在野外的雄性红原鸡的鸣叫行为同样表现出明显的周期性，其中公鸡集中打鸣的最高峰出现在黎明前的1~2小时，天亮后1~2小时还会出现一次打鸣的次高峰，在日落前则会出现一次公鸡打鸣的小高峰，这中间的白天期间公鸡也会零星打鸣。在每年4—5月的繁殖季节，雄性红原鸡打鸣更加频繁，其他季节打鸣频率则有所降低，这也表明公鸡打鸣与繁殖有关。

一般情况下，公鸡很少在夜里打鸣，因此古人常常将"半夜鸡叫"视为不祥之兆。不过，如果受到声音或光照的刺激，公鸡也可能反常地在夜里打鸣。有人就非常善于利用鸡的这一特点为己所用。春秋战国时期，孟尝君礼贤下士，门客众多，其中包括一位善于偷盗的门客和一位善于学鸡打鸣的门客，这种歪门邪道为众人所不齿，但是孟尝君仍然待之以礼。后来孟尝君险些被秦昭君扣留，正是依靠两人的特殊技艺才得以逃离险境，其中鸡鸣门客利用以假乱真的鸡叫声，骗得周边的雄鸡提前齐声打鸣，函谷关守门士兵按照秦律规定，听到鸡叫声即开城门，孟尝君得以侥幸逃离。这正是《史记·孟尝君传》中记载的"鸡鸣狗盗"故事。

日本名古屋大学将公鸡打鸣的现象作为科学问题来研究。研究人员把公鸡分成两组，一组公鸡生活在12小时光照和12小时黑暗的条件下，另一组则给予24小时暗光条件，结果不管是在12小时黑白交替还是24小时暗光的环境下，公鸡都会在黎明到来前2小时左右开始打鸣，提前宣告"黎明"的到来。这主要受到公鸡体内

## "吃鸡自由"科学简史

生物钟的调控，这种周期节律大概为23.7小时。生物钟存在于微生物、植物和动物等几乎所有生物体内，受基因控制，可以遗传。2017年，三位美国科学家因为发现生物钟的分子机制而获得诺贝尔生理学或医学奖。

名古屋大学的研究人员还发现公鸡不仅受内在的生物钟控制，在黎明前后打鸣，也会受到额外光照和声音等环境刺激，不定时地打鸣，而且打鸣次数会随着光照强度或鸡鸣声分贝提高而增加。不过这种光照或鸡鸣声引发的公鸡打鸣仍然受到生物钟的调控，如果额外光照或鸡鸣声出现在光明和黑暗交替时段，打鸣次数较多，随着时间推移，额外环境刺激引起的打鸣次数会随之减少。

公鸡打鸣属于先天习性，不需要后天学习，受到雄激素水平调节。当雄激素水平降低时，公鸡打鸣也会受到抑制，比如手术去势的公鸡打鸣次数减少，甚至不再打鸣，但是如果重新注射雄激素，打鸣次数则会随之增加。名古屋大学的研究人员给一些小鸡注射了睾酮，发现这些小鸡的鸡冠比没有注射睾酮的小鸡长得更快，而且还开始主动打鸣了。相反，公鸡如果在胚胎期接受雌激素注射，自身的雄激素将会受到抑制，成年后它们的打鸣次数也会显著减少。

第二章　吃鸡之外

## 公鸡如何避免震聋自己？

大部分情况下，公鸡打鸣并不让人感到愉悦，因为这种声音通常很吵。一些公鸡还会因为打鸣让主人惹上官司，法国、瑞士、德国等国家都曾报道过公鸡打鸣扰民的民事诉讼案件，其中瑞士法官还给扰民的公鸡制定了"打鸣时间表"，要求公鸡主人让公鸡在晚上10点到早上8点之间保证安静。不过，按照公鸡的天性，这样的判罚估计很难执行。

这些案件的原告都在抱怨邻居家的公鸡打鸣声太吵。公鸡的打鸣声到底有多大呢？有科学家专门做过测量，在距离1米远的位置，公鸡的打鸣声一般超过100分贝，母鸡的叫声只有70~80分贝，而在公鸡头部附近测得的音量则超过130分贝，有些甚至超过140分贝，这相当于距离15米左右、正在升空的喷气式直升机发出的音量。

当音量超过120分贝时，会导致内耳毛细胞受损甚至死亡，从而导致听力损失。因此，如果公鸡突然在你耳边打鸣，不仅会把你吓一大跳，这种噪声的冲击波还有可能导致你的耳膜穿孔。但是，为什么公鸡打鸣不会震聋自己呢？通过公鸡头部CT扫描显示，科

77

## "吃鸡自由"科学简史

学家发现原来公鸡早已进化出一种保护机制：当公鸡张嘴打鸣时，耳道的软组织会覆盖约一半的鼓膜，并关闭约1/4的耳道，大大减少了高分贝声音对耳组织的损害，而母鸡则没有这种保护机制。另外，鸡可以再生受损的内耳细胞，这是哺乳动物无法做到的。所以作为哺乳动物的我们，根本无须为公鸡担心。

### 也有人喜欢长鸣鸡

当然，也不是所有人都讨厌公鸡打鸣，有些人还专门喜欢饲养一些擅长打鸣的鸡。这种鸡名为长鸣鸡，其鸣叫时间一般是普通公鸡的2倍以上，甚至可超过6倍，而且报时特别准，有一些长鸣鸡则兼具斗鸡的特点，也被当成斗鸡饲养。

中国饲养长鸣鸡的历史比较悠久，文字记载最早可追溯到成书于公元270年前后的《广志》，之后在很多古籍中均出现了长鸣鸡的记载，其中以交趾郡（越南）所产的长鸣鸡最为出名。长鸣鸡一般作为观赏用，价格远高于普通鸡，南宋时期一只长鸣鸡可值一两银子。

在我国古代，长鸣鸡可能是自然突变形成的独特个体，仅有一些小群体，并没有进行系统选育，更没有形成较大规模的长鸣鸡品种。不过，日本人保留了珍贵的长鸣鸡种质资源，经过选育，形成了3个长鸣鸡品种，并作为日本地方品种保护起来。日本的长鸣鸡最早的记录出现在712年的《日本编年史》中，其可以鸣叫15～20秒，而普通公鸡打鸣的持续时间一般只有3秒左右。日本国家遗传研究所的研究人员分析表明，日本长鸣鸡含有日本萨摩斗鸡的血统，而萨摩斗鸡则起源于中国和东南亚。

可见，不管人类喜欢也罢，讨厌也罢，公鸡打鸣是鸡特有的一种习性。不过，在鸡群里，打鸣并不一定是公鸡的特权，某些时候母鸡也会掌握这种公鸡的技能，甚至想要取而代之。

"吃鸡自由"科学简史

# 咯咯哒还是喔喔喔，母鸡性别转换之谜

众所周知，在鸡群中，公鸡主要负责打鸣，寻找母鸡交配。如果世界上所有的公鸡完全消失，也没有人工授精，母鸡还能不能产下受精蛋，能不能孵出小鸡来？按照生物学常识，这种可能性几乎为零，但是生命自有奇迹。没有公鸡贡献精子怎么办？母鸡可能自己来！

**性反转属于自然现象**

没有公鸡，遗传上的母鸡有时候竟然会变成表型上的公鸡，不仅外表像公鸡，鸡冠变大变红，羽毛体态也活脱脱变成一只大公鸡的样子，连睾丸、附睾等公鸡性器官都一应俱全，而且能产生有活力的精子，可以与母鸡交配，并产下可生育的后代。这种神奇的现象在生物学上叫作性反转，这类性反转现象主要表现在遗传性别和表型性别不一致上。

在所有脊椎动物中，几乎都有性反转现象自然发生。在鱼类、两栖类和爬行类动物中，性反转现象相对较为常见，这些动物容易受到激素、种群密度、温度、pH值等环境变化而发生性反转。美国加利福尼亚大学伯克利分校曾报道过一种野生绿蛙，自然发生的性反转现象非常频繁，既有遗传雌性逆转为表型雄性，也有遗传雄性逆转为表型雌性，在不同群体的性反转频率可有2%~16%。性反转也可通过人工操作实现，利用激素等对养殖鱼类进行性别控制，目前已经成为水产养殖中的一项常见技术。

哺乳动物性反转现象相对罕见，但是牛、水牛、马、狗、猫、猪、山羊等家养物种都有过性反转现象的报道。在人类中，同样曾观察到性反转现象，性反转的概率大概占活产婴儿的1/20000。2011年，剑桥医学研究所的研究人员曾在《新英格兰医学杂志》上报道了3

## "吃鸡**自由**"科学**简史**

例家族关联病例，两个"男孩"和他们的一个"叔叔"都被诊断患有无精症。他们的第二性征、行为、生长发育和骨骼发育均为正常男性，健康状态和智力也属于正常。但是遗传检测结果显示，这些表型男性其实是遗传上的女性，拥有两条 X 染色体，而正常男性应该是一条 X 染色体和一条较短的 Y 染色体。通过进一步研究发现，这些性反转病例主要因为一个决定男性性发育的关键基因 *SOX9* 上游区域发生了重复，导致雄性表型特征。

早在商周时期，古人就观察到了鸡的性反转现象，但是因为极为罕见且反常，往往被古人误认为是"凶兆"。关于鸡的性反转现象最早见于孔子所著的《尚书·牧誓》，周武王在讨伐纣王的决胜之战即牧野之战前夕，召开誓师大会并发表讲话，提到"牝鸡无晨；牝鸡之晨，惟家之索。"意思是说倘若母鸡停止下蛋，转而变得像公鸡一样打鸣报晓，家庭就会衰败，借此抨击纣王宠幸妲己，导致朝纲崩坏，国家衰亡。这是中国史书首次提到母鸡的性反转现象，并将牝鸡司晨比喻为女人干政，天下就会大乱。《汉书》《后汉书》《新唐书》等史书均有记载母鸡性反转的现象，多与宦官或女人干政有关。其中《汉书·五行志第七中之上》对母鸡性反转现象描述得比较详细，先是提到汉宣帝黄龙元年（公元前49年），在皇宫未央殿辂軨厩中发现"雌鸡化雄"现象，有的母鸡羽色变得像公鸡一样艳丽，但是尚不会打鸣，也没有长出成年公鸡打斗用的跗足骨。几年后的汉元帝初元时期，又出现了一次更加彻底的"雌鸡化雄"现象，丞相史家孵蛋的母鸡竟然慢慢变成公鸡，既有公鸡的鸡冠，也有公鸡的跗足骨，还能像公鸡一样打鸣和号令群鸡。据《新唐书》记载，武则天正式登基称帝的前几年，冀州、朗州和松州等地相继发生"雌鸡化雄"现象，如此频繁地出现母鸡性反转的事件是极不平常的。

## 性反转"公鸡"成为鸡爸爸

这些反常的自然现象在史书中出现，并非史学家们对现象本身感兴趣，而是往往借这种奇异事件表达某种政治隐喻，因而这些史书中记录的母鸡性反转现象是否真实发生，或只是道听途说，尚不得而知，但是鸡的性反转现象的确有科学记录，而科学家更希望探明其中蕴藏着的一些科学秘密。

根据爱丁堡大学动物遗传学家克鲁（Crew）在1923年的总

### "吃鸡自由"科学简史

结，从19世纪80年代开始，科学家陆续记录了30多个具有不同程度雄性特征的母鸡性反转案例，他将这种现象称为"雌雄间性"（intersexuality）或"雌雄同体性"（hermaphroditism）。克鲁认为在一些繁殖力高的群体中，特别是在没有公鸡存在的情况下，性反转现象相对较为常见，而且性反转大多发生在老母鸡身上。一些性反转"公鸡"只是出现部分公鸡的性特征，如鸡冠、肉垂和部分羽毛像公鸡，而雌性器官仍然保留较为完整，无法与母鸡交配。有一些则转变得比较彻底，不仅在形态上像一只大公鸡，而且睾丸和输精管等雄性器官也出现了，甚至能与正常母鸡交配繁育后代。

克鲁还描述了8只性反转"公鸡"，其中一只鸡发生了完全的性反转，这只母鸡早期能产卵，长到3岁半后却慢慢变成公鸡，鸡冠和肉垂都变成公鸡模样，左脚上长出了附足骨，而且会像公鸡一样鸣叫。克鲁让这只性反转鸡与另一只年轻母鸡独处一室，性反转鸡能与母鸡交配，母鸡产了9个鸡蛋并进行孵化，结果孵出2只小鸡，证明这只性反转"公鸡"已具有繁殖后代的能力。解剖结果表明，这只性反转鸡卵巢出现肿瘤，导致睾丸和输卵管等雄性器官发育，并产生部分有活力的精子，最后也成为2只小鸡的"父亲"。

## 第二章 吃鸡之外

1955年，加拿大阿尔伯特兽医实验室报道了一例白来航母鸡发生性反转现象，这只母鸡原本能正常产蛋，18月龄突然开始像公鸡一样打鸣，不再产蛋，主人这才注意到这只鸡的鸡冠和肉垂早已变成公鸡的模样，脖子上的羽毛形态也接近公鸡，只是尾羽尚保留母鸡特征。研究人员解剖发现该鸡的卵巢略显膨胀，卵巢组织基本呈正常状态，具有各种形态的卵泡，但是呈现出肿瘤特征。研究人员推测，可能是由于卵巢肿瘤分泌了足够数量的雄激素，抑制了雌激素的作用，从而诱导了母鸡特征向公鸡特征的转变。

中国也有性反转鸡的科学记录。1980年，经著名遗传学家谈家桢教授审阅，复旦大学遗传研究所的刘祖洞和梁志成在《遗传学报》上报道了一例母鸡变公鸡的现象。相关研究实际发生在1959—1961年，这只鸡来自上海市禽类蛋品公司所属的吴淞饲养场，原是一只曾经产过卵的洛岛红母鸡，3岁多完全转变为公鸡，具有明显的雄性第二性征，鸡冠发达，但仍然保留部分母鸡的羽毛和体态。该变性公鸡对母鸡表现出求偶行为，母鸡们并不喜欢它，但偶尔也能得手。研究人员在其与母鸡交配时采集精液，发现其精液中的精子较为密集，形态正常。让其与芦花母鸡和澳洲黑母鸡交配，受精卵基本正常，但是后代孵化率较低，雏鸡死亡率很高，大多在孵化晚期或雏鸡时死亡，后代畸形率也较高。

解剖发现，该变性公鸡之前的卵巢已完全消失，只有部分输卵管残迹，但是有两个完整的睾丸及两条正常的输精管，并没有观察到肿瘤或其他病理变化。通过杂交试验表现出的芦花羽色遗传规律显示，该变性公鸡的染色体组型仍然为母鸡原有的"ZW"型。刘祖洞和梁志成根据国外的研究推测，该变性公鸡的性染色体虽然没有变化，但是其常染色体可能增加了，这导致性染色体与常染色体的平衡趋向雄性，因而基因型雌性的鸡可转变为表型雄性，并表现出雄性的机能。

## 原来性别决定并不简单

如果学过基础的生物学知识，大家可能知道动物的性别主要取决于性染色体。比如在哺乳动物中，雌性动物的性染色体组为XX，而雄性的性染色体组则为XY；在禽类中，雌性动物的性染色体组为ZW，而雄性的性染色体组则为ZZ。也就是说，母鸡含有一条较大的Z染色体和一条较小的W染色体，前者占单倍体基因组的

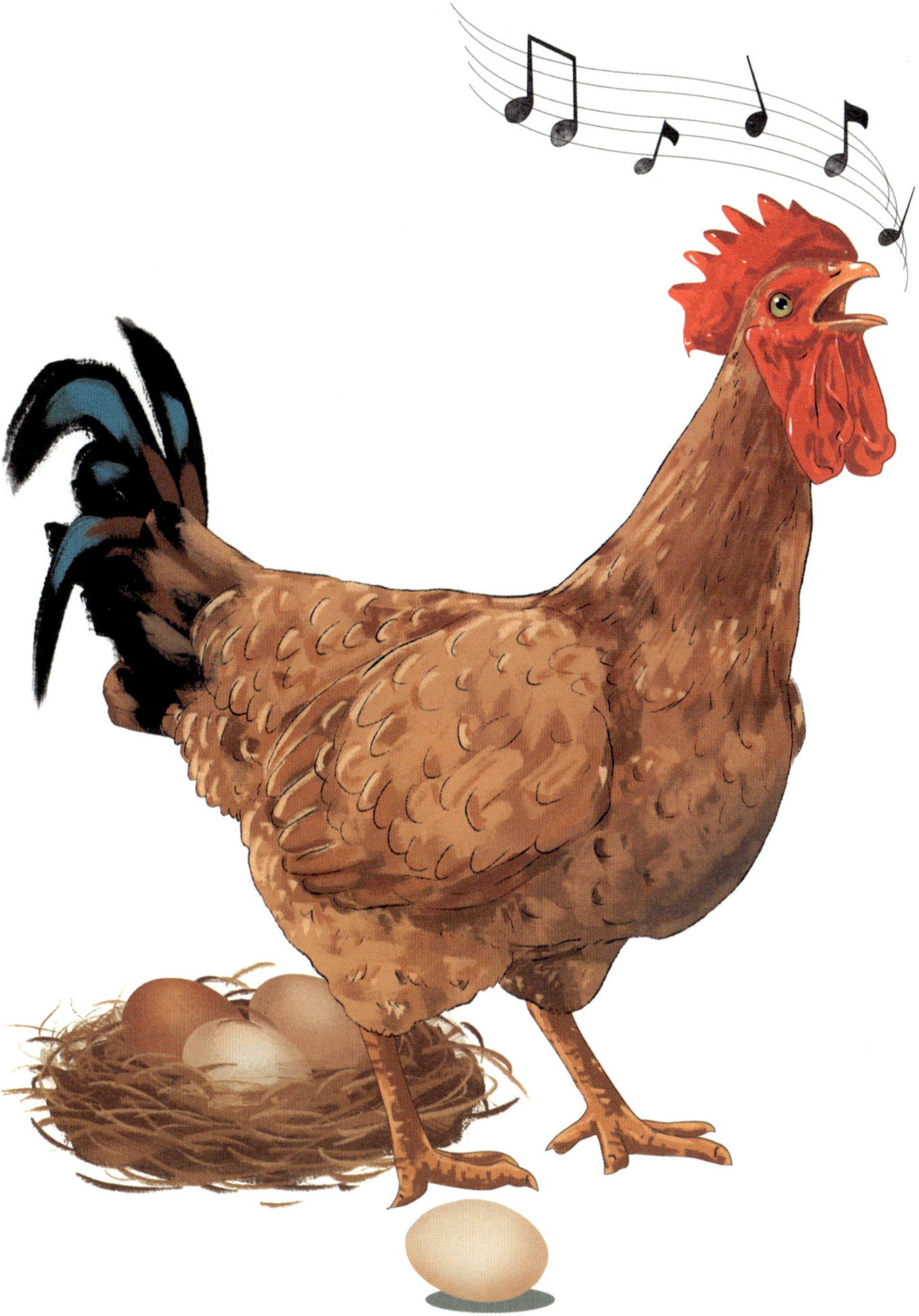

"吃鸡自由"科学简史

7.5%,后者仅占单倍体基因组的1%,而公鸡则含有两条大小相同的Z染色体。但是性反转现象告诉我们,鸡的性别决定并不是这么简单。

鸡的性腺是在胚胎期的3.5天开始发育,到6~7天时才能观察到其性腺发育的差别,其中雄性两侧性腺内部的髓质中曲细精管索开始形成,进而发育成曲细精管,后者是睾丸的主要功能结构,由生精细胞和支持细胞组成,产生精子和雄性激素;同一时期在雌性性腺外部的皮质层开始增殖,鸡的卵巢是非对称发育的,在6.5天后右侧卵巢停止发育,而左侧卵巢则正常发育,产生大量的卵母细胞。

鸡的性腺分化和发育都是受基因调控的,科学家找到了一些与性别决定相关的重要基因。通过对这些基因进行功能研究,科学家发现大多数性别决定基因分布在性染色体上,也有一些基因虽然分布在常染色体上,但会影响和调控性染色体的基因表达,从而对性别形成也产生一定影响,因此科学家对于禽类的性别决定机制有3种主要的假说。

第一种是Z染色体剂量假说。这种假说认为,Z染色体上携带多个雄性决定基因，而且具有剂量效应，该效应在雄性发育的初期以 Z 染色体的数量来诱导个体的性别发育，即两个 Z 染色体时为雄性，一个 Z 染色体时为雌性。最具代表性的雄性决定基因是 *DMRT1*，该基因只存在于 Z 染色体上，对睾丸发育至关重要。2009 年，澳大利亚墨尔本大学皇家儿童医院的研究人员在《自然》杂志上发表了一篇重磅研究论文，该研究支持 Z 染色体剂量假说。研究人员用 RNA 干扰的方式让鸡胚的 *DMRT1* 基因表达水平降低，结果雄性鸡胚的性腺开始出现雌性化，而且出现了大量卵巢发育所需的芳香酶，这种芳香酶在正常雄性胚胎中很难检测到。2021 年，英国罗斯林研究所的科学家采用 CRISPR-Cas 9 基因编辑技术对雄性鸡胚单个 Z 染色体上的 *DMRT1* 基因进行定点敲除，另一个 *DMRT1* 基因则保持完好，结果与墨尔本大学的研究结果类似，证明只有当 *DMRT1* 等雄性决定基因具有两个拷贝时，雄性胚胎才能正常发育，进一步支持了 Z 染色体剂量假说。

第二个假说则是 W 染色体显性假说。这种假说认为 W 染色体上携带着多个卵巢决定基因，具有显性效应，当这些卵巢决定基因存在时，就会驱使性腺向雌性发育，即携带 ZW 染色体的胚胎发育成雌性个体。科学家同样从 W 染色体上发现了一些对卵巢发育有重要影响的基因，这些基因往往属于 W 染色体独有。如 *ASW* 基因，该基因表达产物主要作用是抑制某些睾丸分化所必需的因子，并且激活卵巢决定因子。20 世纪 90 年代初，澳大利亚纽卡斯尔大学的索恩等人曾描述过一群 ZZW 三倍体鸡，这些三倍体鸡在出雏时具有雌性的外部表型，但是右侧性腺发育成睾丸，能产生畸形的精子，而左侧性腺既有卵巢成分，也有睾丸成分，不过卵巢逐渐退化。这些 ZZW 三倍体案例既支持了 Z 染色体剂量假说，也说明 W 染色体具有显性效应，但是这些显性效应可能受到 Z 染色体剂量的拮抗。

还有另一种假说，就是常染色体平衡假说。常染色体平衡假说认为常染色体上的基因也参与了性别决定，而生物的性别是由细胞核内染色体上雄性化基因系统与雌性化基因系统的平衡所决定的，基因系统的优势会影响胚胎在发育早期向某一性别方向发育。由于常染色体上的一些基因产物能与性别决定基因产物互作，因此有科学家认为常染色体数的增加使性染色体与常染色体之比的平衡趋于雄性。复旦大学遗传研究所的刘祖洞和梁志成正是用这一假说解释他们观察到母鸡性反转现象的可能原因。

第二章 吃鸡之外

虽然这些假说都有证据支持，但是又不能完全解释性别决定的机制。到底是一种假说一枝独秀，还是多种假说完美统一，还需要更多的证据。

## 去势算不算性反转？

除了受遗传控制之外，鸡的性别还可以通过人工的方式进行控制，比如在胚胎发育早期加入芳香酶抑制剂，可显著降低卵巢发育必需的芳香酶水平，遗传雌性胚胎就会发育成雄性表型个体；用雌激素处理早期胚胎，则可提高母鸡的比例；取卵巢或睾丸组织制作抗血清，处理鸡胚后可显著提高公鸡或母鸡比例。目前这些获得性反转的方法主要用于科学研究，也有在生产实践中小范围使用。

在生产实践中，使用最多的性别控制方法则是去势，即通过阉割等外源手段摘除动物的主要生殖器官或使其丧失生殖性能。动物去势算得上一种非常古老的技艺之一。相传黄帝轩辕时期就有人懂得给马实行阉割之术，使性情暴躁的马匹温驯起来。殷商时期的甲骨文也有关于动物阉割的文字记载。周朝以后，动物阉割之术开始逐渐盛行，成为畜牧生产中一种较为常见的技术，其中马的阉割最为常见，猪、牛次之。东汉末年，关于鸡的阉割也已有记载。早在公元前7世纪欧洲就有动物去势的记载，主要用于献祭，罗马时期则已经将去势作为节省饲料、快速育肥的好办法。

鸡去势的方法包括物理、化学和免疫去势等，其中物理去势即手术去势仍然是使用最广泛和最常见的去势方法。特别是在更加注重鸡肉风味的现代优质鸡养殖中，去势成为不可或缺的环节。在我国南方饲养的黄羽肉鸡中，大多数公鸡都会被物理去势。

如果说马、牛去势主要是为了使其变得温驯，便于管理，那么鸡的去势则主要为了让其长得更快、更加美味。研究表明，去势的公鸡或母鸡的肌肉纤维会变细，嫩度更高，而且去势更利于动物沉积脂肪，腹脂率更高，而且肌内脂肪含量可提高一倍以上，因此去势鸡吃起来更嫩更香。另外，去势也可以让公鸡的生长速度提高10%以上。

去势对鸡的影响主要是性激素水平的变化。公鸡去势后，体内的雄激素水平会显著降低，让其没有繁殖的欲望和能力，只能"专心"长肉了。由于性激素的影响，去势公鸡外表变化最大的是鸡冠。中国农业科学院北京畜牧兽医研究所（后文简称"中国农科院牧医所"）文杰课题组曾经开展北京油鸡去势研究，发现3周龄公鸡去势后，它们的鸡冠长得非常缓慢，即使到22周龄，鸡冠的冠长、冠高和冠重更接近同龄的母鸡，与没有去势的公鸡鸡冠相差甚远，其中冠重仅相当于未去势公鸡的1/3。相反，母鸡去势后，鸡冠则加速生长，这点正好与母鸡发生性反转的表现基本吻合，显示出去势对鸡的性别特征具有较大的影响，也可以说去势能引起部分的性反转现象。

不过，手术去势等性别控制技术效率较低，费时费力，而且涉及动物福利问题，未来将面临淘汰或被法律禁止，因此需要寻找更精准、更高效的性别控制技术，一方面可以避免大量宰杀生产出的不需要的雏鸡，减少养鸡业的损失，另一方面则可以进一步保障动物福利。

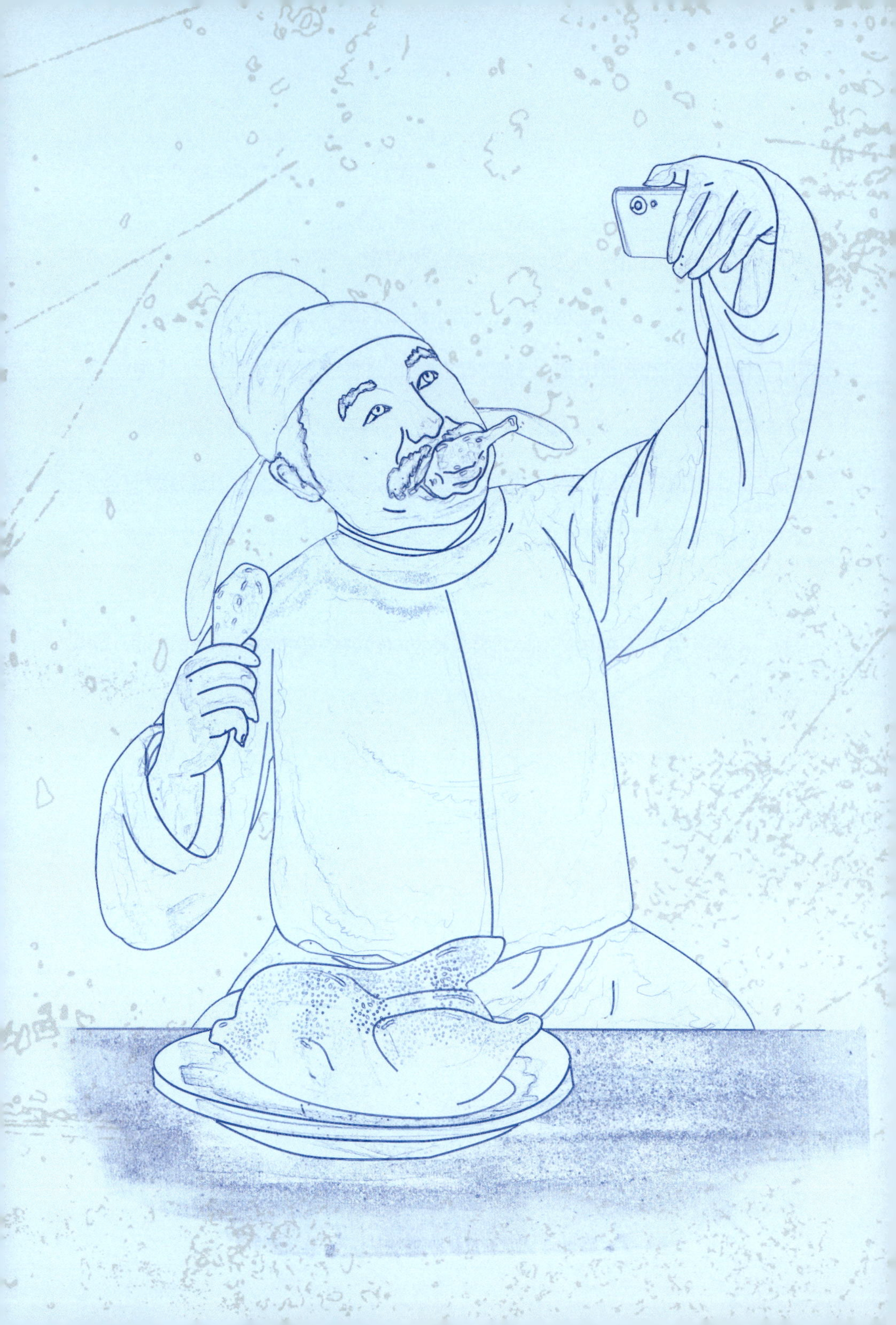

# 第三章
# 吃鸡过去时

从祭坛用品到待客美食：中国人吃鸡简史　96

从"预言家"到盘中餐：世界人民吃鸡缩影　108

人类能实现"吃鸡自由"，多亏了两个女人　122

"吃鸡**自由**"科学**简史**

# 从祭坛用品到待客美食：中国人吃鸡简史

中国是家鸡的发源地之一，具有悠久的养鸡历史，自然我们吃鸡的历史也非常久远。现在，我们每人年均要吃掉10千克以上的鸡肉。鸡肉已经成为我们生活中最常见的肉食之一，不过古代吃鸡可就不那么容易了。

## 夏商周：先祖和神仙先吃

据司马迁《史记·五帝本纪》记载，神话传说阶段的黄帝开始教人们把野生的鸟兽圈养起来进行驯化。到尧、舜、禹时期，已经开始设置专门掌管养禽业的官职。据成书于公元前10世纪的《尚书·舜典》所记载，舜曾任命益为虞，掌管山泽草木鸟兽，这时候鸡已经成为重要的祭祀用品，需要专人养鸡供鸡。夏商时期，养鸡更胜一筹。记载中国夏朝农事历法知识的《夏小正》指出，正月是孵小鸡的好时节。尽管在4000~8000年前的古人类遗址中相继出土了做工略显粗糙的陶鸡，以及类似鸡骨的遗骸，但是考古学家认为距今3300年的商朝都城殷墟遗址中出土的鸡骨最为靠谱，而且在同时期的甲骨文中首次出现了鸡的象形文字。

到了注重礼仪的周朝，祭祀活动更加盛行，鸡的地位也进一步提升。周王和诸侯每年都要举行各种各样的祭祀活动，以祈求国泰民安、风调雨顺、出征告捷等。为了表示诚心，自然要将当时最好的食物作为贡品献给各位先祖和各路神仙。最好的贡品有哪些呢？当然是美味又难得的肉食，山珍海味不可常有，驯养的牛、马、羊、豕、犬、鸡则可"随叫随到"，因此这六种家养畜禽被并列为"六牲"，供先祖和神仙们"享用"。鸡虽然位列"六牲"之末，却是鸟类的唯一代表，也是六牲中最特别的一个。

为了让先祖和神仙顺利"吃鸡"，周朝还设立了专门掌管祭祀鸡

## "吃鸡自由"科学简史

牲的官员——鸡人。鸡人由周朝低级别官职——下士担任，还配备史官一人和部属四人。鸡人的主要职责是在国家大型祭祀活动时确保鸡牲供应充足和羽色正确，这可不能出半点差错。同时，鸡人还要负责把国家祭祀活动的时间安排报告给相关官吏，并在祭祀活动当天快天亮时大喊"天亮了"，叫醒百官，以免他们睡过头误了大事。可能当时并非每家每户都养鸡，当然肯定也没有闹钟，而鸡人有公鸡报晓，所以理所当然地承担起叫醒服务。

这时候，人们开始慢慢了解鸡的习性。比如，人们已经知道鸡是一种报时的动物，清晨公鸡打鸣，则天要亮了，傍晚群鸡归笼，则天要黑了。周武王在讨伐商纣王的牧野之战的动员大会上就说到，母鸡本不应该打鸣，母鸡打鸣家里就要乱套；商纣王听信妲己教唆胡乱施政，如同母鸡打鸣，天下必然大乱，所以我们要讨伐他。记载周朝礼仪制度的《周礼》将畜牧业列为天下九种职业之一，并说明畜牧业主要是驯养繁育畜禽，养鸡也逐渐成为一种职业。《周礼》还将当时的天下分为九州，指出至少五个州适合养鸡，其中位于东南方的扬州（相当于今江苏、安徽南部，浙江北部和江西东部地区）和位于正南方的荆州（相当于今湖北、湖南和江西西部地区）

适合畜养鸟兽，这里的"鸟"虽然不是专指鸡，但是应该是以鸡为主，而在北方的豫州（相当于今河南、湖北的北部）、青州（相当于今山东的东部地区）、兖州（相当于今河北、河南、山东的交界地区）等地都适宜养鸡。

## 唐朝之前：将士和权贵猛吃

从春秋战国时期开始，鸡从祭祀贡品转为贵族、官员或有钱人餐桌上的美食。《左传·襄公二十八年》（公元前545年）中提到，当时官府给卿大夫每天供应两只鸡，不过这种福利并不能足额享受到，有时候鸡肉被厨师换成了鸭肉，甚至鸭肉还会被送菜的伙计拿走，卿大夫们只能喝到肉汤，弄得卿大夫们很不高兴。孟子在给梁惠王（即魏惠王，公元前400—前319年）讲仁政的道理时，建议梁惠王爱护子民，重视农业生产。其中一条重要的仁政建议是要按时繁殖鸡、猪等畜禽，让七十岁的老人也经常有肉吃。当然，孟子设想的老年人都能有肉吃并不容易实现。

想吃鸡不容易，怪只怪当时养鸡业不发达。万万没想到，首次把养鸡业发展壮大的却是卧薪尝胆的越王勾践。

## "吃鸡自由"科学简史

专门记载古代吴越地方杂史的《越绝书》就反映了公元前5世纪的吴、越地区发达的养鸡业。其中，越王勾践为了打败吴王夫差，除了韬光养晦之外，还偷偷地命人在离县城二十里的锡山之南开设养鸡场，在离县城六十多里的岷山之西开辟养猪场，开启了历史上大规模养鸡、养猪模式。估计吴国人看到漫山遍野都是走地鸡和土猪之后，以为越国人不思进取，不足为惧，谁知道越王养鸡养猪另有目的。在出征讨伐吴王之前，勾践命人将饲养的鸡和猪宰杀烹饪，专门犒赏即将出征的将士，结果饱餐鸡肉、猪肉的越军大败吴军。当时养鸡规模到底有多大呢？史书上并没有记载，但是根据勾践第一次伐吴所派遣的近五万将士计算，养鸡量应该在数万只以上，这种养殖规模在当时的确非常惊人。如果《越绝书》所记史料为真，可以说养鸡业对中国历史的进程也做出了一定贡献。

从西汉开始，民间养鸡量越来越多。西汉史学家刘向所著神仙传记《列仙传》介绍了一位擅长养鸡的神仙——祝鸡翁，其养鸡一百多年，数量超过一千只。他给每只鸡都起了名字，通过呼唤鸡名让鸡应声而来。祝鸡翁通过卖鸡和鸡蛋赚了很多钱，可谓养鸡致富的能手。刘向的儿子——西汉经学家刘歆在其所著的历史笔记小说集《西京杂记》中又提到一个养鸡大户陈广汉，他家产丰厚，光母鸡就有万只之多，可以孵出5万只雏鸡。虽然上述两则故事并非历史事实，但是也从侧面反映出西汉时期养鸡业的发达程度。当然，史书中关于汉朝养鸡的记载也有很多，如西汉早期的著名官吏黄霸在任颍川太守时要求每个官吏都养鸡养猪，以赡养鳏寡贫穷的人，随后把这些政令推行于民间，教导民众耕种养殖。汉宣帝时期的渤海太守龚遂也要求老百姓每家养5只鸡。这些都说明当时老百姓养鸡并不是非常普遍，需要官府要求和鼓励。

即使在养鸡业更加发达的汉朝，普通官吏吃鸡也不是一件容易的事。根据汉简记载，当时一只鸡的价格是36~40钱，一斤猪肉或牛、羊肉只要6~10钱，而普通从事文书工作的官吏年收入也就300多钱。可见汉朝普通官吏一个月吃一两回鸡已堪称奢侈，何况平民老百姓。

不过，历史上也有疯狂吃鸡的例子。西汉第九个皇帝汉废帝刘贺就是这样一位吃货。当时汉昭帝刚刚驾崩，由于膝下无子，

## "吃鸡自由"科学简史

权臣霍光决定将昭帝的侄子昌邑王刘贺立为皇太子并继承皇位。刘贺是一位不学无术、不讲礼法、没干过什么正经事的吃货。刘贺刚刚被立为皇太子之时,正值他的前任汉昭帝国丧,按照封建礼法规定只能吃素,刘贺却三番五次派人偷偷去宫外买鸡肉和猪肉来吃,这可犯了大忌。加上继位后又干了一箩筐没有章法的事情,刘贺登上皇位不到一个月就被群臣赶下台来,成为汉朝在位时间最短的皇帝。

另一个人吃鸡则更为疯狂,据《新五代史·楚世家》记载,五代后梁时期的南楚国君马希声听说后梁开国皇帝朱温喜欢吃鸡,非常羡慕并效法之,自己每顿饭要用到五十只鸡。在其父葬礼时也不顾当时封建礼法规定,吃完鸡才去发丧。如此痴迷吃鸡,马希声可谓史上吃鸡第一人。当然,吃鸡太多也不太好,马希声不仅因为痴迷吃鸡受到别人的嘲讽,而且在位不到三年就一命呜呼了。

魏晋之后,民间养鸡更加普遍。东晋时期的陶渊明在《桃花源记》中描写了一个理想的世外桃源,"鸡犬相闻"正是其中一个重要特征,而且桃花源中的主人还杀鸡摆酒,热情款待来客,平民老百姓吃鸡似乎不太遥远了。

## 唐宋以来：鸡肉成为待客硬菜

从唐宋时期的诗词就能看出，鸡在人们的生活中扮演着重要角色。经检索，《全唐诗》中提到"鸡"的诗句有900多处，而《全宋诗》中更是有3500多处以"鸡"入诗。唐朝的李白、孟浩然，宋朝的苏轼、黄庭坚、陆游等诗人都曾在诗作中描写过吃鸡，孟浩然更是诗人中的吃鸡小能手，他曾在三首诗中提到吃鸡，其中有一句"故人具鸡黍，邀我至田家。"陆游则说"莫笑农家腊酒浑，丰年留客足鸡豚。"这些诗句显示出唐宋时期普通老百姓家里款待宾客常常用到鸡。

唐朝吃鸡有多常见？从唐太宗时期一件与吃鸡有关的趣事上可一窥端倪。原来，唐太宗规定，监察御史在地方出差期间不许吃肉，以免劳民伤财。马周这时正出任监察御史，经常给唐太宗献计献策，深受皇帝欣赏。不过马周爱吃鸡，每次到州县出差，几乎顿顿都要吃鸡。结果被其他官员给告到太宗皇帝那里去了，谁知太宗当即表示，吃鸡不算吃肉，与之前颁布的禁令无关，妥妥的双标啊。

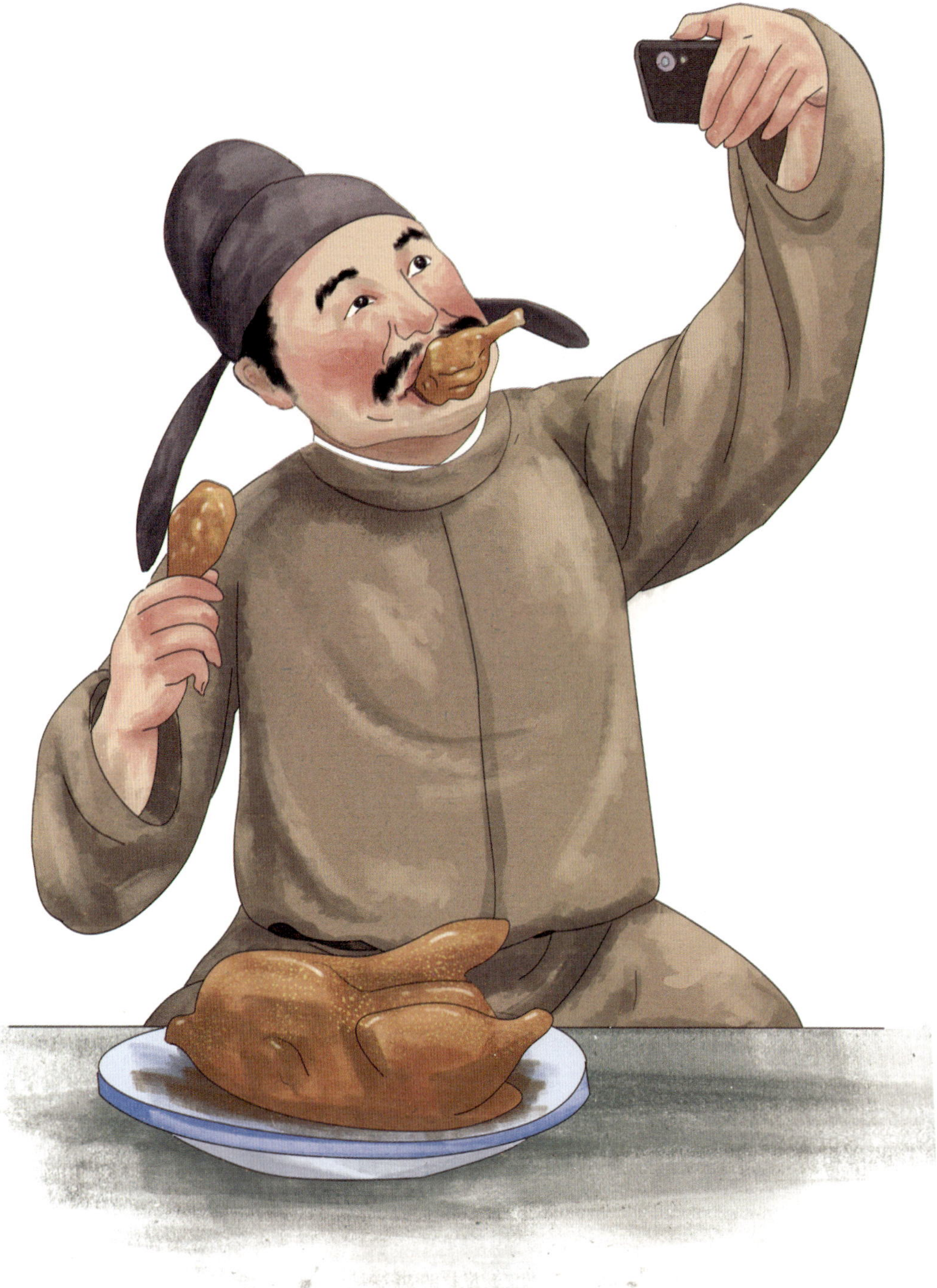

宋朝也有一位吃鸡的名人，他就是北宋初期三任宰相的吕蒙正。吕蒙正幼时贫寒，34岁以状元身份入朝为官，后来三次被任命为宰相。吕蒙正发达后，逐渐形成了一个特殊的癖好——喜欢喝鸡舌汤，几乎每天早餐都要喝。有一天晚上，吕蒙正在自家院子里散步，远远看见墙角有一堆似小山的垃圾，责问仆人这是谁的过错。仆人禀报这是吕蒙正自己的过错，因为他每天要喝鸡舌汤，厨师只好宰杀几十只鸡，才能熬制一碗鸡舌汤，这些鸡的鸡毛、内脏等垃圾还没有来得及处理，所以都堆积如山了。听到这里，吕蒙正顿时悔悟，从此不再喝鸡舌汤了。南宋江少虞编纂的《事实类苑》中记载了这一轶事。

不过话说回来，马周以提倡节俭著称，吕蒙正以廉洁奉公为荣，竟然顿顿吃鸡，可见当时鸡肉已成为唐宋餐桌上最为常见的美食之一，而且鸡肉价格相对其他肉类来说应该比较便宜。

鸡肉之所以越来越便宜，跟养鸡技术越来越成熟有关。夏朝有人总结出正月是孵小鸡的好时节，西周初年至春秋中叶（公元前11世纪—前6世纪）的《诗经》中提到，为了养好鸡，须在土墙上凿鸡窝或砍伐小木桩，以供鸡栖息。南朝有《相鸡经》，提供了实用的

## "吃鸡自由"科学简史

选种经验。北魏著名农学家贾思勰的《齐民要术》则详细记载了鸡种选择、鸡的孵化、鸡病防治和饲养管理等方法，堪称我国1400多年前养鸡经验的系统总结。清朝人则著有《鸡谱》，是迄今所见唯一的中国古代养鸡专著，虽然该书主要针对斗鸡选育和饲养管理，但是很多方法和经验也适合其他鸡种，特别是其中提到通过不同品种杂交选育良种的方法，对现代家禽选育仍有指导价值。此外，三国时期华佗发明了鸡的阉割术，宋朝人发明了人工孵化术和人工强制换羽术等方法，都是当时世界领先的养鸡技术。

为什么古人喜欢用鸡款待客人呢？元代农学家王祯在《王氏农书》中总结得比较到位，鸡黍待客主要是因为其色香味美。清代诗人、美食家袁枚在《随园食单》中给予鸡更高的评价："鸡功最巨，诸菜赖之。如善人积阴德而人不知。"概括起来就是，在烹饪中鸡肉的做法最多，许多菜都离不开它。袁枚也在他的那本传世美食秘籍中介绍了30种鸡肉的做法。

由于鸡肉日益受到欢迎，养殖规模也日渐增加。民国之前，中国到底养了多少只鸡并没有像样的统计，直到1935年，国民党政府才首次统计过全国共饲养了近3亿只鸡。受抗日战争和解放战争影

## 第三章 吃鸡过去时

响，养鸡规模出现萎缩。到1952年（中华人民共和国成立3年后），养鸡规模才恢复到1935年的水平，之后一路扩大。改革开放以来，我国养鸡规模进入飙升模式，到2021年，我国每年出栏肉鸡约125亿只，每年人均鸡肉消费量超过10千克。

随着养殖技术的不断发展完善，养鸡规模也随之扩大，鸡肉逐渐变成了最为常见的肉食，在为我们提供舌尖上的美味之外，也为我们提供了丰富的蛋白质。

"吃鸡**自由**"科学**简史**

# 从"预言家"到盘中餐：
# 世界人民吃鸡缩影

有意思的是，与家鸡在中国的命运类似，鸡最初在世界很多地区都享有崇高的地位，不过最后都难逃变成盘中美食的命运。在世界范围内，关于鸡的历史记载和考古发现非常贫乏，但是我们依然可以通过少数信息窥探古代人类吃鸡历史的缩影。

### 古埃及：发明巨型孵蛋装置只为吃鸡

早在公元前1500年之前，家鸡就可能出现在埃及。公元前1471年，埃及法老图特摩斯三世曾经为远道而来的4只鸡举行盛大的欢迎仪式。考古学家在公元前 14 世纪的埃及少年法老王图坦卡蒙墓穴附近，找到了一块画有鲜活公鸡形象的陶器碎片。

不过直到公元前 323 年 — 前 30 年的托勒密王朝期间，鸡肉才成为埃及饮食的主要肉品。为了保障充足的鸡肉供应，2000 年前的埃及人发明了一种设计巧妙的巨型孵蛋装置，类似的孵蛋装置在埃及和非洲一些地区仍然在使用，有人认为这是比金字塔更神奇的奇迹。

从外形看，这种孵蛋装置以方形砖结构为基础，顶部有多个圆锥形烟囱，每个烟囱上方有一个圆形开口。从内部构造来看，中间有一个过道，过道两侧对称地配有最多 5 个孵化箱，每个孵化箱分为上下两层，下面一层放置鸡蛋，上面一层放燃料，每个孵化箱上方对应一个圆锥形烟囱。孵蛋装置还配有工人休息室，工人通过过道给每个孵化箱添置燃料，有效控制孵化箱的温度，牛粪和骆驼粪等动物粪便是其中重要的燃料来源。工人们还要定时翻动鸡蛋，以免鸡胚在孵化过程中粘连在蛋壳上而死亡。工人也知道什么时候需要停止加热，因为小鸡出壳的前几天，鸡胚能利用自身热量继续发育，不需要额外加温。熟练的工人习惯将鸡蛋放在眼睑上来测温，

## "吃鸡自由"科学简史

因为眼睑对温度非常敏感。

在2000多年前,这种巨型孵蛋装置的发明非常了不起!它可以突破季节的限制,一年四季都可以孵蛋。如果依靠母鸡孵蛋,冬季则不太适合。这种孵蛋装置也可以解放母鸡,母鸡们专心下蛋就可以了。更令人惊讶的是,这种巨型孵蛋装置在2~3周内一次性可以孵化多达4500个鸡蛋,其中2/3的鸡蛋可以孵化成小鸡,孵蛋规模最多可达到惊人的8万个。相对一只母鸡一次最多能孵约15个鸡蛋的规模来说,这无疑是一个巨大的进步。

古希腊哲学家亚里士多德曾经描述过埃及的这种孵蛋方法,不过他可能没有亲眼见过这种孵蛋装置,他误认为鸡蛋是被埋在粪堆中,在地下自然孵化的。200年后的希腊历史学家狄奥多罗斯·西库路斯(Diodorus Siculus)在他多达40册的世界历史巨著《历史书目》中,对埃及这种孵蛋装置的巧妙设计和孵蛋规模赞叹不已。中国宋代也发明了用牛粪发酵产热进行人工孵化的技术,不过孵化规模无法与埃及的孵蛋装置相提并论。联合国粮食和农业组织调查显示,即使到现代,埃及有些地区仍然有约200个这种古老的孵蛋装置在使用,主体结构与2000多年前的孵蛋装置基本相同,只是增加了温度计、自动翻蛋器、恒温器等现代设备。

由于这种大规模孵蛋装置的发明，2000多年前的埃及养鸡业想必已经非常发达，而且埃及人养鸡应该主要为了食用。这是因为作为外来物种的漂亮家鸡在埃及虽然受到贵族阶层的追捧，成为地位的象征，但是在神圣的宗教仪式上并没有鸡的位置。美国作家安德鲁·劳勒（Andrew Lawler）在《鸡征服世界》一书中统计出埃及30多位法老的陵墓中共埋葬了2000多万只动物，其中包括400万只埃及圣鹮，但是却没有鸡的木乃伊。另一方面，斗鸡似乎也并没有在埃及流行起来，埃及古籍中鲜有关于斗鸡的描述。由此可见，埃及人大规模孵化鸡蛋和饲养家鸡，可能已将鸡作为非常普通的食物来对待了，当然埃及人如何吃鸡还有待更多的考古记录来证实。只可惜，或许因为埃及人吃鸡不吐骨头，或是鸡骨在埃及并没有得到较好的保存，考古学家在埃及并没有找到太多鸡骨可资考证。

## 古希腊：引领欧洲吃鸡新时尚

公元前8世纪之前，起源于亚洲东南部的家鸡经过伊朗等西亚诸国扩散到欧洲和非洲。古希腊是西方文明的发源地，也是东西方

## "吃鸡自由"科学简史

文明的交汇地。由于古希腊城邦遍布爱琴海周边，古希腊成为鸡从亚洲进入欧洲的前哨。公元前7世纪初期，鸡的形象首次出现在希腊的硬币和瓷瓶上。不过，在希腊人接触到鸡的前几个世纪，鸡在希腊人的生活中并不常见，直到苏格拉底所生活的公元前5世纪末，人们仍然将鸡称为来自波斯的鸟。鸡最开始也是以斗鸡和作为献给诸神的贡品形象示人，不过从公元前4世纪开始，希腊人及受"希腊化"影响的周边地区的人们，包括托勒密王朝统治下的埃及人，逐渐成为欧洲人吃鸡的先锋。

其实，目前还没有关于希腊人吃鸡的直接考古证据，但是两项重要考古研究揭示了希腊化时代的人们吃鸡越来越常见了。公元前323年马其顿国王亚历山大大帝死后，希腊历史进入"希腊化时代"，在欧、亚、非三洲的广大地域内出现了以托勒密王朝、塞琉西王国、马其顿王国为主的一批"希腊化国家"。

其中一项考古研究由波兰科学院的考古学家完成。他们整理分析了从托勒密王朝统治时期的古埃及海滨城市贝雷尼克（Berenike）出土的动物遗骸，结果发现鸡骨占到全部动物遗骸的3.3%。贝雷尼克是埃及托勒密二世在公元前3世纪初建立起来的海滨城市，主要为了从东非进口大象及其他商品。由于贝雷尼克地处沙漠和海滨,不适合畜禽养殖和狩猎,其肉食来源主要是进口,因而成为考察希腊化时代中东地区畜禽肉食消费的重要地区。

波兰考古学家耗时7年从贝雷尼克遗址中挖掘出近万具脊椎动物遗骸,考古年代主要为公元前3世纪初到公元前2世纪中叶。在已确定物种来源的遗骨中,山羊和绵羊的骨头占已确定物种的脊椎动物遗骸比例超过16%;驴骨次之,达3.9%;而鸡骨则占到3.3%,高于牛骨(2.3%)和猪骨(1.8%)的比例。这表明希腊化埃及城市贝雷尼克的肉食消费以羊肉为主,驴主要作为运输货物的交通工具,年老失去役用价值之后可能成为当地守军和居民的肉食来源,而鸡因为便于运输和饲养,也成为贝雷尼克的重要肉食补充。如果考虑到小而易碎的鸡骨比其他畜禽遗骸更难以长期保存,而且这里的鸡骨占畜禽遗骨比例远高于大多数欧洲其他地区,如中欧出土的鸡骨占比不到0.5%,说明鸡肉消费在希腊化的埃及海滨城市其实已经达到相当高的水平,这可能主要得益于在埃及巨型孵蛋装置支撑下蓬勃发展的养鸡业。

在另一个希腊化地区——南黎凡特出土的鸡骨占畜禽遗骸的

## "吃鸡自由"科学简史

比例更高。希腊化时代的南黎凡特地区包括当今的以色列、巴基斯坦、约旦等国家，以及黎巴嫩南部、叙利亚南部、埃及西奈半岛等地区，曾经是另一个希腊化大国塞琉西王国的属地。这片区域的考古遗址比较丰富，吸引了各领域的考古学家。以色列海法大学的考古学家对南黎凡特234个遗址的动物遗骸进行了广泛调查和分析，遗骸的时间跨度从公元前2000—前1550年的青铜器时代中期直到1517—1917年的奥斯曼帝国统治时期。考古学家主要从两组数据对当地的鸡肉消费情况进行分析，一组数据是南黎凡特地区发现动物遗骸的遗址中出现鸡骨的比例，其中希腊化时代（公元前334—前30年）发现鸡骨的动物遗址比例接近50%，约为波斯帝国统治时期（公元前550—前330年）的3倍，之后各个时期发现鸡骨的遗址比例持续提高，直到奥斯曼帝国统治时期，几乎所有出土动物遗骸的遗址中均能找到鸡骨。

另一组更重要的数据则是鸡骨占家养动物（家鸡、绵羊、山羊、牛、猪、马或驴）遗骸的比重。考古学家发现，南黎凡特地区的鸡骨占比在波斯帝国统治时期及之前均没有超过3%，但是到希腊化时代突然快速提升至9%，表明希腊化时代南黎凡特地区的鸡肉消费量大幅提升，而且在之后的近2000年中，鸡骨比重并没有再次出现大幅提升，只有324—1099年期间略高于希腊化时代，其他时期则显著低于希腊化时代，或与希腊化时代基本持平。

这两组数据强有力地证明，从公元4世纪开始，规模养鸡业在希腊化南黎凡特地区得到快速发展，当地的上层阶级开始大量食用鸡肉。大约一个世纪之后，欧洲人才开始大规模发展养鸡业及将鸡肉作为一种重要的肉食来源。

## 古罗马：从啥事都问圣鸡到吃鸡吃得啥也不剩

鸡在罗马帝国最初的地位是高高在上的。它们被赋予了预言家的使命，甚至被封为"圣鸡"。罗马帝国的统治者和将军们每当遇到对外征战等军国大事，都要先问问圣鸡们的意见，其实这与占卜差不多。当人们有事要咨询圣鸡时，会将圣鸡从笼子里放出来，并投喂一些谷物，如果圣鸡吃得很尽兴，则是大吉之兆，如果圣鸡很快飞走或者不吃食物，则代表不吉利。不过，也有人不把圣鸡的意见当回事。公元前249年，古罗马执政官普布利乌斯·克劳迪乌斯·普尔彻（Publius Claudius Pulcher）指挥罗马舰队，准备与迦太基舰队决一

### "吃鸡自由"科学简史

死战，出征前照例咨询一下圣鸡，结果圣鸡不吃投喂的食物，普尔彻一气之下把几只圣鸡丢到了海里，留下了一句狠话："既然它们不吃（粮食），就让它们去喝（海水）吧！"或许纯属巧合，普尔彻的军队大败而归，不久后他自己也羞愧而亡。当然，这种占卜的方式既不准确，也很容易被人操控。鸡作为预言家并没有风光多长时间，很快便进入罗马人的食谱里了。

早在公元前2世纪，吃鸡在古罗马人中已经比较常见了，以至古罗马元老院在公元前169年不得不颁布法律，禁止人们用谷物育肥母鸡，主要目的竟然是为了省下粮食给人吃。不过，这一禁令并没能阻挡古罗马吃货们对吃鸡的热情。到公元前1世纪时，养鸡业开始在古罗马兴起，当时最著名的学者马库斯·特伦提乌斯·瓦罗（Marcus Terentius Varro）建议想发家致富的人们可以在庭院里养上200只左右的家禽，比如孔雀和珍珠鸡，但是如果想要卖肉赚钱，还是多养些鸡更靠谱。到了1世纪，古罗马著名的农学家科卢梅拉（Columella）总结了很多养鸡的经验和方法，包括品种选择、杂交配种、饲料配制、孵化技术等各种养殖细节。科卢梅拉还强调要综合考虑影响养鸡效益的各种因素，比如他建议城市郊区的农民养鸡，因为城市居民对鸡肉和鸡蛋的需求量比较大，而且要在夏至后尽快孵化小鸡，以免在冬天来临之前无法达到上市体重。他同时指出，罗马人养鸡重在获得好的经济回报，不像希腊人只在乎斗鸡比赛的输赢，这表明罗马人的肉鸡产业已初具雏形。罗马港口奥斯提亚（Ostia）曾经出土过一块2世纪的石雕，上面描绘了一名妇人把刚刚宰杀的鸡倒挂在木梁上，在热闹的市场中叫卖的场景。

到5世纪末西罗马帝国衰落之际，罗马人吃鸡已经非常富有经验。500年时，有个叫作阿比修斯（Apicius）的作家编撰了一本食谱《阿比修斯》，成为罗马帝国时期唯一留存于世的食谱。食谱中提到了17种鸡肉的做法，以酱汁煮鸡肉为主，包括鸡胗、鸡肝、鸡冠等部位的烹饪方法，甚至连鸡脑、鸡睾丸、鸡屁股等也不放过。古罗马人如此善于吃鸡，估计连鸡骨头都很难剩下，难怪如今的考古学家在这里基本捡不到什么鸡骨头了。

## 中世纪英国：基督教禁令导致吃鸡大流行

英国埃克塞特大学的考古学家娜奥米·赛克斯（Naomi Sykes）领衔的研究小组对英国出土的各时期鸡骨头进行了系统研究。通过

## "吃鸡**自由**"科学**简史**

对鸡骨数量占动物遗骸的比重及当时家鸡的性别比例进行分析，研究人员发现在铁器时代/罗马-英国过渡时期（公元前4世纪—公元1世纪中叶之前）和罗马统治时期（1世纪中叶—5世纪），不列颠群岛上虽然已有家鸡存在，但是这两个时期岛上吃鸡并不盛行，其中铁器时代/罗马-英国过渡时期的鸡骨只占到同期动物遗骸的0.1%，而罗马时期的鸡骨比例飙升至2.6%。通过进一步研究发现，这两个时期的公鸡与母鸡比例均接近3∶1，而且这些公鸡大多活到了1年以上，有一部分更是活到了2年以上，因此研究人员推测当时岛上居民并没有将家鸡作为重要的肉食来源，而是将鸡当作祭祀用品或娱乐工具。

特别是罗马人将斗鸡带到岛上后，斗鸡比赛开始在不列颠群岛上流行，考古学家在一些罗马人的定居点也挖掘出人造鸡距，在一些军事要塞还发现了斗鸡舱。这一时期，大多数鸡骨头没有屠宰的迹象，往往作为完整的骨骼被很好地埋葬，并非与其他食物垃圾一起被草草处理。另外，在很多宗教场所周边出土了公鸡遗骨，进一步说明公鸡可能具有某种宗教意义。罗马执政官恺撒大帝还曾在他的《高卢战记》中饶有兴趣地记录他在不列颠群岛的见闻，认为英国人养鸡并非为了吃鸡，更在意鸡的精神和娱乐作用。

5世纪初，罗马人撤出不列颠群岛，英国进入盎格鲁-撒克逊人统治时期。在之后的200年里，鸡骨占同期动物遗骸的比例又下降至1%。但是7—13世纪，鸡骨占同期动物遗骸的比例持续提升，而且在大多数时期母鸡数量占总数的2/3，反映出人们养鸡不仅为了吃肉，还为了下蛋。据考古人员推测，这一时期鸡肉和鸡蛋的消费增加主要与基督教的禁食习俗有关。该习俗起源于6世纪中叶的本笃会修道院。该教会规定，信徒每年有约130天禁止食用四足动物的肉，但是允许食用禽肉、禽蛋及鱼类。随着该教会影响力的增长，这些习俗最终在10世纪被社会各阶层接受。

由牛津大学、剑桥大学、伦敦大学学院等机构组成的联合研究小组对来自104个德国考古点和184个英国考古点的动物标本进行分析发现，中世纪中晚期家鸡遗骸占同期动物遗骸的比例显著增加，其中德国属于12—14世纪的家鸡遗骸数量比7—9世纪的增加了150倍，家鸡遗骸占同期动物遗骸的比例增加了3倍多，而英国在12—14世纪的家鸡遗骸占同期动物遗骸的比重也比5—9世纪增加了1.3倍以上，证实了基督教禁食习俗可能是导致欧洲对鸡

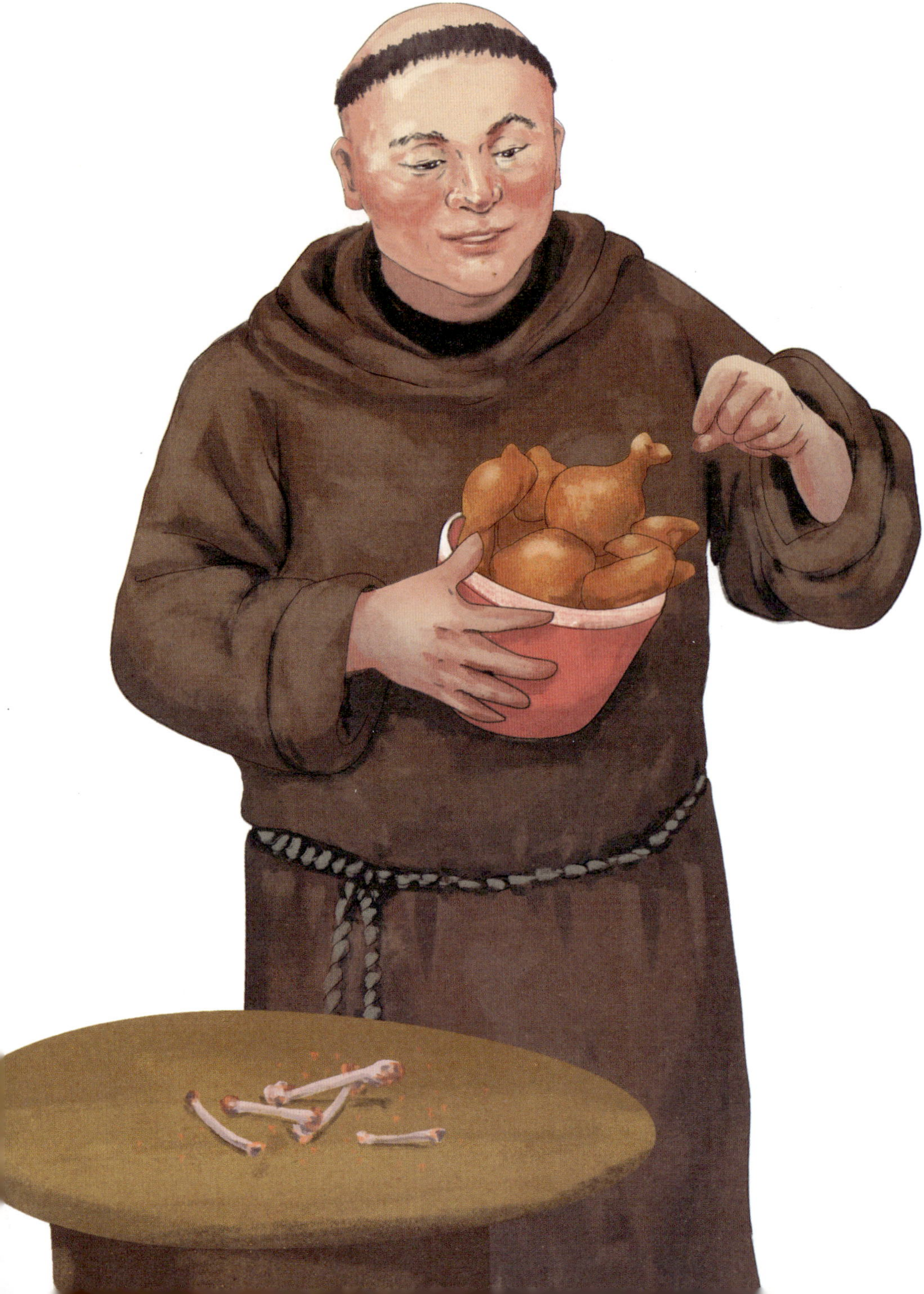

## 第三章 吃鸡过去时

肉需求量大增的重要原因之一。与此同时,这一时期欧洲气候适宜农业发展,城市化开始加速且人口大幅增长,这些都促进了鸡肉消费。

不过,尽管从10世纪开始,鸡肉和鸡蛋作为食品在世界各地已普及开来,但是由于在古代,鸡的品种改良、饲料配制、疫病防控等比较落后,作为与民争粮的养鸡业不可能得到快速发展。直到近50~60年,随着养鸡科技手段的不断进步,世界大多数地区才真正实现了"吃鸡自由"。

"吃鸡**自由**"科学**简史**

# 人类能实现"吃鸡自由"，多亏了两个女人

很多人可能不知道，人类能实现"吃鸡自由"，竟然多亏了两个女人，一个是长寿的女王，一个是脾气暴躁的家庭主妇。当然，"吃鸡自由"更离不开遗传育种等一系列科学技术的巨大贡献。

**女王引发"母鸡热"**

维多利亚女王可能没有想到，自己的爱好会在欧洲和美国掀起一场"母鸡热"，对世界养鸡业产生重大影响。

1940年，维多利亚女王与表弟阿尔伯特结婚。两人都喜欢饲养

## 第三章　吃鸡过去时

动物，特别是珍奇的观赏鸟类。于是她们在温莎城堡中改建了一个漂亮的皇家鸟舍，饲养着各种家禽、鸽子、鸨、鹳和雉鸡等，英国王室这种养鸟的传统一直保持到现在。1842年，皇家鸟舍迎来了新成员，一位英国军官带来了7只具有异国情调的九斤黄。九斤黄原产于中国上海一带，体形巨大，九斤黄漂亮的外表使英国本地鸡相形见绌。维多利亚女王对来自中国的九斤黄一见倾心，之后又从其他地区收集了各种珍奇而漂亮的鸡种，并建造了鸡舍。

女王经常在皇家鸡舍旁边待上几个小时，一边享受着下午茶，一边欣赏着各种漂亮的家禽在宽敞的公园中散步、觅食和游戏。没过多久，这些观赏鸡越来越多，女王将它们的蛋赠送给她遍布欧洲的亲戚，这些欧洲王室成员和贵族也以拥有九斤黄等异国情调的鸡为荣。人们逐渐开始用这些优良的外来鸡种杂交改良本地鸡，相继培育出一大批对现代养鸡业有重要影响的品种，人们也越来越愿意用高价购买优良品种，从1845年开始形成了一股"母鸡热"（Hen fever）。

作为英国的殖民地，美国也很快受到这种"母鸡热"的影响，并将其推向了高潮。1849年11月15日，首届以鸡为主角的家禽展

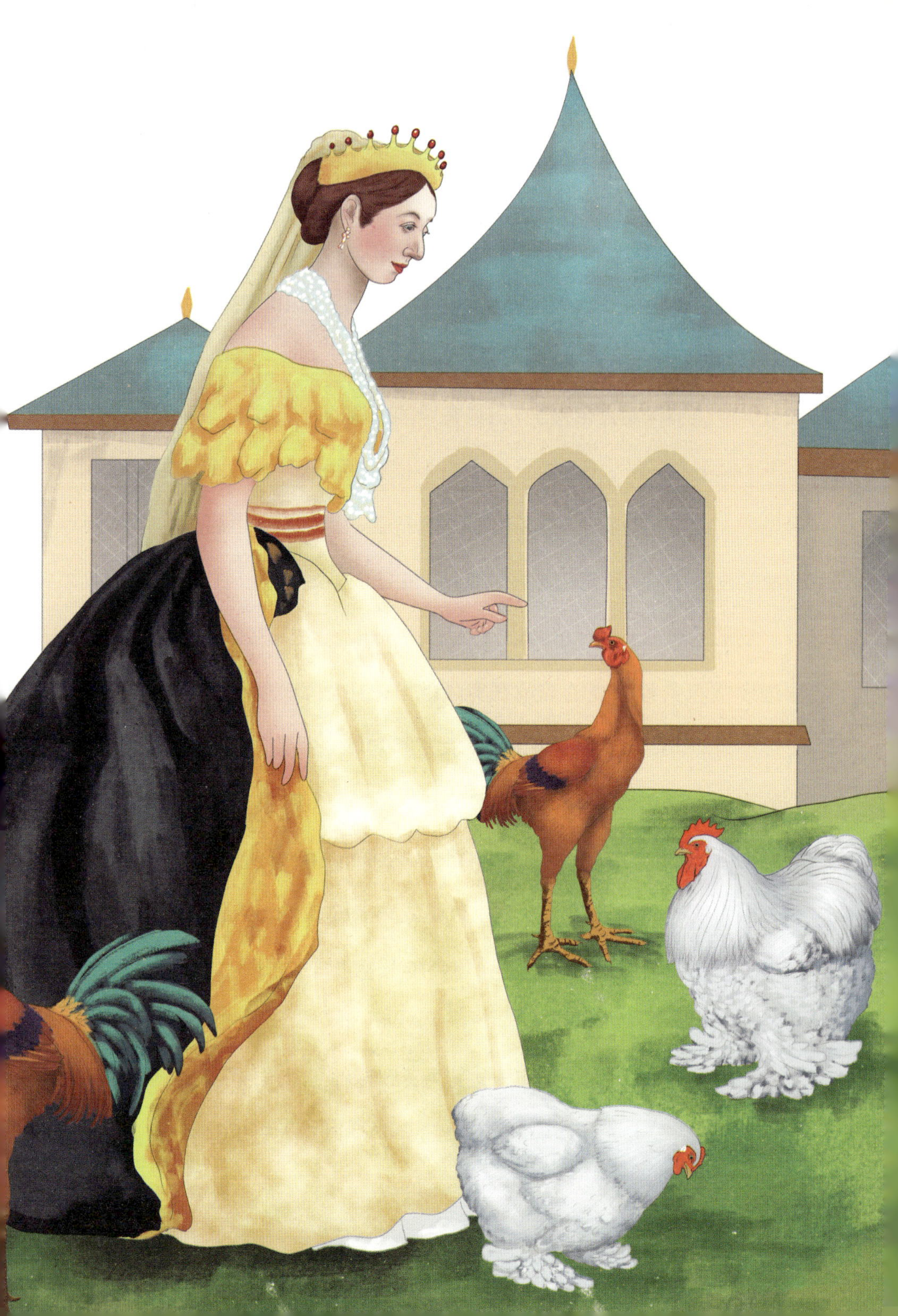

览在美国港口城市波士顿市举行，200多个参展商携带着各种新奇、漂亮和昂贵的鸡前来争奇斗艳，现场吸引了超过1万名的观众。美国人对这些富有异国情调的鸡充满好奇和狂热，愿意为1个鸡蛋花上1美元，或是为购买一对鸡花费120美元，当时的1美元约为2021年的30美元。首届家禽展览的成功举办带来了更多、更大规模的家禽展，也进一步促进了人们培育优良鸡种的热情，农民、工人、教师、医生和律师……各类人等纷纷加入到鸡的育种热潮之中。育种者从羽毛颜色、图案、体形、冠型、产蛋性能及打斗能力等各方面入手，想方设法地培育出各种优良鸡种。种鸡的价格也一再飙升，有些种鸡的价格一度达到惊人的700美元。

值得一提的是，除了九斤黄，梵天鸡也是"母鸡热"的主要参与者之一。梵天鸡是世界上体形最大的鸡，被称为"鸡中之王"。不过，梵天鸡的来源存在争议，一种说法认为梵天鸡也来自中国，但头部和鸡冠具有吉大港（现属于孟加拉国）鸡的显著特征，因此有人推测梵天鸡是中国鸡种与孟加拉鸡杂交而成的。据美国家禽爱好者乔治·伯纳姆(George P Burnham)在他的《母鸡热的历史，一部幽默的记录》一书中记载，1851—1852年间，伯纳姆在纽约的农

### "吃鸡自由"科学简史

场饲养了一些从中国上海进口的灰色鸡，这些灰色鸡体形庞大，羽毛精美，它们的身体呈浅银灰色，接近白色，在颈部、翅膀和尾巴上点缀着金属黑色，腿到脚趾都长有羽毛，伯纳姆将其命名为"灰色上海鸡"（Gray Shanghaes）。这一体形和羽色的描述与后来命名的浅色梵天鸡基本一致。1852年底，伯纳姆突发奇想，挑选了9只（2公7母）最漂亮的梵天鸡赠送给了维多利亚女王，得到了女王的热烈回应，女王给伯纳姆回赠了一幅自己的肖像画，英国和美国媒体对此事进行了大量报道。借助女王的名人效应，梵天鸡的价格从每对12~15美元飙升为100~150美元。

但好景不长，到了1855年，市场上漂亮的观赏鸡越来越多，育种者突然发现人们对鸡不再保持之前的狂热，鸡和鸡蛋的价格一落千丈，维多利亚女王引发的"母鸡热"终是凉了，种鸡泡沫也随之破灭。与大多数经济泡沫一样，一些家禽育种者血本无归。不过，这一时期，作为白羽肉鸡亲本的普利茅斯洛克鸡、作为现代主要蛋鸡品种的来航鸡等优良品种相继培育出来，其生产性能得到持续改良，为现代养鸡业的蓬勃发展奠定了品种基础。几十年后，人们终于再次发现了鸡最基本的功能，鸡肉和鸡蛋逐渐成为人类食谱中的常客，并最终成为人类食物中重要的蛋白质来源。

## 让母鸡专注下蛋

要实现规模化养鸡业，首先得让母鸡繁殖更多的后代，一方面要选育产蛋量高的蛋鸡品种，另一方面得让母鸡不停地产蛋。母鸡的习性是攒够十几个蛋之后就会抱窝孵蛋，孵蛋大约需要3周时间，在这种情况下，再高产的母鸡一年也就能产100~150个鸡蛋。因此，埃及人和中国人很早就发现将鸡蛋收集起来，用人工孵化的方式集中孵化，既可以提高鸡蛋的孵化效率，也可以释放母鸡的产蛋性能。早在2000多年前，古埃及人就发明了一种以砖砌成的巨型孵化装置，这种孵化装置的燃料主要为牛和马等动物的粪便，一次可以孵化数千个甚至数万个鸡蛋。

18世纪，欧洲人试图从埃及引进这种孵化装置，并聘请埃及专家来指导，结果因为欧洲气候较为寒冷，动物粪便所提供的能量无法满足孵蛋需求，欧洲人也没有找到比较经济的替代方案，这种现在仍然在埃及部分地区使用的巨型砖结构孵化装置没能在欧洲普及开来。不过，人们一直在试图发明更简便、更高效的孵化装置。直

## "吃鸡自由"科学简史

到"母鸡热"泡沫破灭20年后,加拿大人莱曼·拜斯(Lyman Byce)发明的煤油灯孵化器才首次获得商业成功。

从小在父亲的养鸡场长大的拜斯对养鸡充满热情,平时还喜欢搞点发明创造,比如发明用于犁的模具板、外科医生的弹簧柳叶刀、声学电话和土豆挖掘机等,而新式孵化器则是他最重要的发明之一。1878年,因为身体原因,正在学医的拜斯从加拿大的多伦多移居到气候温暖的美国旧金山佩塔卢马小镇,准备休养一段时间。这时候,佩塔卢马虽然没有金子可淘,但是人们发现这个地方气候温和、土地肥沃,适合发展农业,养鸡业也开始盛行。拜斯到来时,当地几乎每家每户都在后院养鸡。这让拜斯看到了孵化器的商机,于是决定购买一块地来养鸡,主要用于改进他10多年前就在发明的孵化器。

经过一年的尝试,1879年,拜斯等人发明了煤油灯孵化器。这个煤油灯孵化器的外形像一个餐具柜,四个高高的支架支撑着一个孵化箱,热量由煤油灯提供,同时利用电调节器散热,可以让鸡蛋保持39℃左右温度长达3周。拜斯将他们发明的煤油灯孵化器在加州博览会上展出,收获了大批订单。到1883年,拜斯成立的孵化器公司已售出200台孵化器,主要销往佩塔卢马镇附近的小型家庭农场。10年后，这种煤油灯孵化器销售量超过1.5万台。孵化器的商业化应用，带动当地的养鸡业飞速发展。这个只有约6000人的小镇曾经拥有超过1000个养鸡场，几乎每家每户都在养鸡。1918年，佩塔卢马镇被誉为"世界蛋篮"，此时该镇每年对外销售的鸡蛋已超过2000万个，小鸡苗也超过1000万只，鸡蛋和鸡苗通过轮船和火车被销往加州和全美各地。当地农民也纷纷靠养鸡发家致富，佩塔卢马镇一度成为全美人均存款最多的城镇。

不过，拜斯的煤油灯孵化器并不是很完美，每个孵化器只能孵化数百个鸡蛋，煤油灯有时候还会引发火灾。人们越发意识到孵化器的重要性，因此不断有人推出新的孵化器。到1922年，有人首次开发出了全自动化电孵化器。这种孵化器除了有稳定而经济的加热装置和散热装置外，还可以保持一定的湿度，并实现翻蛋自动化，逐渐成为规模化养鸡业最重要的设备之一。

## 一次错误交易

虽然"世界蛋篮"佩塔卢马镇的规模化养鸡已大获成功，不过该地区的养鸡场仍然是以饲养蛋鸡、生产鸡蛋和孵化鸡苗为主，当

## "吃鸡自由"科学简史

时人们并没有将鸡作为重要的肉食来源，一位来自美国特拉华州的年轻家庭主妇改变了这一切。

为了贴补家养，塞西尔·斯蒂尔（Cecile Steele）每年都要从附近的孵化场订购50只小母鸡，养大后产蛋出售。1923年，孵化场竟然寄来了500只小鸡。由于送货单上标明了500只小鸡，送货司机并没有理会斯蒂尔的退货请求，扬长而去。面对数量远超期望、叽叽喳喳的小鸡们，脾气暴躁的斯蒂尔开始一筹莫展，要知道她之前并没有准备好养这么多鸡。不过很快，她决定改变思路，不再用这些鸡来产蛋，而是直接养肥了出售鸡肉。于是，她让人制作了几个木制鸡舍，把这一大群小鸡安顿了下来。18周之后，有387只鸡苗长大为成鸡，大多数达到了2.5磅（1磅相当于453.6克）。斯蒂尔把鸡以每磅约62美分的价格卖给了附近的餐馆和旅店，小赚了一笔。尝到甜头之后，斯蒂尔决定继续扩大规模，于是第二年饲养了1000只鸡。看到肉鸡养殖利润可观，斯蒂尔的丈夫干脆辞去了海岸警卫队的公职，与妻子开起了养鸡场。到1926年，她家养鸡场的规模已达到1万只，1928年更是饲养了2.6万只肉鸡，成为远近闻名的养鸡大户。他们很快就搬进了当地最好的别墅，并购买了价值1

## 第三章 吃鸡过去时

万美元的游艇。

赚钱的门道总是很快被模仿。1928年,特拉华州、马里兰州和弗吉尼亚州所在的德玛瓦半岛上肉鸡规模养殖户已超过500家,一些原本的蛋鸡养殖户也转向肉鸡养殖。到1941年,用于育肥的小鸡约占到当地所有雏鸡的96%。1943年,德玛瓦半岛上饲养的肉鸡数量超过1亿只。2019年,肉鸡产业仍然是德玛瓦半岛的重要产业,在德玛瓦半岛上加工了超过180万吨的鸡肉,约占全美鸡肉产量的9%。美国早已成为全球最大鸡肉生产国,年产鸡肉近2000万吨,鸡肉消费量也在20世纪80年代中期和90年代初相继超过猪肉和牛肉,鸡肉成为美国第一大肉类产品。

虽然斯蒂尔并非第一个拥有养殖肉鸡想法的人,不过,她是第一个获得巨大成功的人。不幸的是,1940年,斯蒂尔夫妇和几位客人乘坐自家的游艇去钓鱼,结果游艇发生爆炸,斯蒂尔夫妇双双殒命。1983年,斯蒂尔入选特拉华州女子名人堂,她也被尊为开创现代肉鸡产业的先驱,她的事迹和她家养鸡场的鸡舍复制品至今还在特拉华州农业博物馆中展览。斯蒂尔之所以获得成功,与其说归功于她的精明,不如说她抓住了机遇。

# "吃鸡自由"科学简史

## "明日之鸡"

尽管塞西尔·斯蒂尔引领的肉鸡养殖热潮在特拉华州和德玛瓦半岛快速发展,不过在全美范围内,肉鸡养殖并非主流,而鸡肉与其他肉食相比,仍然是小众产品。据美国统计局数据显示,1940年美国人均牛肉、猪肉和羊肉消费量合计为56千克,而鸡肉消费量仅为6.4千克。不过,随着第二次世界大战结束,经过战火蹂躏的欧洲急需从美国等国家进口大量猪肉和牛肉,而美国和欧洲此时出现了"婴儿潮",对廉价蛋白质的需求剧增,肉鸡养殖在全美范围内迎来了巨大的发展机会。

与此同时,随着越来越多的人加入,肉鸡养殖的利润也随之快速下滑。因此,人们开始通过提高生长速度、减少饲料消耗、缩短上市时间、增加上市体重等手段,来降低肉鸡饲养成本,提高养殖效益,而培育满足这些要求的肉鸡品种则是最为有效的途径之一。

斯蒂尔县和特拉华州的其他养鸡户最早饲养的鸡是蛋鸡品种来航鸡。早在19世纪初,来航鸡在意大利托斯卡纳区被发现。1828年,第一批来航鸡从该地区的利沃诺(Livorno)港口出口到美国,最初被美国人称为"意大利鸡",直到1865年才被定名为来航鸡

（Leghorn，为Livorno港口的英译名）。由于来航鸡年均产蛋量可超过200个，而且性格温顺、易于管理，逐渐成为最主要的蛋鸡品种。来航鸡产蛋能力虽然一流，但是其产肉性能却并不理想。1923年时，人们将来航鸡作为肉鸡饲养，大约需要16周才能长到约1千克的上市体重，需要消耗4.7千克的饲料。之后，人们相继使用芦花洛克鸡、洛克鸡与罗德岛红鸡的杂交后代来育肥，产肉性能比来航鸡有了较大的提高。随着市场对鸡肉的需求急剧增加，养殖者越发意识到优良肉鸡品种的重要性。

除了优良品种的持续选育，科学家还不断在肉鸡的饲料配方、疫病防控、环境净化、产品加工等方面进行创新，取得了一系列科技突破，使得肉鸡养殖密度、存活率、饲料报酬等关键指标不断改善，肉鸡养殖规模化水平也随之不断提高。推动鸡肉成为当前全世界最主要的肉食产品，实现"吃鸡自由"离不开遗传育种、营养调控、疫病防控等众多科技手段的巨大贡献。

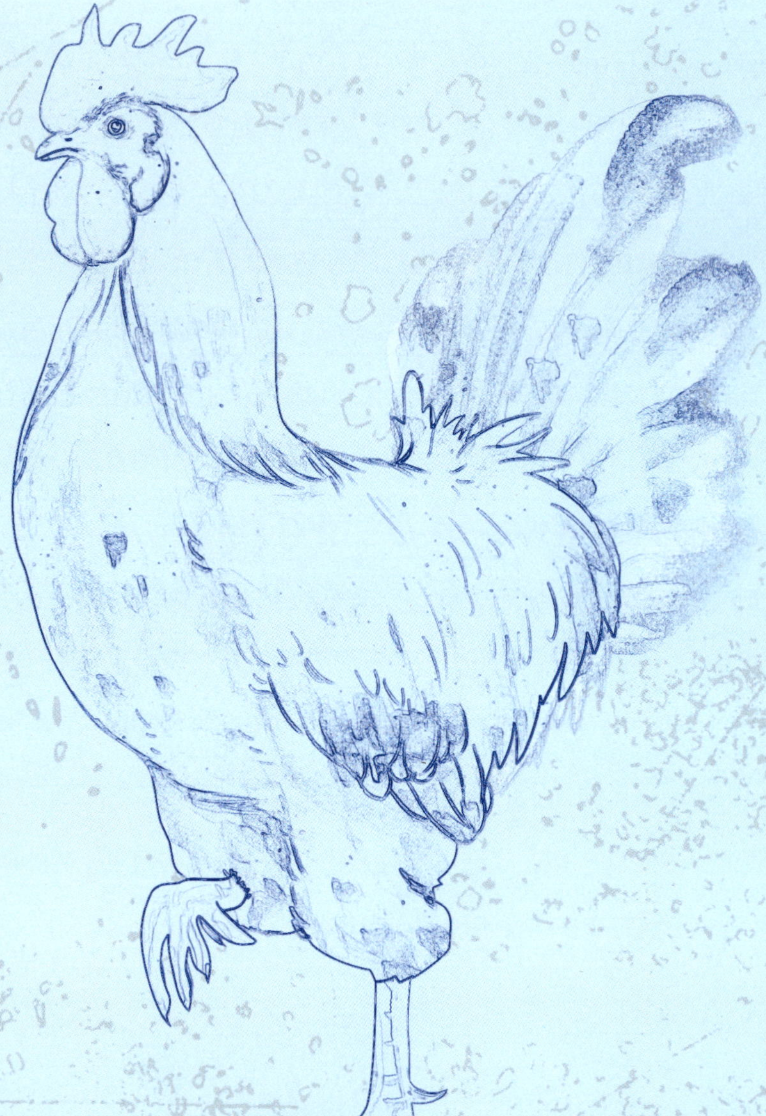

# 第四章
# 吃鸡现在时：先要"自由"

为什么肉鸡长得快？基因告诉你答案　136

给种鸡"算命"是个技术活　149

中国鸡种对世界鸡种遗传贡献知多少　163

白羽肉鸡如何逆袭成为"明日之鸡"？　178

国产白羽肉鸡新品种诞生记　194

小个子也有大作为　208

"吃鸡自由"科学简史

# 为什么肉鸡长得快？基因告诉你答案

成年红原鸡只能长到1千克左右，一些地方鸡品种成年体重只有2千克左右，但是现代肉鸡品种在40天内就可以轻松长到2.5千克以上，成年鸡体重则为4~5千克。因此，很多人提出质疑，肉鸡长这么快，是不是打了激素？其实，肉鸡长得快的秘密早已刻在基因里。

**生长提速始于中世纪晚期**

为了研究家鸡的生长加速是什么时候开始的，又是如何开始

## 第四章 吃鸡现在时：先要"自由"

的，科学家打起了鸡骨头的主意。

英国莱斯特大学等机构的研究人员就对伦敦市各时期出土的古代鸡骨产生了兴趣，这些鸡骨来自该市70多个考古地点，时间跨度为公元元年到1900年之间。研究人员发现鸡的胫骨（也就是平时大家吃鸡腿剩下的那根骨头）的长度和宽度的变化可以反映鸡的体形变化，长度和宽度的测量值越大，鸡的体形一般也越大。由于大多数鸡骨标本已经断裂，因此研究人员主要测量了胫骨远端宽度，并与红原鸡和现代肉鸡的数据进行了比较，发现从公元元年到1340年之间，家鸡与红原鸡的胫骨远端宽度并没有显著差异，表明这段时期家鸡的体形与红原鸡相比，几乎没有增大。但是从1340年到1650年，鸡的体形持续增大，其他研究显示，同时期其他家畜的体形也在快速增大，说明这段时间人们开始注重选择性育种，生长快、体形大的畜禽品种受到欢迎。

经过数千年的缓慢生长之后，欧洲中世纪中期的家鸡终于迎来了第一个生长提速期。这项研究结果也与牛津大学等机构的研究成果基本相吻合，即欧洲中世纪中晚期的鸡肉消费量猛增，促进了鸡选择性育种的发展。为了卖个好价钱，人们往往希望出售体形更大、

## "吃鸡自由"科学简史

体重更重的鸡。当然,从经营的角度,还需要生长更快、饲料消耗更少的鸡种。

从1650年到1900年,鸡胫骨远端宽度的平均测量值保持相对稳定。研究显示,1900年之后,肉鸡的体形又发生了快速增大,现代肉鸡(科宝和罗斯系列)的胫骨远端宽度约为红原鸡的2倍。更戏剧性的是,通过直接对比同龄的现代肉鸡和红原鸡幼仔的下肢骨骼(股骨、胫骨、跗跖骨),研究人员发现,与红原鸡相比,现代肉鸡的下肢骨骼宽度增加了3倍,长度也增加了1倍。

进入20世纪以来,特别是第二次世界大战结束以后,鸡肉的消费需求迅速增长,欧美育种学家开始培育出肉鸡专用品种。随着持续的选育,肉鸡品种的生长速度一直快速提升。如何比较不同时期的商业肉鸡品种的生长速度呢?加拿大阿尔伯塔大学的科学家很有先见之明,他们保留了1957年、1978年和2005年育成的商品肉鸡品种的原始群体,且这些原始群体未再进行持续选育,生产性能与该品种育成时差异不大。研究人员采用相同的饲料和饲养条件饲养这些鸡,发现近50年来,商业化肉鸡品种的生长速度一直在快速提升,2005年的肉鸡品种日增重比1957年的提高了近4倍。与此同时,

第四章 吃鸡现在时：先要"自由"

得益于科技进步，生产相同重量的鸡肉需要消耗的饲料也减少了一半，由于饲料成本约占肉鸡生产成本的2/3，因此对消费者来说，鸡肉产品的价格大幅降低了。

这是不同品种间生长速度的比较，实际生产中肉鸡表现如何呢？美国家鸡委员会给出了一组1925年至今的美国肉鸡生产效率的数据，1925年，美国肉鸡平均上市日龄为112天，平均上市体重只有1.1千克，平均日增重仅为0.01千克；到2020年，平均上市日龄缩短至47天，平均上市体重提高到2.9千克，平均日增重已超过0.06千克，即2020年肉鸡的生长速度比1925年提高了5倍。该组数据还显示，1925年至1995年，美国肉鸡上市日龄快速缩短，之后稳定在47天左右。进入21世纪以来，肉鸡生长速度增速虽然有所减缓，但是仍然呈增长趋势。

## 撑死胆大的，饿死胆小的

其实家鸡在驯化之初就早已打下了长得快的基础。任何家养动物驯化的第一步，都是要选择对人温驯的动物。性格不太怕人，也可以说胆子大，对于驯养动物的生长发育是至关重要的，家鸡

我们长得快，可不关激素什么事。
都是因为我们基因强大！

2005 年 4.2 千克

1978 年 1.8 千克

1957 年 0.9 千克

不同时期选育的肉鸡品种56天时的体重

## 第四章 吃鸡现在时：先要"自由"

也不例外。

为了研究鸡的胆量与生长发育的关系，瑞典林雪平大学（Linköping University）的研究人员开展了一系列很有意思的实验。他们的实验对象是家鸡的驯化祖先——红原鸡，通过对红原鸡的饲养和传代，在不同代次间记录和观测原鸡对人的恐惧程度及各项生长指标，以此模拟家鸡在驯化早期胆量与生长发育的关系。

研究人员饲养了一群红原鸡，分别来自丹麦哥本哈根动物园和瑞典哥特兰研究站这两个饲养场，并让这两个原鸡群体混养、杂交和传代，然后按照原鸡对人的恐惧程度进行分组。首先，让原鸡与人单独相处一室，人逐渐靠近原鸡，并试图触摸它，观察原鸡的反应，根据原鸡的恐惧程度给原鸡打分，比如在人接近过程中表现比较平静的原鸡，被打1.0分，而最怕人的原鸡则被打上5.0分。其次，研究人员根据打分情况，将原鸡分为3组，一组是高恐惧组，第三代原鸡的平均得分为3.43；一组是低恐惧组，第三代原鸡的平均得分为2.74；还有一组为不加选择组，第三代原鸡的平均得分为2.92。在统计学上，这3组的平均得分具有极显著差异。

在第一代和第二代原鸡中，研究人员观察到红原鸡要比家鸡更

### "吃鸡自由"科学简史

加警觉胆小，采取的觅食方式更耗能。但是与最初的原代原鸡相比，随着代数增加，原鸡后代的胆量越来越大，对人和周围环境的害怕程度也越来越小，通过胆量选择，可将一些与胆量相关的有益性状遗传给后代。

接下来，研究人员对第三代和第四代原鸡的孵化体重和长到200天时的体重、行为进行测量、评分及分析，结果发现虽然不同分组的原鸡后代的孵化体重差异不大，但是它们长到200天时，低恐惧组的原鸡平均体重要显著高于高恐惧组，而且低恐惧组第三代母鸡产的鸡蛋重量和第四代鸡苗的孵化体重均显著高于高恐惧组。另外，与高恐惧组相比，低恐惧组的原鸡觅食更活跃，更具有攻击性和统治力，躲避行为更少。从翅膀的受损程度来看，低恐惧组也显著低于高恐惧组。

通过进一步研究，研究人员在第五代和第六代原鸡中观察到，与高恐惧组相比，低恐惧组原鸡的基础代谢率和饲料转化率要高得多。所谓饲料转化率，是指饲料摄入量与动物活体增重的比值，该比值越低，代表饲料转化率越高。也就是说，即使摄入相同量的食物，低恐惧组的原鸡也要比高恐惧组的原鸡长更多的肉。生长速

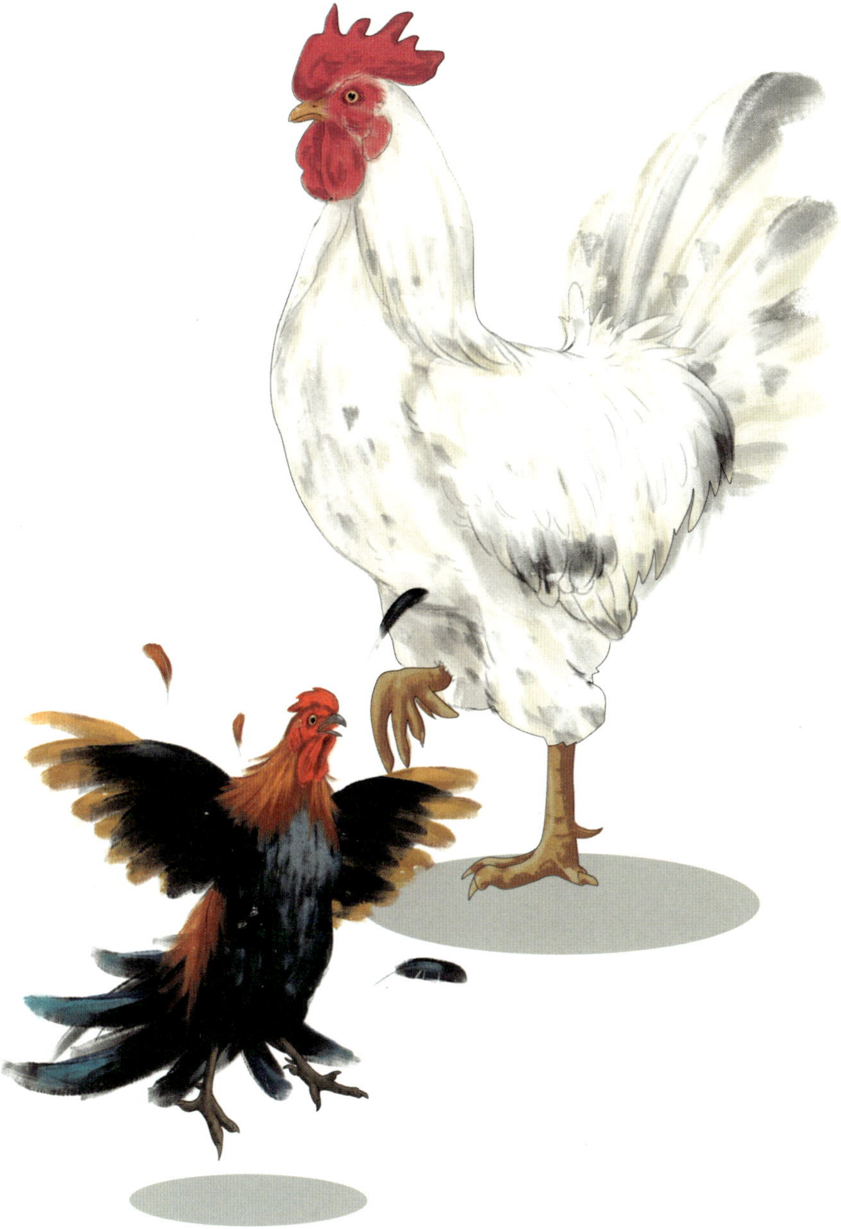

### "吃鸡自由"科学简史

度观察结果显示，在第五代和第六代原鸡中低恐惧组原鸡的生长速度显著高于高恐惧组，而且这种趋势也是随着驯养代数的增加而增长。

这一系列实验清晰地说明，俗话说的"撑死胆大的，饿死胆小的"是有一定道理的。这是因为胆子越大的鸡往往更具统治力，受其他原鸡攻击的次数更少，受损程度更低，从而可获得更多进食的机会，自然吃得更多，长得更快，产的蛋也更大。周而复始，胆子大的鸡下的蛋更大，孵化的鸡苗更大，生长过程中也会获得更多的食物，既赢在了起跑线，又获得了更多成长资源，长得更快、更大也就顺理成章了。而胆子小的鸡整日战战兢兢，一有风吹草动就躁动不安，往往要花较多的时间和精力去躲避和逃跑，这显然要消耗大量体力。本来就吃得少，还要空耗体力，胆小的鸡只能选择慢慢长大。

## 更多秘密已刻在基因里

关于家鸡长得快的秘密，有没有更深层的原因呢？科学家发现，虽然营养、疫病防控等因素都对肉鸡生长速度提升做出了贡献，但是遗传因素仍然是肉鸡生长快的最主要因素，贡献率为

85%~90%，也就是说，家鸡生长快主要还是因为其具有巨大的遗传潜力。

控制鸡生长速度的基因有哪些呢？科学家已发现了4000个候选基因位点与生长性状有关，有一些对生长性状的作用较大，被称为主效基因位点，而另外一些位点作用较小，则被称为微效基因位点。由于微效基因位点太多，而且比较难找，因此科学家先把研究工作重点放在了主效基因位点上。找到这些主效基因位点，不仅能揭开家鸡快速生长的秘密，也能为解开欧洲古代养鸡业快速发展的谜团提供线索。

瑞典乌普萨拉大学著名动物遗传学家列夫·安德森（Leif Andersson）教授团队通过家养白来航鸡与野生红原鸡的杂交试验和遗传分析，发现了决定家鸡体重增长的4个主效基因位点，它们可以分别决定家鸡与红原鸡的雌性和雄性成年体重差异的50%和80%。这些主效基因位点均位于1号染色体上，不仅影响家鸡生长，而且对家鸡的饲料消耗、产蛋量和行为等方面也具有重要影响。

2010年，安德森教授领导的团队在《自然》杂志上发表了另外一项研究成果。他们对代表全球36个种群的271只家鸡样本进行基因组分析发现，与红原鸡相比，绝大多数现代家鸡都携带有促甲状腺激素受体（*TSHR*）基因的纯合突变体，该突变体含有8个单碱基突变。在271个个体中，包括商品化品种和地方品种，促甲状腺激素受体基因突变体在264只个体中都是纯合的，只有7个个体是杂合的。鉴于家鸡基因组的大部分区域都存在广泛的遗传多样性，即不同品种的单个基因之间发生遗传变异是非常常见的，但是促甲状腺激素受体基因突变体竟然能在全球36个代表性品种的97%以上家鸡个体中保持高度一致，这是非同寻常的。促甲状腺激素受体基因突变体属于隐性遗传，只有在纯合状态下才能稳定遗传。因此，安德森等人认为这一基因可能在家鸡驯化过程中扮演非常关键的角色。

不久，促甲状腺激素受体基因成为遗传学家研究家鸡驯化和生长发育的重要基因。科学家发现，促甲状腺激素受体主要通过刺激甲状腺激素的合成和释放，在哺乳动物和鸟类的生长、代谢调节和光周期控制中发挥作用。而现代家鸡普遍携带两个隐性纯合的突变型促甲状腺激素受体等位基因，导致家鸡表现出季节性繁殖特性的丧失，即不再像它们的祖先红原鸡那样只在特定季节产蛋、孵蛋，而是可以一年无休地产蛋和孵蛋。携带突变型隐性促甲状腺激素

## 第四章 吃鸡现在时：先要"自由"

受体基因的家鸡，还会表现出性成熟提前、对同类攻击行为和对人的恐惧减少等新的特性。通过选择具有这些特性的家鸡，其实也是间接在筛选携带隐性促甲状腺激素受体基因的个体，可提高生长速度，增加产蛋量，提高家鸡的饲养量和饲料密度，这些都是家鸡规模化养殖的重要基础。

不过，多个研究团队发现，隐性纯合的突变型促甲状腺激素受体基因并非在家鸡驯化之初就广泛存在。牛津大学、剑桥大学、伦敦大学学院等英国知名大学组成的联合研究小组发现，突变型促甲状腺激素受体基因是在近1000年才开始占优势。他们从公元前280年至今的12个欧洲和摩洛哥考古遗址出土的89只古代鸡遗骸中，提取了基因组DNA和线粒体DNA。通过分析这些DNA中促甲状腺激素受体基因出现的频率，研究人员发现，在公元920年以前，隐性纯合突变型促甲状腺激素受体基因在出土鸡骨样品中的比例不到一半，大约从公元920年开始，该基因型才得以在欧洲家鸡品种中快速固定下来。这一研究成果正好与欧洲中世纪中后期鸡肉消费量大幅增加非常吻合。鸡肉需求量大增必然引发鸡的规模化、集约化养殖，人们开始对鸡的生长速度、产蛋量及规模化饲养适应性等指标进行高强度选择，进而促进隐性纯合突变型促甲状腺激素受体基因成为优势基因型，扩散至大多数现代鸡种中。

　　由此可见，肉鸡生长速度不断提升，并非打激素的缘故，家鸡本身就具有巨大的遗传潜力。当然，得益于育种技术的不断进步和创新，一代代科学家接力前行，不断培育出生长更快、肉质更好、成本更低、更健康的肉鸡新品种。

第四章 吃鸡现在时：先要"自由"

# 给种鸡"算命"是个技术活

在现代养鸡业中，绝大多数鸡的命运注定只能沦为生产鸡肉或鸡蛋的提供者，寿命不长，更少有繁殖后代的机会。只有少数鸡是例外，那就是种鸡。由于优秀的种鸡能快速提高后代全群的生产性能、繁殖性能甚至健康水平，为养鸡者带来可观的经济收入，因此受到特殊优待。种鸡吃喝不愁，住得舒适，更令其他鸡羡慕的是能繁衍很多很多后代，优秀种鸡的后代往往是"子子孙孙无穷尽也"。如果鸡有啥理想的话，成为种鸡可能是大多数鸡的最高理想。但是，一只鸡要想成为种鸡并不容易，不仅要出身名门，天赋异禀，还要与同伴甚至是同胞展开激烈竞争，最后胜出往往是千里挑一甚至万

以貌取鸡

数据决定

基因"算命"

里挑一。从前只要一只鸡有一副好看的"皮囊",就大有希望被选为种鸡,而今人类科学家发明了一种基因"算命"的方法,刚一破壳而出,小鸡的命运就已注定。

## 以貌取"鸡"的经验选种

在几千年的养殖历史中,古代人民逐渐懂得了畜禽品种的重要性,也积累了很多基于外表来判断畜禽品种优劣的经验,其中最有名的莫过于伯乐相马。春秋时期的孙阳被誉为第一代伯乐,年少时潜心研究相马术,编写出我国历史上第一部相马学著作——《伯乐相马经》,能够仅凭嘶鸣声就判断出一匹不善拉车的马其实是千里马,伯乐相马的故事流传两千多年。除了《伯乐相马经》之外,《隋书·经籍志》中还提到梁代曾有过《相鸡经》《相鸭经》《相鹅经》等专门介绍家禽选种的书籍,可惜都失传了。

不过,关于鸡种选育的方法仍然散见于各种农事典籍中。北魏农学家贾思勰在《齐民要术》中认为,"鸡种,取桑落时生者良""春夏生者则不佳";要选择体形小、羽色浅、脚细短的鸡留种,因为这种鸡在巢里不大出来,不多鸣叫,而且生蛋多,又会带

## "吃鸡自由"科学简史

小鸡,而体形大、羽毛太过艳丽、腿脚粗长的鸡则是劣种,应予淘汰。清朝人所著的《鸡谱》是迄今所见唯一的中国古代关于斗鸡的专著,虽然该书主要针对的是斗鸡选育和饲养管理,但是很多方法和经验也适合其他鸡种,特别是其中提到用头部、羽毛、身躯骨架和肌肉等不同特性的斗鸡进行杂交选配,杂交的好处就在于"补其不足,去其有余,方能得其中和也",这对现代家禽选育仍有指导价值。

在20世纪之前,世界上其他国家也基本采取这种"以貌取鸡"的选种方法,为培育成百上千种各具特色的地方鸡种发挥了积极作用,尤其是对具有独特体形、外貌的鸡种而言。不过,这种主要凭经验选种的方法只对少数性状有效,比如羽色、肤色、冠型等质量性状,对生长、肉质、产蛋等大多数数量性状的改良效果却并不理想。现代遗传学知识告诉我们,质量性状受单个基因或几个基因控制,往往能稳定遗传给后代,而数量性状则受数十个甚至数百个基因共同控制,每个基因对该数量性状的影响并不显著。不同的数量性状遗传潜力千差万别,不同个体的同一种性状遗传潜力也会有所差异。由于缺乏现代遗传学理论的指导,古代人民只能凭借经验选留种鸡，经过长期选育才能培育出一个特色地方品种。这些地方品种往往具有独特的外形、风味及较高的抗病力，但是产肉、产蛋等性能往往无法满足现代大规模肉鸡或蛋鸡生产的需要。

## 基于性能测定的数据选种

随着1900年孟德尔遗传定律重新被发现，动物育种工作有了遗传学的理论指导，不再仅以貌取鸡，更多是用数据说话。与此同时，欧洲和北美洲对鸡肉和鸡蛋的需求量大增，鸡育种工作得到越来越多的重视。育种工作者开始不仅关注种鸡的外表，更关注生长速度、产蛋性能、饲料转化率等能带来显著经济效益的数量性状。因此，大多数数量性状也可以被称为经济性状。

这些经济性状的一个共同特点是可以用数据来表示，比如肉鸡在100天内增重了多少，蛋鸡在1年里产了多少个蛋，吃1千克饲料能长多少肉或下多少个鸡蛋，鸡群的死亡率有多少等。通过对这些经济性状的准确测定或计算，并按照这些测定数据对候选种鸡进行评分和排序，育种者就可根据评分进行选种了，评分靠前的留下做种鸡，评分靠后的则被淘汰。这种兼顾质量性状和便于测量的经

"吃鸡自由"科学简史

济性状的表型选择方法,最早是由英国育种学家罗伯特·贝克威尔(Robert Bakewell)于18世纪50年代发明的,最开始用于绵羊、猪、马等畜种的选育,后来广泛应用到其他畜禽的选种上。即使到现在,种鸡的选留仍然是以这种表型选择方法为基础。

不过这种表型选择方法往往只针对单个或几个性状,而育种者更希望一次性对尽可能多的性状实现遗传改良,就像现代学校教育不仅注重单科成绩,更需要考察综合素质。20世纪40年代,美国动物遗传学家杰·拉什(Jay L. Lush)提出了指数选择法,即根据目标性状的重要性,赋予不同性状不同的权重,得出多个目标性状的综合指数,然后按照这个指数的高低对动物进行选留。指数选择法可以一次性对多个目标性状进行选育,避免一些次要性状停滞不前,也大幅节省了育种的成本和时间。1937年,拉什出版了《动物育种计划》一书,对现代畜禽育种产生了巨大的影响,因此他也被称为"现代动物育种之父"。

随着对遗传学的深入研究,科学家发现数量性状的表型是由遗传因素和环境因素共同决定的,其中遗传因素又分为可稳定遗传的部分和非稳定遗传的部分,而环境因素则包括饲养管理、饲料、出

## 第四章 吃鸡现在时：先要"自由"

生年份、季节、性别等可能对表型造成影响的各种非遗传因素。如果环境因素影响越小，则遗传因素影响越大，选择准确率越大，反之则越小。选择的目的是要尽可能地减少环境因素的干扰，同时要尽可能找到可稳定遗传给后代的那部分遗传因素，科学家将其称为估计育种值。但是这一过程非常复杂，指数选择法无法胜任。好在20世纪50—60年代，美国统计学家查尔斯·亨德森（Charles R. Henderson）将复杂的统计学公式引入育种值估计上，发展出一种最佳线性无偏估计（BLUP）法。这种方法借助候选个体的祖辈、子代、同胞的信息，剔除影响个体表型的环境因素，挖掘出候选个体表型值中可固定遗传给后代的部分，从而计算出更加接近于真实育种值的估计育种值。根据估计育种值的大小，则可进一步选留种畜禽。由于BLUP法涉及大量的数据，计算量大，人工几乎无法计算。只有到20世纪70—80年代电子计算机发展起来之后，BLUP法才逐渐开始应用在奶牛等畜禽育种中，应用于肉鸡育种则要到90年代之后。

表型选择、指数选择和基于BLUP的育种值估计的共同特点是以性能测定数据为基础，涉及性状不断增加，考虑因素更趋全面，测定数据更趋完整，算法更趋复杂精准，种畜禽选择准确性不断提高。不过，由于受限于实际工作中性能测定数据存在完整性和全面性等问题，并且一些性状属于限性性状或难以测量的性状，即使是准确性最高的 BLUP 法选出的种畜禽也不一定是最佳选项，其症结在于人们已经知道种畜禽目标性状的遗传潜力本质上是受基因控制，但是却无法弄清楚到底是受哪些基因控制。这样的选择方法虽然有一定准确性，但是有时候也像开"盲盒"一样，无法准确挑选出育种家心仪的种畜禽。

## 基于 DNA 信息的分子选种

得益于近 30 多年来分子生物学在畜禽育种中的应用，全世界从事动物遗传育种研究的科学家争相揭开一个个与重要性状相关的"基因盲盒"，找到一些重要的功能基因或与其紧密连锁的 DNA 标记，确定目标性状的基因型之后，即可对刚出生不久的候选种畜禽进行基因检测，从而实现标记辅助选择。这种标记辅助选择技术可对有益性状进行正向选择，即如果检测到目标基因型则留下继续进行遗传评估，无目标基因型则立即淘汰；也可对有害性状进行负向选择，如通过基因检测发现致病基因特别是隐性基因，

## 第四章 吃鸡现在时：先要"自由"

则将候选种畜禽淘汰。

20世纪90年代开始，标记辅助选择技术广泛应用于畜禽育种中，比较有名的是猪的氟烷敏感基因。该基因是猪应激综合征的主效基因之一，隐性纯合基因型个体极易死亡，通过检测氟烷敏感基因的分子标记，即可将携带氟烷敏感基因的个体提前淘汰，不仅大幅降低仔猪死亡率，还能改善商品猪肉的品质。PIC 337终端种公猪是全球应用最广泛的种公猪之一，正是全球最大种猪公司美国PIC公司采用了16种基因和DNA标记进行辅助选择而育成，其中也包括氟烷敏感基因。大约在2000年时，标记辅助选择技术开始应用于家禽育种。目前一批与生长、肉质、抗病力等相关的分子标记已应用到我国优质蛋鸡和肉鸡品种选育中，中国农科院牧医所应用矮小基因、肌肉品质相关基因、淋巴细胞比率等抗病相关基因，已培育出一系列黄羽肉鸡新品种。

标记辅助选择技术可以进行早期选择，缩短育种时间，节省育种成本，而且可以筛选出目标性状相关的基因型，因此选择准确率更高。但是，标记辅助选择技术也面临一些问题，如大多数数量性状受微效多基因控制，这些基因少则十几个，多则成百上千个，要找到这些与目标性状紧密连锁的基因或分子标记并非易事，而且每个基因的影响非常微小。如果只依据单个或几个微效基因进行选择，则无法保证能挑选出真正有遗传潜力的种畜禽。

## 基于全基因组 SNP 信息的基因组育种

2001年，挪威生命科学大学动物遗传学家西奥·谬维森（Theo Meuwissen）教授和同事率先提出了基因组选择（Genomic Selection）的概念，显著改变了畜禽育种乃至作物育种的格局。

简单来说，基因组选择就是通过覆盖全基因组范围内的高密度标记进行育种值估计，继而进行排序、选择，可以理解为全基因组范围内的标记辅助选择。基因组选择技术极大地扩展了分子育种的应用范围，也充分利用了 BLUP 等数量遗传学工具的优势，可以说是分子遗传学和数量遗传学在动植物育种中完美的融合。

要将基因组选择技术应用于畜禽育种实践，首先要找到数量足够多、在基因组中分布广而均匀、能与目标性状存在紧密连锁关系的分子标记。科学家将目光聚焦在单碱基多态性（SNP）上。SNP 是在人类基因组计划和其他生物的基因组计划执行过程中被发现的一类遗传变异。基因组中的每个碱基位点都有可能发生置换、颠换、插入或缺失突变,从而在单个碱基位置上表现出多态性。这些SNP位点非常多,大约每1000个碱基中就会出现一个甚至多个SNP。另外,绝大多数性状都能找到与之关联的SNP,因此SNP成为最适合用于基因组选择的分子标记。2004年,中国、英国、瑞典、荷兰、德国和美国等国的科学家共同绘制出红原鸡的基因组草图,并在此基础上识别出280多万个SNP位点。这是第一种农业动物的基因组草图,也拉开了其他农业动物基因组计划的序幕,为基因组选择技术的完善和产业化应用奠定了基础。

不过,由于早期基因组选择技术成本较高,单体价值较大的奶牛成为最早应用基因组选择技术的畜种,基因组选择技术也不负众望,在奶牛育种中充分表现出自身的优势。2008年,美国开始在奶牛种公牛的选育中大规模应用基因组选择技术。通过参考群体的基因组信息估算新生后备牛的基因组育种值,可节省后备公牛的测定和饲养成本90%以上,世代间隔从原来的近7年缩短至不到2年,选种准确率可达75%,比传统的系谱选择方法提高20%以上。2011年,我国科学家也建立了自己的奶牛基因组选择技术体系,效

"吃鸡自由"科学简史

率达到国际领先水平。

2011年,荷兰瓦赫宁根大学研发出世界上第一款用于鸡的SNP芯片,将经过筛选的约6万个SNP探针DNA固定在硅片上,利用分子杂交技术对鸡的基因组DNA进行检测。2013年,英国罗斯林研究所等机构联合开发出一款鸡高密度SNP芯片,SNP位点多达60万个。

中国农科院牧医所、中国农业大学分别自主设计研发了"京芯一号"鸡55 K SNP育种芯片和"凤芯壹号"蛋鸡55 K SNP育种芯片。其中,"京芯一号"鸡55 K芯片整合了我国地方鸡种和广泛应用的育种素材的基因组信息,以及已有各层面研究获得的生物学关联SNP位点,是一款适用于中外鸡种、与经济性状关联度更强、通量适中的鸡全基因组SNP芯片。目前,"京芯一号"鸡55 K芯片已应用于多种优质黄羽肉鸡新品种,以及我国自主培育的白羽肉鸡新品种"广明2号"的选育工作中,显著提高了选种准确率,推进了遗传进展,其中"京芯一号"鸡芯片为"广明2号"白羽肉鸡育种节省了至少3年时间。目前,"京芯一号"鸡芯片已应用了10万张,在7家国家级核心育种场应用,并获得了中国和美国的发明专利，以及北京市新技术新产品证书。中国农科院牧医所还联合北京康普森生物技术有限公司等单位成立了国内首个肉鸡全基因组选择育种联盟，进一步加快推进基因组选择育种的产业化应用。

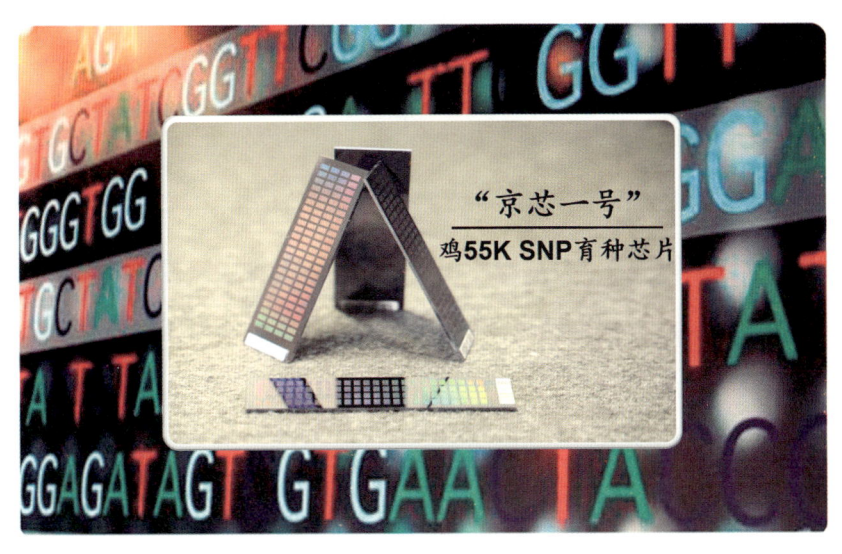

"京芯一号"肉鸡 55 K SNP 育种芯片

不过，基因组选择技术还存在一些不足，在应用成本、选择准确率等方面仍然有较大的改善空间。目前，科学家正在研发基于磁珠捕获技术的液相芯片、基因组低密度重测序等新技术，并且开发更精准的育种值估计算法。相比于固相芯片，液相芯片具有高信息量、高检出率、高准确率、高灵活性、高性价比的特点，技术自主可控，不需依赖国外昂贵的仪器设备，打破了国外固相基因芯片垄断，是比固相芯片性价比更高的替代品。目前，国内科研院校和企业已相继自主研发出上百种生物育种液相芯片。例如，同时入选农作物、畜禽、水产三大类国家种业阵型企业的华智生物技术有限公司（后文简称"华智生物"）经过多年的潜心研究，已研发出40余款具有完全自主知识产权的液相芯片，覆盖了作物、畜禽、水产等不同物种的多个领域，并广泛应用于相应物种的种质资源基因型精准鉴定、遗传多样性分析、分子指纹图谱、基因挖掘、分子标记辅助育种、遗传背景鉴定等。目前华智生物已与中国农科院牧医所等单位联合成立"中国农业科学院白羽肉鸡研究中心"，将加快推进液相芯片等基因组选择技术在肉鸡育种中的推广应用，更好地支撑肉鸡产业高质量发展。相信在不久的将来，基因组选择技术将在肉鸡等畜禽育种中发挥更大的作用。

第四章 吃鸡现在时：先要"自由"

# 中国鸡种对世界鸡种遗传贡献知多少

中国是全世界家鸡种质资源最丰富的国家之一，两千年前就有关于鸡种的记载。近代以来，九斤黄、狼山鸡等我国地方鸡种对国际白羽肉鸡和褐壳蛋鸡品种培育做出了重要遗传贡献。进一步加强我国地方鸡种质资源保护和利用，将对我国和世界鸡种改良和养鸡业发展产生积极影响。

## 中国古代到底有多少鸡种？

我国是最早开展家鸡驯化的国家之一，也是全世界家鸡种质资源最丰富的国家之一。关于地方鸡种，人们多是根据鸡的体形、外貌和声音等特征加以区分，而且这些鸡种的地方特色非常明显。关于中国古代鸡种的文字记载来源于《庄子》，《庄子·杂篇·庚桑楚》中提到，越鸡体形太小，无法孵化天鹅蛋（鹄卵），但是鲁鸡可以，说明鲁鸡的体形较大。中国最早的辞书类文学作品《尔雅》也在"释畜"篇提到："鸡大者蜀"。公元3世纪的东晋人郭璞进一步解释道，鸡有蜀、鲁、荆、越等不同品种，其中越鸡体形比较小，蜀鸡体形比较大，而鲁鸡体形更大。

4世纪，东晋人郭义恭在《广志》中不再单凭体形和地域来划分鸡种，而是引入体形、胡须、羽色、腿色、脚趾数量、翅膀性状、鸣叫声音等多个特征来区分鸡种。他提到蜀鸡体形大、荆鸡体形小，来自并州（古地名，今内蒙古、山西、河北的部分地区）的白羽金脚鸡非常漂亮，还有一种来自吴中地区的长鸣鸡，鸣叫时间是其他鸡种的数倍。

南宋周去非所著的《岭外代答》着重介绍了斗鸡驯养调教之法，广东人爱好斗鸡，广东出产的斗鸡也非常凶猛好斗。书中还提到长鸣鸡、潮鸡、枕鸡和翻毛鸡。长鸣鸡来自古代南诏国（今云南一带），羽毛富有光泽，鸣叫声圆长。潮鸡来自广东，每逢涨

## 第四章 吃鸡现在时：先要"自由"

潮时就啼叫不停。枕鸡和潮鸡都属于矮小型鸡，其中枕鸡只有鹌鹑大小，能准时报晓，但叫声细弱，所以常常被古人睡觉时放在枕边，相当于现代的闹钟。翻毛鸡也很有特点，羽毛都是卷曲的，主要分布在两广地区，据明代著名医药学家李时珍所著的《本草纲目》记载，翻毛鸡的羽毛对风湿、呕吐、妇科病等病症有疗效。

其实，《本草纲目·禽部》中记载了更多形色各异的鸡种。朝鲜半岛有一种长尾鸡，尾巴可长到1米左右；辽阳有食鸡和角鸡，肉质肥美，是吃货们的福音；江浙一带有一种长鸣鸡，白天晚上都叫个不停，有点烦人；南海有一种石鸡，每逢潮水涨潮时就鸣叫不停；四川的鹖鸡和楚地的伧鸡都属于大体形鸡，高1米左右，体形有点庞大；江南还有一种矮小鸡，脚高只有6~7厘米。《本草纲目》中还介绍了多种乌骨鸡，有白毛乌骨鸡、黑毛乌骨鸡、斑毛乌骨鸡……既有骨肉俱乌的，也有肉白骨乌的。如果鸡舌是黑的，则肉骨都是黑的，入药最佳。

清代杨屾所著的农书《豳风广义》中则提到了三种各具特色的鸡种。江西的一种太和鸡，按时而鸣；陕西则有一种边鸡，是一种斗鸡，体形巨大，可超过10斤，不过产蛋量比较少；还有一种小型善飞的柴鸡，只有1~2斤重，但产蛋量比较多，属于蛋鸡中的优良品种。清代有名称的地方鸡种已有十多个，包括文昌鸡、摆夷鸡、柴鸡、威远鸡、芦花鸡、边鸡、小国鸡、八宝鸡、候鸡、昌国鸡、赤山白鸡、潮鸡、九斤黄、里十二、北山鸡、材鸡、关东鸡、油鸡、五时鸡等，已经形成了丰富的地方鸡种质资源。

## 对全球主流商业鸡种也做出重要遗传贡献

中国地方鸡种遗传资源不仅对周边国家影响较大，而且对世界上的鸡品种改良，甚至对当今全球养鸡业都做出了重要贡献。

日本最古老的鸡种"常世长鸣鸡"是经由朝鲜从中国长江以南地区引入的，被列为日本天然纪念物的昌国鸡则是从浙江舟山一带引入的。公元5世纪，日本又从中国吴越地区引入一种观赏用的矮小鸡。公元8—9世纪，中日交往进一步密切，日本遣唐使从山东登陆，归国时带回去斗鸡品种，斗鸡从此开始在日本盛行，并由一种斗鸡培育出了长尾鸡。后来日本又多次从中国进口不同的斗鸡品种。中国明清时期，日本还从中国引进了乌骨鸡、南京斗鸡、南京矮鸡、九斤黄、狼山鸡等鸡种。日本明治时代，横滨成为日本唯一的种禽大市场，并由此向西方各国输出矮脚鸡、斗鸡、乌骨鸡及长尾鸡等观赏鸡种。名古屋大学和广岛大学的研究人员利用线粒体DNA和微卫星DNA标记分析了38个日本本土鸡种（约占所有日本本土鸡种的80%），结果发现中国鸡种对日本本土鸡种的遗传贡献最大，约有一半以上日本鸡种都具有中国鸡种的血缘。另外，斗鸡、乌骨鸡等中国鸡种也曾经被南下的华侨带到泰国、印度尼西亚和菲律宾等东南亚国家，对当地鸡种的改良也产生了一定影响。

在欧美国家最负盛名的中国鸡种当属九斤黄。九斤黄原产于上海浦东一带，毛色多为棕黄色，体形大，肉质好，成年雄鸡体重可超过9斤，因而得名。九斤黄被英国人带回英国后，作为礼物送给了维多利亚女王，成为女王家禽园中最引人注目的鸡种之一。1850年，中国九斤黄首次在英国伯明翰国际博览会上展出，曾轰动一时。英国报纸对这一来自中国的鸡种进行了重点报道，将其描述成体形大如鸵鸟、性情温驯如羔羊、易于饲养如家猫的鸡种。在伯明翰，每只雏鸡曾值5英镑。尽管价格不菲，但是九斤黄当时仍然受到英国人的追捧，一时间掀起了饲养九斤黄的热潮，在英国养禽史上被称为"疯狂的九斤黄时代"。精明的美国人一看有利可图，不满足从英国这个"二道贩子"手上进口，直接从上海引进了一批九斤黄，将其作为优良肉鸡品种加以饲养和培育，并与英国人在国际市场上展开竞争。

另一种在国外与九斤黄名声不相上下的中国鸡种是狼山鸡。狼山鸡原产于江苏省南通市一带，以体形硕大、羽毛纯黑、冬季产蛋多、蛋大而闻名。1872年，一位英国军官将狼山鸡带回英国，后在家禽展览会上博得英美各国养禽界的关注和好评，继而又传入德、法、美、日等国。北京油鸡也曾在17—19世纪出口到欧洲。

维多利亚女王不仅在王宫的家禽园中饲养着从全世界收集的各种新奇漂亮的鸡，而且还将这些鸡下的蛋或孵出的小鸡赠送给她在欧洲和美国的亲戚朋友，掀起了一场对现代养鸡业影响深远的"母鸡热"。欧美各国的贵族们纷纷效仿维多利亚女王养起鸡来，一些人则开始开展鸡种的系统选育。在这一过程中，九斤黄和狼山鸡等中国的地方鸡种对国外鸡种改良做出了重要的遗传贡献。中国著名畜牧学家、南京农学院谢成侠教授在查证大量资料后总结道，美国洛克鸡、洛岛红鸡和惠恩多德鸡，英国的奥品顿鸡和浅黄色来航鸡都具有九斤黄的血缘，而澳大利亚的澳洲黑鸡其实就是由英国的狼山鸡在澳大利亚选育而成的。洛克鸡又可分为芦花色、浅黄色、白色、鹧鸪色等不同羽色的品种，均有九斤黄的遗传贡献。

现代分子遗传学分析进一步证明，中国的九斤黄和狼山鸡对在全球广泛饲养的肉鸡或蛋鸡品种做出了重要的遗传贡献。瑞典乌普萨拉大学、美国弗吉尼亚理工大学和美国家畜保护协会的研究人员通过对白洛克鸡的基因组进行遗传分析发现，以白洛克鸡高体重品系为例，九斤黄对白洛克鸡（White Plymouth Rock）常染色体基因组的遗传贡献超过30%，美国本土的多米尼克鸡和以东南亚鸡种为素材培育的爪哇黑鸡的遗传贡献分别为33%和26%，而狼山鸡对白洛克鸡常染色体基因组也有7%的遗传贡献。有意思的是，狼山鸡对白洛克鸡16号染色体的遗传贡献竟然超过50%，另一半遗传贡献则来自爪哇黑鸡。16号染色体上的大多数基因在免疫反应中发挥作用，包括主要组织相容性复合体，因此科学家推测狼山鸡和爪哇黑鸡可能为白洛克鸡的抗病力提升做出了重要贡献。

进一步分析发现，九斤黄对白洛克鸡W染色体（决定雌性的染色体）的遗传贡献更大，高达51%，而对Z染色体基因组的遗传

九斤黄 30% 以上　　狼山鸡 7%　　其他国外鸡种约 63%

白洛克鸡　　科尼什鸡

我们虽然走遍全世界，但是身体里一直流淌着中国鸡种的血脉

白羽肉鸡

贡献只有10%左右，而狼山鸡只对Z染色体基因组有1%~2%的遗传贡献，对W染色体基因组基本没有贡献，可见在白洛克鸡的培育过程中，九斤黄作为主要母本，而狼山鸡则偶尔作为父本参与白洛克鸡的杂交选育。

由于白洛克鸡是目前工业化饲养的白羽肉鸡的主要母系亲本，也是目前商业褐壳蛋鸡品种的重要亲本之一，因此，中国家鸡的遗传资源对全球养鸡业做出了重要的贡献。

## 保护地方鸡种质资源任重道远

不过，由于受到商业品种的冲击，我国地方鸡种质资源保护面临巨大威胁。

目前，我国濒危和濒临灭绝鸡种约占地方畜禽品种总数的18%，超过一半的地方鸡种数量呈下降趋势。根据2016年底发布的《全国畜禽遗传资源保护和利用"十三五"规划》显示，共有76个畜禽品种已列为濒危品种，14种已认定灭绝。金阳丝毛鸡、边鸡、浦东鸡、萧山鸡、中山沙栏鸡等鸡种为濒危品种，其中浦东鸡的俗称正是九斤黄，彭县黄鸡被认为濒临灭绝，烟台桦糠鸡、陕北鸡则已认定灭绝。加强地方鸡种质资源保护，一方面要加强鸡种质资源的调查和保种，另一方面要加强鸡种质资源的开发利用。

近年来，我国加强了畜禽种质资源的调查、收集和保护。根据《国家畜禽遗传资源品种名录（2021年版）》，我国现有地方鸡种115个。这些地方鸡种具有鲜明的地域特色和突出的品种特点。从地域来看，出产地方鸡种最多的是云南省，共有12个鸡种，四川省有10个地方鸡种，贵州省和湖北省也各有9个地方鸡种，不过北京、上海、海南、西藏、青海、甘肃、内蒙古、黑龙江、辽宁等省（直辖市、自治区）都只有1个地方鸡种，对于这些地区来说，这些特有鸡种显得弥足珍贵。从羽色来看，中国地方鸡种以黄羽为主，也是培育优质黄羽肉鸡的主要素材，其次是黑羽，少量的白羽、黑白相间的芦花羽色等。中国斗鸡历史悠久，现存有河南斗鸡、鲁西斗鸡、皖北斗鸡、西双版纳斗鸡、吐鲁番斗鸡和漳州斗鸡共6个斗鸡品种。由于中医认为乌骨鸡有药用价值，中国很多地区都饲养乌骨鸡，形成了各具特色的乌骨鸡品种，多达18种。最有名的乌骨鸡品种当属江西泰和所产的丝羽乌骨鸡，具有桑椹冠、缨头、绿耳、胡须、

## 第四章 吃鸡现在时：先要"自由"

丝羽、毛脚、五爪、乌皮、乌肉、乌骨"十大"特征，1915年曾在巴拿马万国博览会上展出，已作为观赏鸡列入国际标准品种，在国际上享有盛誉。绿壳蛋鸡在全世界都较为少见，主要为中国和智利所特有，江西的东乡绿壳蛋鸡、麻城绿壳蛋鸡，湖北的长顺绿壳蛋鸡、荆门黑羽绿壳蛋鸡，以及河南的卢氏鸡都产绿壳蛋。其他特色鲜明的鸡种包括瓢鸡、大围山微型鸡等，都属于稀有品种，其中产自云南普洱一带的瓢鸡因无尾椎骨、尾棕骨、尾羽、镰羽、尾脂腺，尾部形状似瓢，故而得名。大围山微型鸡成年体重不到1千克，可以作为宠物饲养。

除了调查和收集畜禽种质资源外，目前我国已建设了一批国家级和省级畜禽种质资源保种场，基本实现优良地方鸡种保护全覆盖。地方鸡种质资源保护还需要加强种质资源的开发利用，即以地方鸡种为素材，培育出各种满足市场需求、具有地方特色的优质品种。据《国家畜禽遗传资源品种名录（2021年版）》显示，目前我国现有培育品种和配套系85个。其中，国产肉鸡品种主要为黄羽肉鸡配套系，均以地方鸡种为素材育成，占到全国肉鸡市场的40%以上，国产蛋鸡品种全国市场占有率则超过58%，可见

#### "吃鸡自由"科学简史

地方鸡种质资源的开发利用为我国肉类产品和蛋类产品的有效供给做出了重要贡献。随着种质资源保护和利用的逐渐深入，我国地方鸡种质资源必将在我国和世界鸡种改良、养鸡业的发展中发挥更大的作用。

## 案例1：冰鲜鸡成为肉鸡消费大趋势

我国大多数地方鸡种以味道鲜美、风味独特著称，特别是现宰活鸡，深受消费者喜爱。消费者往往喜欢在农贸市场亲自挑选活鸡，回家烹饪成各种各样美味的鸡肉菜肴，大家看重的正是活鸡的鲜活美味。但是2003年禽流感暴发之后，为了降低活禽交易传播人畜共患传染病的风险，我国活鸡交易市场逐渐被取缔，以活鸡交易为主的黄羽肉鸡何去何从呢？

在市场阵痛的不断探索下，黄羽肉鸡企业最终为黄羽肉鸡找到了新的出路——冰鲜鸡，依托本土优质的黄羽肉鸡种质资源，相继打造出一系列畅销全国的冰鲜鸡品牌。

根据产品储藏方式，鸡肉产品可以分为活鸡、冰鲜鸡和冷冻鸡。其中，冰鲜鸡又称为生鲜鸡，是采用人工冷却的方法将鸡胴体的深层温度迅速降为4℃以下，并且在后续加工、储存、流通及零售过程中始终保持在0℃~4℃冷藏范围内；冷冻鸡一般是在-18℃左右冷冻保存的鸡肉产品。相比于冷冻鸡，冰鲜鸡可以最大限度保留鸡肉的新鲜度和营养成分，口感和风味甚至高于活鸡。

但冰鲜鸡品牌打造和产品推广面临一系列问题，例如我国原来活鸡上市的黄羽肉鸡品种，屠宰上市后，往往出现重量均匀度差（比如小的可能不到0.5千克，大的可能超过1千克）、胴体皮肤的颜色不达标、体尺外观不整齐等一系列问题。我国黄羽肉鸡科研机构和相关企业积极开展科技攻关，从两个方面解决了这些问题。

一是针对生鲜鸡上市要求和居民消费习惯，育种家对屠宰率、屠体均匀度、皮肤着色、毛孔网等性状进行持续提升，培育出适合屠宰和生鲜上市的专门品种。2021年12月，江苏立华牧业股份有限公司和江苏省家禽科学研究所联合培育的全国首个屠宰加工型黄羽肉鸡新品种"花山鸡"通过国家审定，形成了"规模养殖、集中屠宰、冷链运输、冷鲜上市"的发展模式。

二是建立适合黄羽肉鸡屠宰加工的标准化流程。例如，湖南湘佳牧业股份有限公司以"国家地理标志性产品"石门土鸡等优质鸡为原料，建立了两条冰鲜鸡屠宰加工流水生产线，包括活禽抽检、检测合格、悬挂电晕、宰杀沥血、浸烫脱毛、浸蜡开膛、清洗预冷、检测包装等流程，整个加工流程全部按国际标准操作。在经历严格的药残等检测后，一只

湘佳生鲜鸡（湖南湘佳牧业股份有限公司供图）

活禽从悬挂屠宰到冷链装车，只需两个多小时，之后连夜经冷链运输车送达全国的超市和生鲜市场。就这样，新鲜美味的"湘佳生鲜鸡"从湖南省一个小小县城快速走向全国，成为最受消费者信赖的冰鲜鸡品牌之一，为全国上百种优质地方鸡种开发利用探索了一条成功路径。

"吃鸡自由"科学简史

# 白羽肉鸡如何逆袭成为"明日之鸡"？

在鸟类世界中，雄鸟依靠绚丽的羽毛、高大强壮的体形吸引雌鸟，赢得繁衍后代的机会。红原鸡也不例外，只有那些红色鸡冠高挺、颈羽金黄如梳、尾羽修长闪亮的雄性原鸡，才能在丛林野战中让自己的血脉得以延续。进入家养时代以来，大多数公鸡也同样保留了红原鸡五颜六色的羽毛，在人类的帮助下，一些品种的公鸡甚至演化出它们祖先红原鸡所没有的华丽羽色。不过，有一些鸡却一反鸟类的传统，着一袭素净的白羽，全身羽毛无半点杂色。这些原本在鸡群中格格不入的"另类"，最终是如何战胜那些羽色华丽的同类，逆袭成为鸡界霸主的呢？

## 第四章 吃鸡现在时：先要"自由"

### 白羽鸡种古来稀

设想一下，如果能将全球各个品种的鸡收集起来，建造一个以鸡为主题的博物馆，那一定会吸引很多人的目光。根据体形大小、羽毛颜色和图案、鸡冠类型、皮肤颜色、脚趾数量、重要羽毛数量、鸡蛋颜色和原产地等指标的不同，全世界自然形成或人工选育出的鸡种约1600个。在这个鸡博物馆中，最具特色的应当是色彩斑斓的羽毛所形成的视觉冲击。虽然鸡的羽毛仅有黑色、黄色、绿色、红色、金色、银色和白色等颜色，但是不同品种间杂交配种，其后代则可表现出颜色不同、图案各异的羽色近70种。单就观赏目的而言，纯白色的鸡种在这些多彩的同类身旁多少显得有点朴实无华了。

分子遗传学分析显示，白羽鸡的出现主要是因为基因突变，其遗传模式非常复杂，至少有5个基因位点的突变可导致白色羽毛出现，其中控制"色素抑制剂"的基因呈显性遗传，即只要该色素抑制基因存在，负责羽毛着色的黑色素就无法在羽毛沉积，导致全身羽毛呈白色；还有一些白色羽毛则由隐性等位基因控制，只有当该隐性基因发生纯合时，才会出现白色羽毛。在野生的红原鸡或早期驯化阶段的家鸡中，自然突变的白羽鸡出现的概率非常小。即使偶尔出现白羽鸡，也不受色彩艳丽的同类待见，甚至更容易被它们的天敌发现。如果没有人类的帮助，野外的白羽鸡很难生存和繁衍后代，所以白羽的野生丛林原鸡非常稀少，历史上白羽鸡种的数量也相对较少。

以中国为例，收录于《国家畜禽遗传资源品种目录（2021年版）》的115个地方鸡种中，只有丝羽乌骨鸡、江山白毛乌骨鸡、雪峰乌骨鸡、郧阳白羽乌鸡、金阳丝毛鸡、腾冲雪鸡等少数鸡种以纯白羽色为主，其中江山白毛乌骨鸡和丝羽乌骨鸡的历史超过1600年。另有少数鸡种也会出现白羽变种，但是数量都非常稀少。文学作品从另一个侧面也反映出中国古代白羽鸡的稀少，提及鸡的中国古诗词不下万首，但是真正描写白鸡的则不到10首。宋朝苏轼在诗作《僧爽白鸡》中描写过一只在寺庙里生活了二十余年的白鸡，它常常静静地卧在僧人旁边，听僧人讲经。宋朝释居简的《白鸡谢静讲师湖州旧馆》、明朝唐寅的《画鸡》、唐秩的《咏窗前白鸡》等诗作也提到过白鸡。

白羽鸡在国外历史上也少有记录，大多数白羽鸡品种主要在最

第四章 吃鸡现在时：先要"自由"

近100~200年内形成或被发现。在1845—1855年由英国维多利亚女王引发的席卷英国和美国的"母鸡热"时期，人们更倾向于培育羽色艳丽的观赏鸡，白羽鸡并非人们关注的重点。不过，随着规模化养鸡业的兴起，原来作为"配角"的白羽鸡突然变成了"主角"，一些家禽育种学家和育种爱好者开始有计划地培育一身雪白的白羽鸡。

## 两个鸡种唱大戏

肉鸡产业是从20世纪20年代起步的，但是真正步入快车道要等到20世纪40年代，特别是第二次世界大战结束以后。这时候，欧洲急需从美国等国家进口肉类，而美国和欧洲对廉价蛋白质的需求剧增，美国肉鸡养殖者看准这个机会，将肉鸡产业推向高潮，也燃起了人们争相培育肉鸡新品种的热情。

1945年，当时美国最大的零售商——大西洋和太平洋茶叶公司（A&P）为了满足市场对鸡肉的需求，联合美国农业部组织了名为"明日之鸡"的全国性竞赛，要决选出生长更快、体形更大、鸡胸肉和鸡腿肉更多的优良肉鸡品种，吸引了来自全国各地的养鸡户和

### "吃鸡自由"科学简史

育种爱好者参赛。1946年和1947年先进行了地区性比赛,决出40种参赛种鸡参加1948年的全国总决赛。每个参赛者将720个种鸡蛋交给赛事主办方统一孵化,挑选每个参赛种鸡的400只小鸡进行统一饲养,密切跟踪和监测小鸡的体重变化、健康状况和外观特征等指标,12周后统一屠宰称重,再按照18项评分标准对每种参赛种鸡(每种50只)进行评分。

最终获得冠军的是科尼什鸡(Cornish)与新罕布夏红鸡(New Hampshire Red Chicken)的杂交鸡,主要因为这种杂交鸡既有非常高的胴体重,又有不错的饲料转化率,冠军获得了1万美元的奖励。成立于1917年的美国爱拔益加(Arbor Acres)育种公司(后文简称"爱拔益加公司")培育的白洛克鸡则屈居第二。这次史无前例的全美肉鸡比赛,奠定了肉鸡育种的基础,也成为白羽肉鸡称霸鸡界的开始。现代广泛饲养的白羽肉鸡品种大多是源于科尼什鸡和白洛克鸡的杂交后代。

科尼什鸡大约在19世纪20年代出现在英格兰西南部的康沃尔郡,最开始被称为"印度斗鸡"。人们原本希望将科尼什鸡作为斗鸡培育,但是其打斗能力并不突出,而且没过多久英国便开始立法禁止斗鸡活动，科尼什鸡的"散打运动员"生涯宣告结束。科尼什鸡体形偏矮，产蛋量很低，每年只有80个左右，作为失败斗鸡的科尼什鸡面临被淘汰的局面。不过，育种爱好者很快又为科尼什鸡找到了另外一条出路。到底是有"散打运动员"的底子，人们发现科尼什鸡虽然产蛋不行，斗术不精，但是它们胸肌"练"得还行，更可贵的是它们的胸廓又宽又深，可以长更多的鸡胸肉。要知道鸡胸肉一般占到鸡活体总重量的25%左右，胸部越宽，鸡胸肉越重，鸡肉总重量自然就会越重，因此科尼什鸡具备发展成为专用肉鸡品种的潜力。恰在此时，人们对鸡肉需求量开始大增，于是育种家们经过数十年的持续纯种繁育，成功培育出产肉量高、抗病力强的肉用型科尼什鸡纯种。科尼什鸡的标准色原本是黑色，不过美国育种家引入黑色科尼什鸡之后，又培育出纯白色、白中带红、浅黄色等羽色的科尼什鸡品系。

普利茅斯洛克鸡则是美国土生土长的鸡种，培育历史要比科尼什鸡稍晚。1849年，洛克鸡在纽约举办的美国第一届家禽展上一鸣惊人，因为它们的年产蛋量可超过200个，而且还具有产肉量高、肉质好、易于管理、不怕寒冷等优势，使得洛克鸡直到第二次世界

## "吃鸡自由"科学简史

大战期间都是美国的最主要肉鸡品种。洛克鸡最早以黑白相间的芦花羽色示人，黑色和白色洛克鸡最初也是作为斗鸡来培育的。1940年，爱拔益加公司首次培育出肉用的白洛克鸡，随后美国科宝育种公司（Cobb-Vantress）等也推出了自己的白洛克鸡品种。研究表明，白洛克鸡之所以大受欢迎，主要因为其表现出比其他羽色洛克鸡更高的产蛋、产肉和繁殖性能，不过其胸部偏窄，胸肌重量选育提高的潜力较小。

这两种鸡各有优缺点，通过杂交选配，则可在杂交后代中表现出杂种优势，即可以将父母的优点集中在后代身上，同时尽量将父母的缺点掩饰起来，这样杂交后代的主要生产性能都要优于父母代。大约从20世纪40年代开始，美国人以科尼什鸡作为父本，白羽洛克鸡作为母本进行杂交育种，选育出一系列体形大、生长快速、产肉多、产蛋量也较高的白羽肉鸡品种。到20世纪50年代，由于肉鸡生长快、饲料转化率高导致鸡肉价格低廉，美国社会对鸡肉的需求量大增，使肉鸡饲养进入工业化时代。同时，机械屠宰逐渐代替了人工屠宰，屠宰效率大大提高，但是面临褪毛不完全的问题，特别是一些细绒毛及一些毛根。如果羽毛是黑色、红色等颜色的话，你能生又能养!

你胸肌真发达!

多谢优秀的爸妈,
让我成为全球肉鸡霸主。

## "吃鸡自由"科学简史

这些残留的绒毛和毛根特别扎眼，严重影响鸡肉的卖相，但是白色羽毛的残留物则几乎不会引人注意。因此，白羽肉鸡很快成为肉鸡工业的首选，中快速型肉鸡基本以白羽为主。白羽肉鸡在美国、南美和欧洲占肉鸡市场高达90%，在中国也占到50%以上，变成了肉鸡产业的绝对"主角"。

受白羽肉鸡的影响，白色蛋鸡品种也受到青睐。白来航鸡是全球最为重要的蛋鸡品种之一，以产蛋量高、性格温顺、易于管理著称。通过与白色矮脚鸡、西班牙鸡、斗鸡和日本鸡等不同品种进行杂交，美国育种家们繁育出20多种羽色和冠型各异的来航鸡品系，这些不同品系后来出口到欧洲、亚洲等地区，其中白来航鸡成为来航鸡中最为主要的蛋鸡品系。这同样归因于肉鸡产业对白色羽毛的偏好，虽然来航鸡主要作为蛋鸡品种被广泛饲养，但是它们被淘汰后仍然会被送到屠宰场，这时候鸡被屠宰、褪毛后即使留下一些机械无法褪除干净的浅色细毛或羽根，也不会影响卖相。

### 市场称霸靠科技

从"明日之鸡"比赛开始，肉鸡育种从个人和农场育种为主向

## 第四章 吃鸡现在时：先要"自由"

公司化育种转变，肉鸡育种公司不断发展壮大。通过兼并重组，目前已形成了德国安伟捷育种公司（Aviagen）和美国科宝育种公司两强争霸的局面，二者占到全球肉鸡种业市场的95%以上。这两家公司都有百年的肉鸡育种历史，其中安伟捷育种公司成立于1923年，经过并购重组，已拥有爱拔益加（Arbor Acres）、印度安河（Indian River）、罗斯（Ross）和哈伯德（Hubbard）等白羽肉鸡品牌，约占全球白羽肉鸡市场的55%；而科宝育种公司成立于1916年，拥有科宝系列、艾维因（Avian）等白羽肉鸡品种，约占全球白羽鸡肉市场的40%。

这些历史悠久的肉鸡育种公司除了依靠资本进行兼并重组之外，取得成功的最大秘诀在于科技创新。这些育种公司非常注重科技创新，它们的科技研发投入都占到销售收入的10%左右。从20世纪40年代开始，安伟捷、科宝等肉鸡育种公司，以及它们并购的爱拔益加、哈伯德和艾维因等公司相继建立了较为完善的白羽肉鸡育种和繁育体系，主要包括资源群原种鸡、纯系原种鸡、曾祖代肉种鸡、祖代肉种鸡、父母代肉种鸡和商品代肉鸡。

资源群原种鸡是未经现代育种技术选育的种鸡，保留了这些品

## "吃鸡自由"科学简史

种最原始的遗传性状，是肉鸡育种最基础的群体。资源群规模越大，培育出性能优良的纯系原种鸡的素材就越多，因此欧美国家的育种公司非常注重在全球收集各国地方鸡种资源，比如欧美国家就曾经从中国引进狼山鸡、九斤黄等中国特有的地方鸡种，为培育欧美鸡种做出了重要贡献。纯系原种鸡则是经过系统选育的原种鸡，它们的一些优良性状是完全纯合的，即纯种公鸡和母鸡的后代完全保留了父母代的遗传特性，每个纯系都有自己的突出性状和特点。这是现代肉鸡育种公司最为核心的资产，也是后续杂交育种的基础。德国安伟捷育种公司就拥有超过30个纯系，不仅有快速生长型白羽肉种鸡的纯系，还有有色羽、慢速型种鸡的纯系，而且为这些纯系建立了超过40代的系谱记录，遗传背景非常清晰，有利于后续的杂交育种。

有了这些优良的育种材料，杂交育种则是肉鸡育种公司最核心也是最基础的技术手段。根据孟德尔遗传定律，不同品种的个体间进行交配，其后代有可能表现出比父母代更优异的性能，比如更快的生长速度、更大的体形等，这就是所谓的杂种优势。经过遗传学家和育种学家的不断努力，杂交育种理论和技术日趋完善。最开始，

## 第四章 吃鸡现在时：先要"自由"

人们只是利用肉眼观察的表型差异来选择用于杂交配种的亲本，比如羽毛颜色、产蛋数量等，这种选育方法只对少数性状有效，对大多数性状都没有什么效果。到20世纪80—90年代，人们开始利用仪器进行精准性能测定，并采用复杂的公式，计算出不同品种之间杂交产生更优异后代的概率，再选留杂种优势最强的个体作为种鸡。随着分子生物学技术的发展，人们开始将一些与性状紧密连锁的分子标记运用到品种辅助选择上，近年来更是利用全基因组选择技术进行选育，使得杂交选育技术更精准、更高效，同时将大幅节省选育的时间和成本。

用于养殖场育肥的鸡一般为商品代肉鸡，大多是杂交第三代或第四代，它们的上一代即为父母代种鸡，父本种鸡和母本种鸡一般各有特点，比如父本生长快，母本抗病力强或饲料转化率高，推向市场的商品代肉鸡一般会集中父本和母本的优点，并且往往超过父母代的主要性能。父母代种鸡的上一代即为祖代种鸡，再上一代则为曾祖代种鸡。这些种鸡当然是鸡群中性能最优秀的鸡，一般要经过性能测定、基因鉴定、杂种优势筛选等多道考验，可以说是层层筛选、优中选优，最终才得以成为肉鸡工业中的"鸡上

## "吃鸡自由"科学简史

鸡"。国际肉鸡育种公司一般只出售祖代种鸡给养殖场，自己则牢牢控制着曾祖代种鸡和纯系原种鸡，也就牢牢控制了肉鸡产业的命脉。因为育种公司销售的祖代种鸡各个配套品系都是单性别的，而且祖代种鸡有一定使用寿命，因此没有育种能力的肉鸡养殖企业必须重新购买祖代种鸡来补充，周而复始，将会长期依赖这些肉鸡育种公司供种。

经过数十年如一日的选育提高，并不断应用分子标记辅助选择、全基因选择等新的育种技术，安伟捷育种公司和科宝育种公司的白羽肉鸡品种生产性能得以持续提升。

除了生长速度和体重，饲料转化率和死亡率也是育种中重点考虑的指标。1925年，肉鸡的饲料转化率为4.7，到2017年已提高至1.83，即2017年获得1千克的活鸡增重所需要消耗的饲料要比1925年减少近3千克。这是一个惊人的进步，按照2020年全球鸡肉产量1亿吨计算，如果仍然保持1925年的饲料转化率，则需要多消耗2.87亿吨粮食，相当于我国全年粮食产量的40%。肉鸡在养殖全过程中的死亡率也从1925年的18%降低为目前的5%以下。除了选育抗病力强的个体作为种鸡之外，进行禽白血病、鸡白痢等疫病的防控和净化，也是降低肉鸡死亡率的重要原因。由于饲料成本占肉鸡养殖成本的60%~70%，因此饲料转化率的提高使鸡肉生产成本大幅降低，而上市日龄缩短、死亡率降低等也都能降低鸡肉生产成本，进而促使鸡肉价格相对较低，这也是近年来全球鸡肉消费量相继超过猪肉和牛肉消费量的重要原因。

当然，肉鸡生产性能的持续提高，除了最决定性的遗传因素，饲料配方优化、养殖环境改善、疫苗等科技进步也发挥了积极作用。国际肉鸡育种公司经过长期的种质资源积累和品种选育提高，已培育出众多性能优秀、各具优势的肉鸡品种，并逐渐在国际白羽肉鸡种鸡市场上形成垄断地位。目前我国白羽肉鸡的种鸡基本全部依靠进口，一旦进口受限，将会严重威胁我国肉鸡产业安全，并对全国肉类供应造成冲击。如何培育中国自己的白羽肉鸡新品种以摆脱白羽肉鸡长期依赖进口的被动局面，将是摆在中国肉鸡育种工作者和肉鸡养殖企业面前的一道巨大难题。

## 案例2：小型白羽肉鸡异军突起

肉鸡产肉多，蛋鸡产蛋多，但肉鸡和蛋鸡杂交是什么结果？

1988年，山东省农业科学院家禽研究所创立了利用快大型肉鸡父母代父系和商品代高产蛋鸡母系杂交的开放式配套制种模式，充分利用了世界上最先进的父本生长发育性能、产肉性能和母本繁殖性能，将肉鸡、蛋鸡的遗传潜力运用发挥到极致，817肉杂鸡从此诞生（8月17日完成）。它们42日龄出栏体重1.5千克，笼养条件下饲料转化率低于1.7。种鸡繁殖效率高、雏鸡生产成本低，商品代屠体品质好、肉质优等优势，弥补了其生产效率比快大型白羽肉鸡稍差的劣势。

然而，在相当长一段时间内，817肉杂鸡在全国肉鸡产业中是一个重要却尴尬的存在。由于其结合了蛋鸡产蛋性能高、肉鸡生长速度快等特点，种源和养殖成本低，曾一度对白羽肉鸡和快大型黄羽肉鸡造成了强烈的市场冲击。但该品系特性不稳定、抗病力差等因素也给肉杂鸡产业的发展造成了极大限制。

817肉杂鸡诞生30年后，也就是2018年，基于白羽肉鸡和蛋鸡系统选育优化，杂交配套而成的"沃德168"小型白羽肉鸡获得《畜禽新品种

（配套系）证书》，成为我国第一个具有自主知识产权的小型白羽肉鸡配套系。"沃德168"一举解决了817肉杂鸡制种不规范、雏鸡质量差、抗病力差、群体均匀度低、标准化水平低、父系公鸡质量难以保证等问题，更好地满足了扒鸡、熏鸡、白条鸡冻品的市场需求，在肉鸡生产的品种类型中具有独特的市场竞争力。

"沃德168"小型白羽肉鸡品种
（北京市华都峪口禽业有限责任公司供图）

在"沃德168"等新品种的助力下，出栏量已占到我国肉鸡市场的15%以上，极大地丰富了我国肉鸡产品的种类，满足了消费者对不同类型鸡肉产品的多元化需求。

"吃鸡自由"科学简史

# 国产白羽肉鸡新品种诞生记

面对国际白羽肉鸡种业市场两个寡头垄断的格局，中国白羽肉鸡养殖业面临重大抉择。是完全放弃育种，年复一年从国外进口种源，长期任由国外种业企业"卡脖子"？还是从头再来，培育和推广国产白羽肉鸡品种，实现种源自主可控？基于国内快速增长的市场需求和避免长期受制于人的战略需求，中国决定从上一次的失败中总结教训，重新培育和推广国产白羽肉鸡新品种。

## 中国鸡肉一半源自白羽肉鸡

白羽肉鸡符合现代屠宰加工的需求，具有生长快、饲料转化

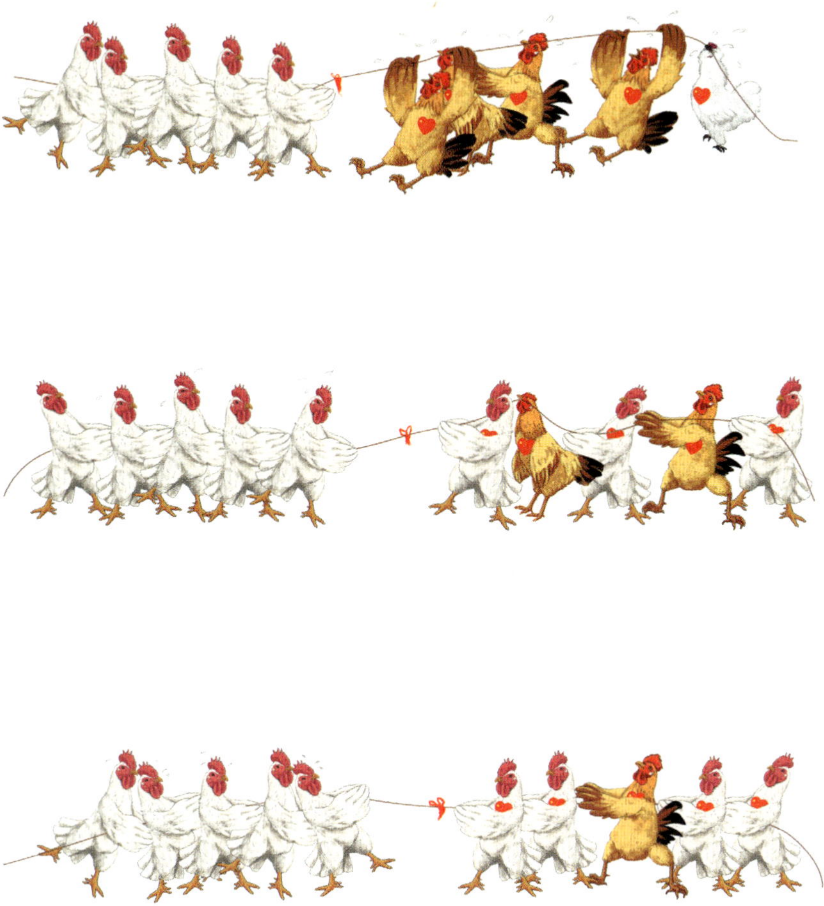

## "吃鸡自由"科学简史

率高、抗病力强等优势，自从20世纪40年代问世，很快成为美国的主要肉鸡品种，随后几十年迅速占领全球大多数国家的肉鸡市场。随着人们对廉价动物蛋白的需求不断增长及快餐业的发展，美国肉鸡消费量持续增加，1985年鸡肉消费量首次超过猪肉消费量，1992年超过牛肉消费量，鸡肉成为美国第一大肉类产品，而且鸡肉消费量占肉类总消费量的比重在持续提升，目前已超过40%。在全球范围内，鸡肉也是消费量增长最快的肉类产品。1998年，鸡肉产量和消费量超过牛肉，2019年首次超过猪肉，成为全球第一大肉类产品。

中国白羽肉鸡是在20世纪70年代末起步的。由于出口和快餐业的需要，中国开始从德国罗曼和美国爱拔益加等国外育种公司引进白羽肉鸡杂交配套系和相关养殖技术，中国肉鸡产业得以迅速发展。据联合国粮食及农业组织的数据，中国肉鸡屠宰量从1978年的10亿羽增长至2021年的115亿羽，肉鸡养殖量居世界第一；鸡肉产量从1978年的107.7万吨增长至1542万吨，鸡肉产量已跃居全球第二，仅次于美国。

不过，与发达国家的鸡肉消费水平相比，中国鸡肉消费水平仍然存在一定差距。据联合国粮食及农业组织的数据显示，2020年全球年人均禽肉消费量超过16千克（鸡肉占85%以上），美国则超过58千克，南美洲平均也超过41千克，大洋洲超过35千克，欧洲超过25千克。相对而言，2020年中国年人均禽肉消费量仅为15.6千克（鸡肉约占70%），低于全球平均水平，更远低于美国等发达国家水平。

与此同时，我国人均肉类消费量只相当于包括日本和韩国在内的发达国家的2/3，甚至只有美国等发达国家的1/2。随着居民收入的增加和城市化水平的提高，我国肉类消费量仍然具有较大的增长空间。从国内外发展趋势来看，鸡肉将是我国未来肉类消费增长的主力，因为对消费者来说，鸡肉是廉价优质的主要动物蛋白来源。与猪肉和牛羊肉相比，鸡肉蛋白质含量较高，脂肪含量较低，富含各种必需氨基酸和不饱和脂肪酸，营养更为丰富。同时，鸡肉的价格往往低于其他肉类，这是因为肉鸡饲料转化率和规模化生产水平高。以白羽肉鸡为例，其饲料转化率可达1.5，即白羽肉鸡增加1千克体重只需要约1.5千克饲料，而猪增加1千克体重则需要约3千克饲料，牛和羊所需饲料则更多。由于饲料成本占畜禽养殖成

## "吃鸡自由"科学简史

本的60%~70%，因此，饲料转化率越高，畜产品生产成本越低，消费者购买鸡肉的平均价格自然要低于其他肉类产品。

目前，我国鸡肉产量主要来源于白羽肉鸡、黄羽肉鸡、小型白羽肉鸡(肉杂鸡、817肉鸡)和淘汰蛋鸡，其中白羽肉鸡的鸡肉产量占鸡肉总产量的50%以上，黄羽肉鸡的鸡肉产量约占30%，小型白羽肉鸡和淘汰蛋鸡的鸡肉产量占比不到20%。由于价格便宜、肉质鲜嫩、便于加工，白羽肉鸡在团膳配餐和快餐业中消费量占白羽肉鸡消费总量的80%左右，居民消费则占到20%左右。黄羽肉鸡生长速度慢于白羽肉鸡，但是肉质鲜美，更符合中国家庭烹饪需求。小型白羽肉鸡主要由肉鸡和蛋鸡杂交而来，生长快、体形小、肉质嫩，主要用于家庭消费，以及制作扒鸡、烤鸡、熏鸡等特色加工产品，而淘汰蛋鸡主要用于家庭消费和鸡肉产品深加工。随着生活节奏日益加快，未来中国居民对白羽肉鸡的需求仍将较为强劲，白羽肉鸡与黄羽肉鸡、小型白羽肉鸡等其他鸡种一样，都有难以替代的优势。

不过，我国白羽肉鸡的种源100%依赖进口，是所有畜禽产业中依赖进口最为严重的畜种。正如芯片产业一样，这种"受制于人"的局面将给我国肉鸡产业带来"卡脖子"风险，我国主要白羽肉鸡养殖企业也有可能像华为一样，遭受国际肉鸡种业企业的"断供"。

## 白羽肉鸡自主育种有成功先例

虽然进口白羽肉鸡性能优良，中国依然要培育国产白羽肉鸡品种，主要有以下几个方面的原因。

一是实现种源自主可控。目前，全球白羽肉鸡种源主要被国际家禽业巨头德国EW集团下属的安伟捷育种公司和美国全球最大肉品加工企业泰森集团拥有的科宝育种公司垄断，二者占全球白羽肉鸡种业市场的97%以上。国际肉鸡育种公司一般只出售白羽肉鸡祖代种鸡，即使偶尔出售曾祖代种鸡，也严格限定购买方只能用于祖代鸡繁育，严禁用于育种，以牢牢控制白羽肉鸡产业的命脉。祖代种鸡使用寿命一般只有1年，过长会出现不同程度的衰退，比如生产性能下降、整齐度变差、抗病力降低等。因此我国每年都必须从国外进口80万～120万套祖代种鸡来进行群体更新，如此周而复始，导致我国白羽肉鸡长期依赖国际肉鸡育种公司供种。通过国产白羽肉鸡品种的培育，可打破国际垄断，减少对进口种源的依赖，保障我国白羽肉鸡种源自主可控。

"吃鸡自由"科学简史

二是减少外来疫病引入风险。2014年以前，我国白羽肉鸡祖代种鸡进口量的95%以上来自美国。2014年美国暴发禽流感后，我国大多数白羽肉鸡祖代种鸡主要从法国进口，但是2015年11月，法国也暴发禽流感，我国只能转向英国、新西兰等国家进口种鸡。由于禽白血病、禽流感等传染病有可能随着国外品种的进口而引入国内，因此培育国产白羽肉鸡品种，可以显著降低这种风险。

三是平抑白羽肉鸡种苗市场价格。很显然，如果中国市场有本土的竞争对手，国外品种将不敢漫天要价。21世纪初，欧美育种公司祖代肉种鸡出口到南美、东南亚等国家时，每套祖代鸡到岸价为35美元左右，而出口到中国市场的祖代种鸡到岸价不到22美元，主要是因为中国当时培育的国产白羽肉鸡品种与进口品种在竞争中不落下风。

这个国产白羽肉鸡品种正是北京家禽育种有限公司培育的国产艾维茵种鸡，该品种一度占据全国白羽肉鸡种源市场的55%，证明国产白羽肉鸡品种完全可以取得成功。1986年，为了发展肉鸡等畜牧产业，北京市政府成立北京市大发畜产公司，现在是北京首农食品集团旗下的一个全资子公司。为了开展白羽肉鸡育种，1986

年10月，北京市大发畜产有限公司、美国艾维茵国际禽场有限公司和泰国正大集团合资成立了北京家禽育种公司，三家公司分别占股37％、35％和28％。1987年，北京家禽育种有限公司从美国引进艾维茵原种鸡，开始白羽肉鸡本土育种工作。经过十多年的发展，白羽肉鸡育种素材从当初的3个纯系，扩充至2001年的9个纯系。经过风土驯化和大量育种工作后，1999年推出"北京艾维茵2000"，这一国产白羽肉鸡品种表现出增重快、饲料转化率高、抗病力强、成活率高、种鸡产蛋率高等优势，深受客户的欢迎。在1999—2002年间，艾维茵肉鸡父母代销售量从277万套增加到588万套，平均年递增37.4％。2002年，国产艾维茵种鸡在我国的市场占有率达55％。

令人惋惜的是，2004年之后，受禽流感和禽白血病等种鸡疾病净化问题的影响，我国肉鸡产业遭遇持续两年多的低谷期，北京家禽育种有限公司的经营出现了危机，被迫放弃了商业育种工作，国产艾维茵种鸡也随之退出市场。东北农业大学李辉教授等人在《中国白羽快大型肉鸡育种战略研究报告》中总结了导致第一批国产白羽肉鸡品种退出市场的原因，一是家禽育种综合创新能力较弱，与国外品种遗传进展相比存在一定差距；二是缺乏自主知识产权的先进育种技术；三是对疫病净化工作重视不够，导致禽白血病等疫病在种鸡中传播，对生产群造成巨大损失。

## 国产白羽肉鸡品种有望再创辉煌

自2005年以来，由于缺乏国产品种供应，我国白羽肉鸡祖代种鸡只能依靠进口，导致引种价格不断上涨。从2005年到2020年，我国年均进口祖代种鸡超过92万套，年均引种费用在2000万美元以上，其中2013年引种量达154万套，为历史最高峰，引种费用超过5000万美元。近年来，由于美国等国家发生禽流感疫情，我国白羽肉鸡进口数量受限，造成白羽肉鸡父母代种鸡的价格一度居高不下。

在白羽肉鸡品种被少数国际跨国公司垄断、禽流感频发的背景下，保证稳定的种源供应尤为重要。同时，种源处于畜牧业价值链的顶端，种源过度依赖进口加剧了商品代产品的价格波动，降低了生产效益。因此，我国政府及白羽肉鸡相关企业和科技界均意识到，作为世界白羽肉鸡生产和消费大国，无论从稳定产业、提高产品竞争力出发，还是从国家种业安全的长远战略考虑，白羽肉鸡自主育种都是大势所趋。

2009年，国家肉鸡产业技术体系伊始，就明确提出了培育中国自己的白羽肉鸡新品种的倡议，并开展了一系列调研、宣传和组织工作。2014年3月，农业部办公厅印发的《全国肉鸡遗传改良计划（2014—2025）》首次明确提出，到2025年育成2~3个达到同期国际先进水平的白羽肉鸡新品种，商品鸡年出栏量达到白羽肉鸡总出栏量的20%。这一目标在新版的《全国肉鸡遗传改良计划（2021—2035）》中得到进一步加强。受到政府规划的鼓舞，借鉴国际上以养殖产业龙头企业为主开展白羽肉鸡持续育种的成功经验，国内一些有实力的白羽肉鸡龙头企业，如广东省佛山市高明区新广农牧有限公司（后文简称"新广农牧"）、福建圣农发展股份有限公司（后文简称"福建圣农"）、北京市华都峪口禽业有限责任公司等，开始积极筹措资金新建或扩建育种场，引进祖代种鸡作为育种素材，相继开展新一轮白羽肉鸡自主品种的育种工作。与此同时，国家肉鸡产业技术体系在肉鸡育种技术研究、新品系培育、疾病净化等方面积累了丰富经验，白羽肉鸡育种的技术难关也被一一攻克。自此，白羽肉鸡自主育种的政策、资金和技术问题均得到有效解决，国产白羽肉鸡新品种呼之欲出。

2019年7月，农业农村部启动生猪、肉鸡、肉羊、奶牛、肉牛等7个畜禽良种联合攻关项目，其中白羽肉鸡育种联合攻关项目部署了两个攻关小组，分别由新广农牧和福建圣农牵头。其中，新广农牧联合中国农科院牧医所、华南农业大学、山东民和牧业股份有限公司和山东凤祥股份有限公司等单位，从2010年就已开展白羽肉鸡自主育种。

2021年12月3日，"广明2号""圣泽901"和"沃德188"三个快大型白羽肉鸡新品种通过了国家畜禽遗传资源委员会审定，我国白羽肉鸡自主育种从此实现零的突破。3个白羽肉鸡新品种均具有生长速度快、饲料转化率高等生产性能特点，42日龄出栏体重超过2.8千克，饲料转化率低于1.65，成活率95%以上，主要生产性能与国际同类品种持平，同时饲料转化率、肉品质、成活率等方面相比较国际品种具有优势，适合生产分割鸡肉，方便制作快餐、团餐及深加工制品，丰富了国内肉鸡市场品种，更好地满足人民生活多样化的需求。

## 案例3："广明2号"白羽肉鸡新品种培育记

2021年12月8日，一场新闻发布会在北京和广州两地同时召开并宣布，作为三大白羽肉鸡自主品种之一，"广明2号"白羽肉鸡配套系正式通过国家审定，实现了我国白羽肉鸡自主品种零的突破。

佛山市高明区新广农牧有限公司始创于1993年，以黄羽肉鸡育种和养殖起家，所创立的"新广种鸡"品牌广受好评，已发展成为一家大型"育繁推"养鸡企业。新广农牧创始人梁尚根董事长深耕肉鸡育种行业几十年，面对白羽肉鸡种源"卡脖子"问题，决心与中国农科院牧医所文杰团队等科研团队开展深度合作，投身白羽肉鸡新品种自主培育。

根据新广农牧与中国农科院牧医所签订的合作协议，文杰团队将最新科技研究成果率先转化到新广农牧白羽肉鸡的选育工作中，同时常年选派5~8名技术骨干和研究生进驻企业的育种基地工作，弥补企业科技人才力量的不足。赵桂苹研究员等技术骨干长期奔波于北京和云南等地，为"广明2号"的培育做出了巨大贡献。

"广明2号"先后应用了文杰团队自主研发的多项新技术，其中有代表性的包括三项：一是基于"京芯一号"的肉鸡基因组育种技术，可大幅提高助力饲料报酬和产蛋性能的遗传进展；二是表型精准测定技术，包括体重自动称重、智能便携产蛋扫描登记、X光机测定腿骨强健度、B超活体测定胸肌重、血清指标预测木质肉、H/L指标量化评估抗病性等；三是育种数据管理云平台，可实现自动表型收集、系谱整理和育种值评估，极大提高了遗传选择的准确性和效率。与此同时，新广农牧还联合其他科研院校，在营养调控、疫病防控、生物安全等多方面进行技术创新，实现了种源性疾病的彻底净化，促进新品种综合效益稳步提升。

值得一提的是，"广明2号"新品种培育得到了农业农村部、广东省、中国农业科学院等各级部门领导在政策和项目经费等方面的大力支持。

在多方的努力和支持下，"广明2号"白羽肉鸡配套系正式通过国家畜禽遗传资源委员会新品种审定，获得国家畜禽新品种证书，成为三大国产白羽肉鸡新品种之一，实现了我国白羽肉鸡育种0到1的突破，在打赢畜禽种业翻身仗，实现白羽肉鸡种源自主可控方向上迈出了最关键的一步。

经国家家禽生产性能测定站的测定和大范围的试验，"广明2号"配套系肉鸡42日龄出栏体重达到2.8千克,饲料转化率低于1.65,胸肌率达到24%,具有生长速度快、饲料转化率高等特点,主要生产性能与国际品种持平,同时在饲料转化率和劣质肉改善方面与国际品种相比具有优势,推广应用前景广阔。

"广明2号"白羽肉鸡(新广农牧供图)

"吃鸡**自由**"科学**简史**

# 小个子也有大作为

在鸡肉成为人们最常见肉食的当今社会，肉鸡育种的趋势倾向于培育生长更快、体形大、产肉多的品种，一些身材较小的鸡品种似乎没了用武之地。不过，天生我材必有用，娇小可爱的矮脚鸡不仅在宠物界谋得一席之地，在蛋鸡和肉鸡育种中也发挥着人们意想不到的作用。

**迷你宠物鸡很受欢迎**

矮脚鸡（Bantam Chicken）一词，来源于印度尼西亚爪哇地区的万丹海港（Bantam），西方最早接触到的矮脚鸡就来自万丹海港附近。矮脚鸡一般指体形比正常鸡小20%~30%甚至更小，而且胫骨较短的一类家鸡。关于矮脚鸡的历史记载较少，人们繁育和饲养矮脚鸡主要为了斗鸡和观赏用，由于近百年来美国和欧洲国家经常举办家禽"选美"比赛，人们在矮脚鸡育种上投入了大量的热情。

据成立于1914年的美国矮脚鸡协会（American Bantam Association）统计，目前全世界有各具特色的矮脚鸡品种57个，而且这些矮脚鸡品种又演化出羽毛颜色和图案不同的品系400多个。

其中变种数量最多的当属古英格兰斗鸡，它也属于矮脚鸡。据说古英格兰斗鸡是由罗马人在1世纪带到英国的斗鸡繁衍而来的，一直是英国王室贵族最为喜爱的斗鸡品种。随着19世纪末不列颠群岛相继立法禁止斗鸡活动，古英格兰斗鸡一度失去了往日的荣光，不过育种爱好者又开发出这种古老斗鸡的新用途——观赏宠物。经过200多年的杂交选育，目前古英格兰斗鸡已形成羽毛颜色和图案各异的40多个品系，几乎涵盖了所有常见的家鸡羽毛花色。

目前体形最小的矮脚鸡是来自马来西亚吉兰丹州的玲珑鸡，当地也叫它塞拉玛（Serama）。公鸡的体重不到0.5千克，身高只有15~20厘米，而母鸡体重更轻，体形也更为娇小，是真正意义上的

## "吃鸡自由"科学简史

迷你宠物鸡。除了体形娇小之外，玲珑鸡还有一些非常突出的特征，比如胸肌发达丰满，站立时胸肌与翅膀几乎与地面垂直，修长的尾羽上翘且紧贴身体，站姿挺拔，走起路来给人一种雄壮而骄傲的气势，非常独特。相传，玲珑鸡源自古代泰国国王赠送给当地苏丹的宠物鸡，不过更有可能是20世纪80年代末才培育出来的宠物鸡品种，基因组分析显示玲珑鸡是由日本矮脚鸡和马来西亚当地矮脚鸡杂交选育而成。由于受到很多西方宠物爱好者的喜欢，玲珑鸡相继被引入英国、荷兰和美国等国家。这些国家还专门成立了本国的玲珑鸡协会，开展玲珑鸡的选育和展示，玲珑鸡种群得以在全球快速扩大。不过，在2003年亚洲暴发禽流感之际，马来西亚的玲珑鸡几乎遭受灭顶之灾，马来西亚政府下令捕杀了约5万只玲珑鸡。后来，随着禽流感逐渐被控制，玲珑鸡种群数量才慢慢恢复，目前全球种群数量也只有2.5万只左右。

中国也有不少矮脚鸡种质资源，其中云龙矮脚鸡、大围山微型鸡和兴义矮脚鸡等珍稀品种相继被确定为国家级畜禽资源保护品种，列入《国家畜禽遗传资源品种名录（2021年版）》。云龙矮脚鸡原产于云南省大理州云龙县，成年公鸡均重为2千克，母鸡均重为

虽然个头小，
但是气质这块杠杠的。

1.7千克。兴义矮脚鸡主产于贵州黔西南州兴义市，成年公鸡均重为2.3千克，母鸡均重为1.5千克。原产于云南省屏边县的大围山微型鸡是这些矮脚鸡中体形最小的，成年公鸡平均不到0.9千克，母鸡平均不到0.7千克，更接近马来西亚的玲珑鸡。不过全基因组分析显示，大围山微型鸡和玲珑鸡的基因组存在大量的遗传差异，表明这两个品种亲缘关系较远，都具有各自独特的遗传历史。

## 破解矮脚鸡的遗传密码

很早之前，人们对此充满疑问：家鸡体形差异为什么如此之大？为什么矮脚鸡的体形会变小？由于生物体的大多数遗传性状都由基因决定，科学家自然要从基因层面寻找家鸡体形差异的答案。

从20世纪20年代末开始，科学家相继观察到一些家鸡的正常品种出现体形明显变小的个体，这些小型个体大多表现出一些"侏儒症"病态特征，而且呈现一定的遗传规律，这引起遗传学家的兴趣。后来，科学家发现了一些"矮脚鸡"遵循常染色体隐性遗传规律，另一些则属于常染色体显性遗传模式。

所谓常染色体隐性遗传和显性遗传，对于普通读者来说或许有点陌生，我们稍微解释一下。生物性状的遗传主要靠基因的传递，动物基因就像珍珠串上的珍珠一样分布在染色体上。染色体尺寸是纳米级别的，非常微小，科学家必须先用特殊的染料将细胞核中的染色体染上颜色，再通过显微镜才能看清染色体长啥样。对染色体的形态进行认真比对，则会发现染色体在大小、形态、染色的条带等方面大多存在差异，这也是对染色体进行分类和排序的主要依据。有意思的是，大多数染色体都是成双成对的，即在同一个细胞核内，每条染色体大多都能找到跟它长得几乎一模一样的另一条染色体，这样互为"镜像"的每一对染色体，被科学家称为同源染色体（实际的 DNA 序列是有差别的），其中一条来自父亲，另一条则来自母亲。不过，在雄性哺乳动物和雌性鸟类动物的细胞中，总会有两条染色体显得有点孤单，难以找到自己的"伙伴"，这两条染色体正是决定动物性别的性染色体，而其他染色体则是常染色体。

性染色体一般是一对，常染色体的数量则随着物种不同而不同，比如人的常染色体有 22 对，鸡的常染色体有 38 对。每对同源染色体所携带的基因版本基本相同，但是又有细微的差别，这样才会出现"龙生九子，各有不同"的现象。在同源染色体的同一位置上，两个基因互为等位基因，其中一个等位基因更爱"显摆"，总能表现出自己的特性，我们称之为显性等位基因，另一个则为隐性等位基因。只要有显性等位基因在，不管对应的等位基因是显性还是隐性，都会表现出显性等位基因决定的性状。只有当隐性等位基因同时出现，即隐性等位基因纯合，才能表现出隐性性状。

1929年，有人在罗德岛红鸡中观察到一些个体出现"矮脚"特征，如腿骨变短、生长迟缓、体形变小，而且还表现出舌头变短而肿胀、头骨大而宽等症状；还有一部分鸡无法发育到性成熟，甚至有一些鸡胚在发育早期即死亡，类似甲状腺功能障碍。后来，科学家发现，原来这些"矮脚"鸡其实与位于常染色体上的隐性致病基因——甲状腺性侏儒症基因有关。由于甲状腺性侏儒症基因相对于正常等位基因来说属于隐性等位基因，当该基因纯合时，一部分鸡表现出矮脚病症，另一部分则会在胚胎期或生长早期出现死亡，呈现半致死现象。

与此相反，有些矮脚鸡还存在常染色体显性遗传模式，即控制矮脚性状的基因相对于正常基因是显性的，但当显性矮脚基因纯合时，个体会死亡；当只有矮脚基因与正常基因杂合时，个体表现出矮脚性状；当正常基因纯合时，个体表现出高脚性状，中国贵州兴义矮脚鸡正是遵循这种遗传模式。不管是常染色体隐性遗传还是显性遗传，相关基因都属于致病基因，一般会引起某些病症，而且也会导致鸡在胚胎期或生长早期死亡，因此携带这些致病基因的矮脚鸡其实是得了遗传病。由于这些遗传疾病大多能在人类身上找到对应的遗传病，这些矮脚鸡也常常作为模式动物被用于人类"侏儒症"遗传疾病机理研究。在现代家鸡的育种中，育种学家要尽量将这些致病基因从鸡群中剔除。不过还有一种导致鸡体形变小的矮小基因则被育种学家另眼相看，它就是位于性染色体上的矮小基因。

20世纪50年代末，加拿大家禽遗传学家弗雷德里克·布鲁斯·赫特（Frederick Bruce Hutt）偶然在一个体形正常的鸡群中获得了3只体形矮小的矮脚鸡，成年体重要比正常鸡减少30%~40%，胫骨则比正常鸡短20%左右。更令赫特感兴趣的是，通过杂交试验，他发现这些矮脚性状总是与性别相关。当用纯系的矮脚鸡作为父本与正常体形的母鸡进行杂交时，后代公鸡全部为正常体形，母鸡则全部为矮小体形，而当纯系的矮脚公鸡和纯系矮脚母鸡杂交时，后代公鸡和母鸡全部为矮小型。

与人类性染色体模式正好相反，母鸡的性染色体由两条非同源染色体组成，来自父本的性染色体一般用Z表示，来自母本的性染色体一般用W表示，W染色体是决定家禽性别的性染色体，而公鸡的性染色体则是由两条同源染色体组成，来自父本和母本的性染色体都是Z。因此，赫特推测矮脚性状是由位于Z染色体上的矮小基因决定的，该基因属于性连锁隐性等位基因。

20世纪90年代，随着分子生物学的发展，科学家发现，性连锁隐性矮小基因最有可能是突变型生长激素受体基因。生长激素受体在动物生长发育中发挥着重要作用，生长激素被分泌出来后，首先要找到各个组织和细胞上的生长激素受体，通过与生长激素受体相互作用，才能发挥正常功能。由于矮小型鸡的生长激素受体基因发生大片段缺失突变和单位点突变，导致生长激素受体缺乏或功能不正常，进而引起小鸡生长受阻，在正常群体中出现体形矮小的个体。

## 矮小基因用处大

由于矮小基因位于Z染色体上，只有在矮小基因纯合的公鸡或携带矮小基因的母鸡中才会表现出矮小性状，携带矮小基因的杂合

## 第四章 吃鸡现在时：先要"自由"

公鸡体重则与正常体形的鸡接近或略低，携带矮小基因的母鸡产蛋数量和大小也接近正常体形的母鸡。而且，矮小型鸡最大的优势就是饲料消耗少，要知道饲料成本占养鸡总成本的60%~70%，如果饲料消耗减少，则可显著提高养鸡效益，因此育种学家意识到性连锁矮小基因在家鸡育种中大有用武之地。

20世纪60年代初，俄勒冈州立大学的科学家首次将矮小基因用于蛋鸡育种，培育出的矮小型白来航蛋鸡表现出更高的饲料报酬，但是这些蛋鸡的性成熟却推迟了，而且蛋重和产蛋率并不理想。之后经过不断的选育，矮小性状成为一些蛋鸡品种优先选择的性状，选育的蛋鸡品种比普通莱航鸡轻25%~30%，解剖后发现这些蛋鸡的胫骨比普通蛋鸡短20%左右，因此表现出"矮脚"性状。从20世纪60年代末开始，欧美国家的家禽育种企业已经开始相继推出矮小型鸡品种，性连锁矮小基因在全世界范围内被广泛应用于家鸡育种，如欧洲有约20%的肉鸡母本为矮小型鸡，而在法国这一比例则超过80%，中国育种学家也相继培育出具有自主知识产权的矮小型蛋鸡和肉鸡品种。

从1990年开始，中国农业大学的研究人员利用从美国引进的矮小型蛋鸡品种与自主培育的蛋鸡品种进行杂交，选育出矮小

## "吃鸡自由"科学简史

蛋鸡纯系，然后用矮小型公鸡与一种能通过羽毛生长快慢分辨雌雄的正常体形母鸡进行杂交，选育出矮小型褐壳蛋鸡和粉壳蛋配套系——"农大3号"。这样一来，根据特定羽毛生长速度可以快速鉴别鸡的雌雄，其中快羽类型的雏鸡都是母鸡，而所有慢羽雏鸡都是公鸡。公鸡为矮小基因杂合子，体形正常，可以作为普通肉鸡育肥。"农大3号"的商品代产蛋母鸡则携带矮小基因，表现出体形小的特点，饲料消耗可减少20%，饲料转化率提高15%，饲养成本则可减少10%以上，综合效益显著提升。2004年，"农大3号"矮小型蛋鸡配套系通过了国家品种审定。经深入研究发现，矮小型蛋鸡的消化系统比普通鸡更发达，如矮小型鸡的腺胃乳头数多出30%以上，而且矮小型鸡体形小，本身维持代谢消耗少，性格温顺，活动量少，可节省能量消耗，表现出饲料耗能少、饲料转化率高等优势。

性连锁矮小基因在肉鸡育种中同样表现不俗，目前通过国家品种审定的肉鸡品种中就有1/3以上应用了矮小基因，中国农科院牧医所是最早开展矮小型肉鸡育种的科研单位。中国农科院牧医所从国外引进白布罗父母代矮小型母鸡，培育出D型矮洛克鸡品系，该品系1998年通过了农业部鉴定。矮小型品系在黄羽肉鸡配套制种中作

第四章 吃鸡现在时：先要"自由"

为第一父系使用，父母代母鸡为矮小型，与正常体形母鸡相比，产蛋期节约饲料消耗10%~15%，提高产蛋数15%~30%，综合效益显著。当矮小型父母代母鸡与正常体形肉鸡杂交后，其后代作为商品代肉鸡表现为正常体形，因此不影响商品代肉鸡的生产性能和生产效益。目前，中国农科院牧医所等单位已利用矮小型黄羽肉鸡品系相继培育出京星黄鸡100、京星黄鸡102、京星黄鸡103配套系和金陵黄鸡配套系等黄羽肉鸡配套系，这些配套系均表现出饲料利用率高、肉质好、抗病力强等优点，并通过了国家畜禽品种审定。

矮小型鸡看上去体形小，产肉少，有些还会出现病态症状，但是它们身上可能含有一些特殊的功能基因，这也是保护矮小鸡种质资源的重要目的。经过现代分子遗传学的鉴定，这些矮小基因也在宠物鸡培育、现代家鸡育种，甚至在研究人类疾病发病机理等方面发挥越来越重要的作用。

京星黄鸡103（作者供图）

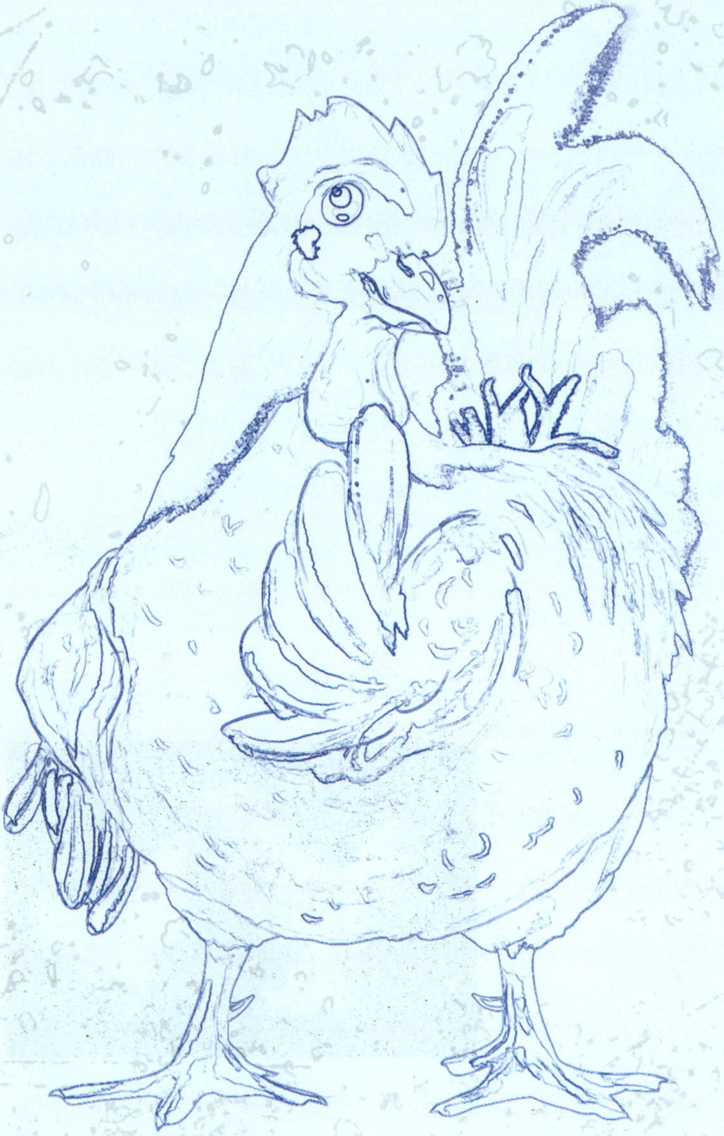

# 第五章
# 吃鸡现在时：还要美味与健康

儿时的土鸡味，到底是啥味？　222

让脂肪长在正确的位置上　236

鸡蛋的"坏"名声从何而来？　247

鸡蛋是如何拯救人类的？　261

乌骨鸡到底有没有药用价值？　275

鸡为科学家带来几项诺贝尔奖？　287

"吃鸡**自由**"科学**简史**

# 儿时的土鸡味，到底是啥味？

我们对儿时的记忆，总少不了关于美食的部分，香喷喷的鸡肉当然是最美味的记忆之一。在规模化养鸡发展之前，大多数农村人家会在房前屋后养一些鸡，很多人家养的是地方品种的"土鸡"。这些鸡主要用来下蛋，只有等到逢年过节或来了重要客人时，家里才会挑选一只肥鸡宰杀，这时，鸡肉就成了宴席中的主菜。在我们的记忆中，即使用最简单的烹饪方法做出的鸡肉，也是香气扑鼻，令人食欲大增，唇齿留香，回味无穷。

最近，有人在网络上发出感叹："现在的鸡肉没有过去好吃了。"

有这种想法的人还不在少数。其实,科学家早就关注了鸡肉风味问题,只是之前大多数科学家的研究方向是如何让鸡吃得少、少生病,还能长得快、产肉(蛋)多,对于鸡肉风味的关注并不多。不过,随着规模化养鸡业的兴起,鸡肉逐渐成为我们餐盘中的常客。为了顺应广大吃货对美味鸡肉的向往和追求,一些科学家也将研究重点转向了鸡肉风味。

## 啥是鸡肉风味?

对于普通吃货来说,鸡肉好不好吃,才是我们所关心的主要问题。我们可能有这种感觉,如果采用相同的烹饪方法,那么不同养殖条件下鸡肉的味道会有所不同,如走地鸡要比笼养鸡的味道好,国内地方品种的鸡肉要比国外进口品种的鸡肉更好吃,饲养时间长的鸡肉要比饲养时间短的鸡肉更美味,等等。即使是相同的鸡肉,采用不同的烹饪方法或由不同的厨师来处理,做出的鸡肉美食的味道也有所不同,甚至差异巨大。而面对同一份鸡肉美食,不同的食客也会有不同的感觉,因为美食的味觉呈现与每个人的味觉喜好、身体状态甚至心情都有关。

"吃鸡自由"科学简史

但是，对于科学家来说，最主要的是要透过纷繁的表面现象，找到影响鸡肉风味的最本质因素，力求做到可量化、标准化，以便从遗传育种、营养配方、饲养方式等多个渠道来改善鸡肉的风味。其实，早在20世纪50年代，就有科学家开始研究肉类的风味，随着现代仪器和分离技术的发展，肉类风味研究也日益深入。关于什么是鸡肉风味，学术界有很多解释。简单来说，鸡肉风味是指鸡肉刺激人类嗅觉或味觉受体而产生的综合感觉印象，还可以包括视觉感官，即所谓的色香味俱全。

人们感觉到的风味大都通过烹饪产生。在加热过程中，鸡肉肌肉纤维和脂肪组织中的前体物质经过一系列变化，产生挥发性与非挥发性成分，并发生交互反应，最终形成鸡肉的特征风味。本来，只依靠嗅觉、味觉，吃货们就能大体判断出鸡肉的风味如何，但是，这种评判方法太主观，毕竟每个人的感觉会有很大差异。如何科学地评价鸡肉的品质，特别是风味，是科学家一直在努力解决的问题。

## 先做"常规体检"

科学家研究鸡肉的风味，其实跟我们做健康体检差不多。体检

## 第五章 吃鸡现在时：还要美味与健康

医师先看看你，摸摸你，然后用简单仪器测定一些身高、体重等常规指标，还会用一些精密仪器来检测内部器官有没有病变等。

虽然目前国内外均尚未建立一套完整统一的鸡肉风味评定指标体系，不过其评定一般集中在感官指标、物理指标及化学指标方面，因此鸡肉风味鉴定第一步就是用眼睛观察鸡肉的颜色。简单的鸡肉颜色评定方法，先是根据新鲜程度不同的生鸡肉颜色制作一个标准比色板，比色板分为5个等级（包括很好、较好、合格、较差及劣质），然后再参照这个比色板给鸡肉的色泽评分。一般认为鸡肉呈鲜樱桃红色且有光泽为佳。根据品种的不同会制作专门的标准比色板。否则，用白鸡的比色板评价黄鸡的肉色，或用黄鸡的比色板评价乌鸡的肉色都不靠谱。

观察之后就可以动手了，主要看生鸡肉有没有弹性。新鲜正常的生鸡肉用手指按压产生的凹陷一般会立即回弹恢复，而且肌肉肉质紧密，手摸上去有坚实感；而变质生鸡肉则会变得松软，经指压后的凹陷难以恢复。

看也看了，摸也摸了，不妨凑过去闻一闻。新鲜的生鸡肉具有正常的腥味和金属味，用舌头舔一舔，鸡肉会呈现轻微的咸味。

## "吃鸡**自由**"科学**简史**

接下来将鸡肉煮熟，由一些富有经验的品鉴专家对鸡肉的滋味、香味和质地进行评判。这时候煮鸡肉不能加任何调料，要求原汁原味，主要对鸡肉和肉汤的气味、多汁性、口感和鸡肉嫩度等方面进行综合性评价。当然，每项指标都有专门的标准，类似奥运会跳水比赛打分一样，裁判打完分后，要去掉一个最高分和一个最低分，再取平均分，然后再对这些评分进行统计分析，得出鸡肉感官指标的综合评分。

不过，这种评判方法还是太主观，特别是对于滋味和香味的评判，毕竟每个人的感觉会有很大差异。科学家又发明了电子鼻和电子舌等仪器来对鸡肉进行滋味和香味的感官指标检测。电子鼻是模拟人类嗅觉器官开发出的一种气味扫描仪，由气敏传感器阵列、信号预处理和模式识别三部分组成，通过对各种芳香成分、甲烷、硫化物、乙醇、氨气等肉制品气味的相互响应和变化进行分析，实现对肉类质量的检测和判定。电子舌则是模拟人类味觉器官开发的味觉分析系统，采用了与人的舌头味觉细胞工作原理相类似的人工脂膜传感器技术，可以客观、数字化地评价食品或药品等样品的鲜味、甜味、酸味、咸味、苦味、涩味等基本味觉感官指标。与人类的鼻子和舌头相比，这些电子鼻和电子舌具有样品前处理简单、信息客观全面、环保无污染等优点，这些仪器也在逐步取代"美食"专家的评价工作。

## 再测物理指标

为了提高鸡肉风味评价的准确性，科学家还需要测量肉色、嫩度、持水力等物理指标，这主要依靠仪器设备的帮助。

肉色除了用比色法进行简单测量外，还可以用仪器来进行更精确地测量。实验室一般采用专业肉色仪来测定鸡肉的肉色，测出鸡肉的亮度、红度和黄度3个指标。亮度的改变与鸡肉酸碱度pH值有关，红度主要受肉中肌红蛋白含量影响，而黄度是受叶黄素代谢影响。鸡胸肉中肌红蛋白含量较低，一般呈淡红色，而鸡腿肉中肌红蛋白含量较高，因此鸡腿肉在鸡刚宰杀时呈偏鲜红色，随着与空气中的氧气结合时间延长，鸡肉颜色会随之变深。通过肉色仪测定这些鸡肉的颜色来评价鸡肉的新鲜程度，比人工比色要准确得多。

鸡肉嫩不嫩也是决定鸡肉风味的关键因素之一，而嫩度是用来衡量人们对于鸡肉鲜嫩口感的满意和接受程度的重要指标。嫩度测

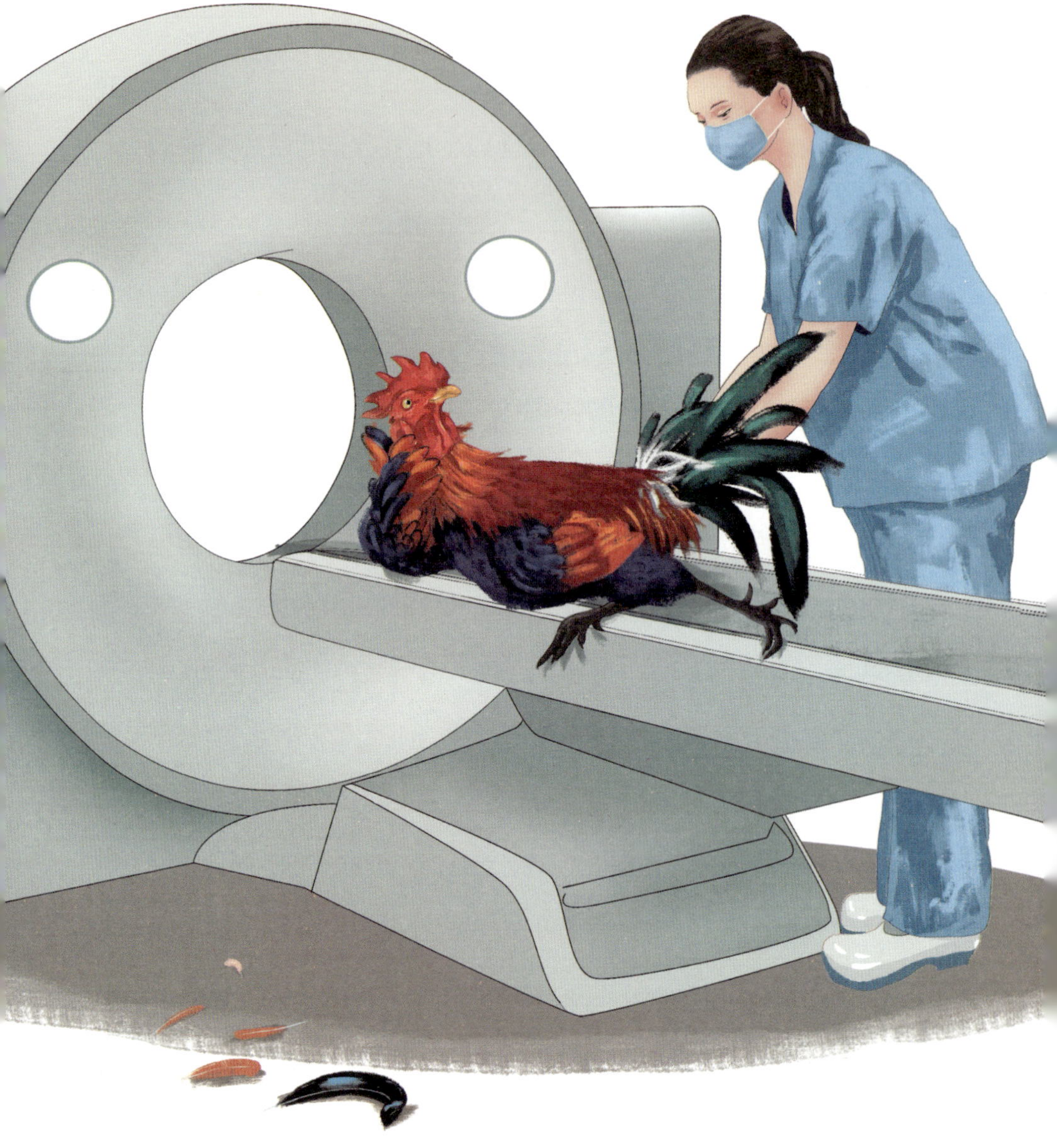

定需要用到质构仪等仪器,通过检测鸡肉剪切值大小来评价鸡肉的嫩度,剪切值越大,则嫩度越差。原理类似我们吃肉时咬起来越费力,肉自然就越老。

女性做皮肤护理时,其中重要的一步是保湿。同样的,鲜嫩多汁对于鸡肉风味也相当重要。科学家用持水力来评价鸡肉保持水分的能力。一般情况下,鸡肉中的水分与肌原纤维蛋白质分子表面结合,不易解离和蒸发,因此形成肌肉的持水力。持水力主要受肌肉pH值、温度和盐浓度等因素影响,通过自然滴水损失或加压渗水损失可以评价持水力,持水力越高,鸡肉自然鲜嫩多汁,鸡肉口感才会越好,鸡肉的营养成分和风味物质也才不易损失。

## 关键是化学风味物质

感官指标和物理指标是鸡肉风味的基础性指标,而真正决定鸡肉特征风味的则是一些看不到的化学物质。人们可以通过嗅觉器官和味觉器官感觉到这些化学风味物质,但是又说不清它们到底是什么。

在过去几十年里,全世界科学家借助高效液相色谱仪等精密化

## "吃鸡自由"科学简史

学检测仪器，已在鸡肉中发现至少500种与风味有关的前体物质，以醛类、醇类、酮类、酸类、呋喃类、吡嗪类、氨化物及硫化物等物质为主。这些风味前体物质可分为两大类，一类是非挥发性的，主要是滋味物质，包括核糖、游离氨基酸及其衍生物等，如肌苷酸、谷氨酸和天冬氨酸等，使鸡肉呈现强鲜味；核糖、苏氨酸、丙氨酸、甘氨酸、丝氨酸等物质则是形成鸡肉甜味的主要呈味物质。另一类风味前体物质是挥发性的，主要是香味物质。

不过，形成香味的前体物质要变得真正有"风味"，还需要煎、炒、烹、炸和烤等加热过程。加热会让鸡肉中长链的蛋白质、脂类或碳水化合物等大分子发生热降解，变成短链的小分子，这些小分子进一步分解成风味物质。

此外，加热还会让鸡肉发生美拉德反应，即含氨基化合物（如氨基酸）与含羰基化合物（如还原糖）发生一系列复杂的化学反应，从而产生数百种挥发性化合物，不仅使肉类发生"褐变"，而且让肉类产生特有的香味，是肉类风味形成的主要反应之一。研究表明，当烹饪温度为140℃~160℃，水分处于10%~15%及碱性环境时，更利于美拉德反应快速发生，也会产生更多呈现香气的杂环化合物，如呋喃、吡啶等，所以一般炸鸡和烤鸡比其他做法做出的鸡肉更香。

脂类，特别是不饱和脂肪酸的热氧化，是肉类中挥发性风味物质形成的另一种重要反应。不饱和脂肪酸中的双键氧化生成过氧化物，然后降解形成醛、酮、烃、醇和羧酸等挥发性物质，这些物质还会进一步降解或相互反应形成新的风味物质，其中醛类是脂肪降解的主要产物，特别是烯醛和二烯醛被认为是鸡肉脂肪受热时的特征香味呈味物质。因此，肌内脂肪对于肉类的口感和风味非常重要，因为肌内脂肪含有大量不饱和脂肪酸，如油酸、亚麻酸和花生四烯酸等，通过脂类氧化等反应会产生重要的香味物质。

另外，硫胺素（维生素$B_1$）降解会产生重要的风味物质。受热后，肉类中的硫胺素可分解成60多种产物，约一半以上属于含硫化合物，包括硫化氢、脂肪链硫醇、含硫羰基化合物等，这些都是鸡肉中的重要香味物质。

研究表明，大多数地方鸡往往具有独特的风味，其中一些味道可能正是我们儿时美味记忆的源头。

中国农科院牧医所的研究人员应用高通量的气相色谱质谱联用

### "吃鸡自由"科学简史

技术，对北京油鸡、清远麻鸡和文昌鸡等这些我国优质地方鸡种的1000多个样品进行检测，结果检测到大量的挥发性风味物质，包括醛、醇和烷烃类。虽然不同品种鸡肉的挥发性风味物质种类和相对含量都有所差异，但是研究人员发现，己醛和1-辛烯-3-醇（又名蘑菇醇）正是这些优质鸡肉最主要的特征风味物质。

通过研究鸡肉风味的影响因素，再借助遗传改良、优化饲料配方、改善饲养环境等科学措施，科学家有望培育出更具风味、更优质的肉鸡品种，将为我们带来更多美味感受和记忆。

### 案例4：正宗的三黄鸡在哪里？

我国拥有丰富的地方鸡种质资源。以毛黄、爪黄、喙黄"三黄"特征而得名的三黄鸡是大众心目中优质鸡的代名词。"鸡"与"吉"谐音，象征着生活吉祥如意，特别是在两广地区更是"无鸡不成宴"。说到三黄鸡，就不得不提到广西玉林市，这里被誉为"三黄鸡之乡"，已有160年的饲养历史。玉林三黄鸡因为体形矮小、结构匀称，吃起来骨细皮薄、肉质细嫩、香味浓郁，色香味俱全，已经成为全国三黄鸡中的佼佼者。为了让更多人吃到正宗三黄鸡，玉林市多措并举，推动了三黄鸡产业快速发展。

#### 加强科技赋能

近年来，玉林市高度重视科技创新赋能三黄鸡产业，依托玉林地区丰富的优质种鸡资源，吸引国家级肉鸡产业专家和肉鸡企业到玉林市开展肉鸡科技创新，特别是与国家肉鸡产业技术体系专家开展黄羽肉鸡新品种培育等深度合作，取得了一系列重要科技成果。2013年起，先后有广西参皇养殖集团、广西春茂农牧集团、广西祝氏农牧有限责任公司、广西鸿光农牧有限公司和广西富凤农牧集团等养鸡企业参与研发的6个品种获得国家畜禽新品种（配套系）审定认证，广西参皇养殖集团成功入选"国家畜禽种业强优势阵型企业"。2018年12月，玉林市水产畜牧业协会与中国农科院牧医所合建玉林三黄鸡研究院，重点开展三黄鸡育种、养殖、防疫、深加工、储运、环保等的研究开发利用，玉林三黄鸡的优势、品质将得到进一步提升，玉林三黄鸡产业发展将再次迎来高潮。

**创建产业集群**

在政府、企业、行业协会和养殖户等各方的共同推动下，三黄鸡产业已发展成为玉林市畜牧业的主导产业，目前已形成种质资源保护、良种培育扩繁、种苗孵化生产、肉鸡生态养殖、鸡肉加工销售及饲料加工、禽药供应等完整的产业链。通过大力扶持推广"龙头企业＋合作社＋基地＋农户"等农业产业化利益联结模式，不断壮大玉林市三黄鸡产业。目前，玉林市是广西壮族自治区最大的三黄鸡养殖基地，玉林市对外提供700万套种鸡和7亿只鸡苗，年出栏肉鸡3亿只左右。2020年5月，以玉林三黄鸡为代表的广西三黄鸡产业集群成功入选农业农村部优势特色产业集群建设名单,将为玉林三黄鸡产业发展带来新的动力。

## 打造名鸡品牌

品牌建设对产业发展至关重要,玉林三黄鸡品牌建设积极推进,全国性知名农业品牌逐渐成形。2005年,玉林市被授予"中国三黄鸡之乡"称号。2020年2月,"玉林三黄鸡"被国家知识产权局评为地理标志证明商标。2022年9月15日,中共玉林市玉州区委员会、玉林市玉州区人民政府在全国农业展览馆举办"玉州三黄鸡公用品牌发布会",吹响了玉林三黄鸡品牌建设的号角。同年4月,玉林市农业农村局与京东集团签订了合作意向书,将利用玉林三黄鸡的优质资源,充分发挥京东集团在产销供一条龙服务和科技资金等方面的优势,把玉林三黄鸡打造成全国十大品牌名鸡。

玉林三黄鸡(广西参皇养殖集团供图)

"吃鸡**自由**"科学**简史**

## 让脂肪长在正确的位置上

"白酒新熟山中归，黄鸡啄黍秋正肥。呼童烹鸡酌白酒，儿女嬉笑牵人衣。"正如唐代大诗人李白在诗中所言，古人常常以肥美的鸡肉为美食。按照中国传统的烹饪方法，含有较多脂肪的肉类的确更能引发吃货们嗅觉和味觉上的刺激。不过随着人们生活水平的提高，油脂摄入量随之增加，人们对动物脂肪不再依赖，甚至有些排斥，这是出于健康的考虑。但这并不意味着动物脂肪已没有任何益处，越少越好，例如沉积在肌肉内部的脂肪多一点，鸡肉风味和品质则会显著改善。因此育种工作者只好想方设法在给鸡减肥的同时，让脂肪长在正确的位置上，既起到减肥效果，又达到美味目的。

## 脂肪是怎么长出来的？

除了消费者对脂肪不待见，脂肪的利用率还很低，肉品加工企业也只能将其丢弃。这其实造成了巨大的饲料浪费，因为沉积脂肪所消耗的能量，相当于生长相同重量的肌肉所需能量的3倍。另外，跟人类一样，脂肪沉积过多，对动物本身也不健康，形成脂肪肝的风险一点也不比体重超标的人类小。有研究表明，现代养鸡业中的脂肪肝发生率为4％~20％。因此，无论从消费者、生产者还是鸡的角度来说，给鸡减肥都是势在必行的。

有人可能会认为，减肥很简单，"管住嘴、迈开腿"，让鸡多运动，少啄食，不就能让鸡减肥了吗？不过，在讲求效益的养鸡产业中，鸡既不能运动太多，又不能耽误长出更多肌肉，而且最好让脂肪长在肌肉内部，情况就变得比较复杂了。更重要的是，科学家并不是给几只鸡减肥，而是需要同时给数以亿计的鸡减肥。当然只能从育种入手，培育出腹脂少、肌肉多又美味的肉鸡品种了。

要给鸡减肥，首先得了解鸡体内的脂肪是如何形成的。鸡的

### "吃鸡自由"科学简史

脂肪主要沉积在皮下、内脏（主要为腹脂、肠胃周围脂肪）、肌肉及骨骼等部位。有人做过测算，现代鸡种的脂肪含量为体重的15%~20%，其中约85%的脂肪并非生理上所必需的。腹部脂肪和皮下脂肪占鸡体脂的大部分，其中腹部脂肪可占到体脂的20%左右，占白羽肉鸡胴体重的2%~4%。我国一些地方鸡种的腹脂率甚至是4%~8%，堪称真正的"肥鸡"。这些脂肪在屠宰时一般当作废弃物处理，无形中造成巨大的饲料损失。

相对而言，沉积在肌肉组织的脂肪被认为是"好"脂肪，因为这些脂肪可以显著改善肉质和风味。有些品牌的雪花牛肉售价可达普通牛肉价格的数倍甚至数十倍，可见人们对肌内脂肪的迷恋。因此，降低腹脂自然成为育种家给种鸡减肥的主攻目标，而肌内脂肪则被另眼相看，反而要想方设法让其适当增加。

同样都是脂肪细胞，待遇却完全不同，长到什么部位是个技术活，其实这些脂肪细胞的命运在形成之初就早已注定。从胚胎期第9天前后，脂肪细胞就逐渐形成，主要由间充质干细胞分化而来。间充质干细胞主要来源于骨髓，具有强大的分裂增殖能力，可分化成成骨细胞、软骨细胞、肌细胞和脂肪细胞等多种细胞类型。第

10~12天，一些间充质干细胞接到分化脂肪细胞的"指令"，开始分化为脂肪母细胞，然后变身为前脂肪细胞，进而分化为含有几个小脂质囊泡的不成熟脂肪细胞。到第14天，不成熟脂肪细胞内的几个小脂质囊泡汇聚成一个大脂质囊泡，加速形成成熟的脂肪细胞。到第16天基本检测不到不成熟脂肪细胞，显示脂肪细胞在胚胎期已加速成熟。

随着脂肪细胞的成熟，它们开始吸收和沉积脂肪，体积随之增大。与哺乳动物肝脏和脂肪细胞都能大量合成脂肪（甘油三酯和胆固醇为主）不同，禽类的脂肪细胞主要用于储存脂肪，合成脂肪的能力却非常弱。禽类体内的脂肪一方面依靠从食物中直接摄取，另一方面则由肝脏从头合成，占到禽类脂肪合成的90%以上。脂肪合成后在极低密度脂蛋白的运载下，通过血液循环运送到身体各部位的脂肪细胞中沉积。

研究表明，鸡变肥主要由于脂肪细胞数量的增加和体积增大。其中鸡在14日龄前，以脂肪细胞数量增加为主，到14日龄时，脂肪细胞数量基本稳定，单个脂肪垫约含有2.7亿个脂肪细胞，而14日龄之后，则主要依靠脂肪细胞体积增大，这得益于脂肪细胞超强的脂肪吸收能力，其体积最大可以膨胀到原来体积的数倍。有意思的是，不同物种脂肪细胞增生完成的时间各不相同，比如北京鸭脂肪细胞增生完成的时间提前到了孵化后的4周龄。

不同鸡种，其不同部位的脂肪沉积模式稍有不同。以北京油鸡为例，刚出生时，脂肪在腹部几乎没有沉积，皮下有较多可见脂肪，2周龄时，腹部可见脂肪变多，而皮下可见脂肪减少。脂肪在腿肌中的沉积在8周龄进入快速增长阶段，胸肌中的脂肪在12周龄时进入快速沉积阶段，20周龄后，脂肪在胸腿肌中的沉积进入缓慢增加阶段。脂肪在腹部和皮下的沉积量随日龄的增加而增加（20周龄前），12~20周龄是脂肪在腹部和皮下的快速沉积阶段。

## 减掉"大肚腩"其实也不难

考虑到腹脂重或腹脂率（腹脂重与胴体重的百分比）与鸡全身体脂量高度相关，而且腹脂重约占体脂重的1/5。因此，给鸡减肥，首选是不让鸡长出"大肚腩"。

进行日粮的营养控制是减少鸡腹脂最为直接的方法。多项研究表明，根据不同品系的鸡种定制相应的日粮能量水平，适度减少能量摄入，可在不影响日增重的情况下，有效减少腹脂沉积。与此同时，通过增加饲料日粮中的总蛋白质、特定氨基酸、多不饱和脂肪酸、共轭亚油酸和一些饲料添加剂等营养物质，则可显著降低腹脂和皮下脂肪的沉积量。不过，这种营养控制技术需要根据实际情况经常调整，较为麻烦，对养殖场技术水平有一定要求，难以大范围推广。如果能从育种端入手培育腹部脂肪少的肉鸡品种，将有利于简化饲养程序，提高养殖效率。

为了从品种上给肉鸡减肥，育种学家一般对腹脂率采取间接选择法。这是因为腹脂率的遗传力较高，如果选留低腹脂率的个体，其后代大概率能维持低腹脂率，因此一般将腹脂率作为选择指标，来培育低腹脂率的鸡种。

腹脂重需要将鸡屠宰后才能称重测量，显然不能屠宰准备留种的鸡，因此需要建立一个留种鸡群的备份。这个备份要求鸡的遗传背景基本相同，只有同父同母的全同胞才最接近这一要求，即全同胞测定法。在两个全同胞群中，一个鸡群作为选留群，另一个鸡群则作为测定群，由于同胞之间腹脂性状相似度高，通过屠宰同胞对留种个体的腹脂率进行间接选择。

咋能甩掉我的大肚腩呢?

## 第五章 吃鸡现在时：还要美味与健康

选种程序大致是这样的：将备份鸡屠宰后进行腹脂称重，并计算全同胞家系（约为一个家庭）的腹脂率，按腹脂率高低进行排序，综合其他选择指标对家系进行选留。在其他选择指标相近的情况下，选留腹脂率最低的家庭中的鸡作为种鸡，经过持续多代的选育，腹脂率可以得到显著降低。东北农业大学李辉团队从1996年开始通过腹脂率间接选择法，建立了超过18代的瘦系和肥系白羽肉鸡种群，从第4代开始，瘦系肉鸡的腹脂率就显著低于肥系肉鸡。华南农业大学也在我国地方鸡种中观察到类似的现象，到第8代时公鸡的腹脂率可以降低40%以上，效果非常明显。

不过，腹脂率的间接选择法存在一定局限性，首先需要屠宰才能获得腹脂重和腹脂率数据；其次采取同胞屠宰测定，需要多饲养一个测定群，增加了选育成本；还有就是对测定个体数量有较高的要求，数量太少将影响选择准确性。因此，科学家开发了一些其他腹脂选择法，比如对饲料转化率、血液生化指标等数据进行选择。一般持续选择高饲料转化率的个体，其后代的腹脂率将显著下降；同样将极低密度脂蛋白浓度作为腹脂率向下选择的间接指标，也可显著降低后代的腹脂率。

有意思的是，给鸡减肥，还能显著提高鸡的繁殖性能。东北农业大学的研究人员对比了连续18代选育的瘦系公鸡和肥系公鸡，发现瘦系公鸡的精子浓度和活力均显著优于肥系公鸡，而且瘦系公鸡所配种鸡蛋的受精率和孵化率也显著高于肥鸡。在人类中，也观察到肥胖与繁殖性能的类似相关性。这说明无论是鸡还是人类，减肥都很重要。

## 难在减肥的同时还要增"肥"

不过，现代肉鸡工业在追求产量的同时，还希望能改善鸡肉的风味，而肌内脂肪含量被作为最重要的风味指标之一。

肌内脂肪是分布于肌肉组织中肌纤维间的脂肪，其沉积来源于肌内脂肪细胞的增殖与分化，作为能量储存器，可在运动期间使用。肌内脂肪主要来自血液中游离脂肪酸的沉积，在肌肉运动时分解供能，一旦沉积速度超过分解速度，肌内脂肪含量就会增多。研究表明，肌内脂肪通过美拉德脂质降解反应而产生香味，是肌肉产生挥发性风味物质的重要前体物，因此肌内脂肪的含量可影响肌肉的嫩度和风味。

## 第五章 吃鸡现在时：还要美味与健康

在减少鸡的腹脂和皮下脂肪的同时，还要增加肌内脂肪的含量，这个难题寄希望于育种家们。

研究显示，无论是对腹脂含量进行单独的减量选择（育种家称之为"下选"），还是对肌内脂肪含量进行单独的增量选择（"上选"），另一个性状都很难出现理想的选择结果，因此育种家一般要对腹脂率和肌内脂肪含量进行平衡选择，即在向下选择腹脂率的同时，向上选择肌内脂肪含量。中国农科院牧医所文杰团队利用自主培育的京星黄鸡品种建立腹脂率和肌内脂肪含量的选择模型，其中的实验鸡群为平衡选择，而对照鸡群只向上选择肌内脂肪，连续选择5个世代，结果第5世代实验鸡群的肌内脂肪含量比未经选择的原始世代鸡群增加了11%，而腹脂率则减少了1.5%。相比之下，在对照鸡群中，虽然肌内脂肪含量增加幅度比平衡选择的更高，达17.6%，但腹脂率反而增加了18.7%。显然，平衡选择法更适合培育既没有"大肚腩"又更美味的肉鸡品种。

类似的平衡选择法也被国内外其他研究团队采用。不过，利用传统的性能测定进行选择，选择效率并不理想。腹脂与肌内脂肪合成有共同的原料（脂肪酸），因此努力提高肌内脂肪含量的同时，往往会提高腹脂沉积；反过来，努力降低腹脂率的同时可能引起肌内脂肪沉积减缓。所以，即使采用平衡选择法，这两个性状同幅度改善也非常艰难。另外，肌内脂肪沉积要比腹脂和皮下脂肪沉积慢得多，一般要等到腹脂沉积得差不多了，肌内脂肪才会慢慢沉积，这也给兼顾腹脂率和肌内脂肪的平衡育种增加了难度。

随着分子育种技术和全基因组选择技术的发展，这一矛盾终于获得了解决之道。通过筛选出大量与腹脂和肌内脂肪相关的功能基因、遗传标记，用于辅助选择，可以很好地兼顾降低腹脂率和增加肌内脂肪的育种目标。近年来，中国农科院牧医所文杰团队找到了数百个与腹脂和肌内脂肪沉积相关的候选基因，以及相关的小分子RNA，一些基因和分子标记经过功能验证后，已被用于优质地方鸡种的选育，吉林大学、东北农业大学等单位也正在开展类似工作，有望加速培育出腹脂率显著下降、肌内脂肪显著提高的优质肉鸡新品种。

第五章　吃鸡现在时：还要美味与健康

# 鸡蛋的"坏"名声从何而来？

不难想象，在鸡尚未驯化之前，原鸡的鸡蛋可能早已成为人类的食物。在鸡被驯化之后，鸡蛋更是成为人类最容易获得、最常食用的动物源食品。目前，全球每年人均消费鸡蛋约150个，欧洲人均消费超过210个，中国人均消费约300个。在古代，鸡蛋不仅是食物，也是治病的药方。从20世纪60年代开始，鸡蛋却背负了不利健康的"坏"名声。一时间，该不该吃鸡蛋，让很多人有点犯难。

### 来自心脏科医生的"告诫"

鸡蛋的"坏"名声来自胆固醇。早在20世纪初期，科学家通过

## "吃鸡自由"科学简史

动物实验发现，通过增加饲料中的胆固醇，能提高动物血清胆固醇水平，并促进动物动脉粥样硬化的发展。鉴于心血管疾病已成为美国人的主要死因，1948年6月16日，美国总统杜鲁门签署了《国家心脏法案》，并拨款50万美元开展一项为期20年的心脏病流行病学研究，即弗雷明汉心脏研究。1957年，弗雷明汉心脏研究团队发表了一项重磅研究成果，认为血清胆固醇水平升高与增加心血管疾病的风险密切相关。20世纪60—70年代，科学家们相继观察到膳食胆固醇摄入与血清胆固醇浓度和心血管疾病的发病率存在一定相关性。很不幸，由于一个鸡蛋（约50克）含有约0.2克的胆固醇，而且鸡蛋已成为当时美国的日常食物，因此鸡蛋不可避免地被认为是美国心血管疾病高发病率的"罪魁祸首"之一。

1968年，美国心脏协会首次明确提出，为了降低心血管疾病发病率，建议限制膳食胆固醇的摄入，并首次提出将鸡蛋摄入量限制在每周不超过3个的建议，这可能是后来全世界营养专家或医生提出每周限制摄入3个鸡蛋建议的源头。这份来自美国心脏科医生关于鸡蛋摄入量的限制建议，貌似符合逻辑，而且易于操作，竟然得到了诸多认可，逐渐成为美国乃至世界其他国家制定国民膳食营养

## 第五章 吃鸡现在时：还要美味与健康

指南的重要依据。

媒体的推波助澜加深了公众对鸡蛋的误解，最典型的例子是美国《时代周刊》关于胆固醇的两篇封面报道。1984年，《时代周刊》头版文章以《胆固醇：现在是坏消息》为题，并在杂志封面上配了一张悲伤的"大圆脸"图片，眼睛是由两个煎蛋构成的，表示悲伤表情的嘴巴则是一根两端向下弯曲的培根。虽然《时代周刊》并非鸡蛋"坏"名声的始作俑者，但是鉴于其巨大的影响力，无疑进一步加深了公众对鸡蛋与"坏"胆固醇的联系。15年后，《时代周刊》再次将鸡蛋放在了封面上，煎蛋仍然是"大圆脸"的眼睛，不过嘴巴已换成了一块两边上翘的甜瓜，呈现欢快的笑容形象，而对应的头版文章标题则是《胆固醇，现在是好消息》。虽然这篇文章标志着医生和营养学家对胆固醇有了更科学、全面的认识，但是也没能迅速消除之前给公众灌输的错误观念。

在医学界和媒体的共同推动下，鸡蛋的"坏"名声持续了50多年，受影响最大的无疑是蛋鸡产业。从1968年到20世纪90年代初期，美国鸡蛋产量基本停滞不前，徘徊在400万吨左右，而同期美国人口增长了20%以上，显然这段时间美国鸡蛋的人均消费量其实是持续下降的。

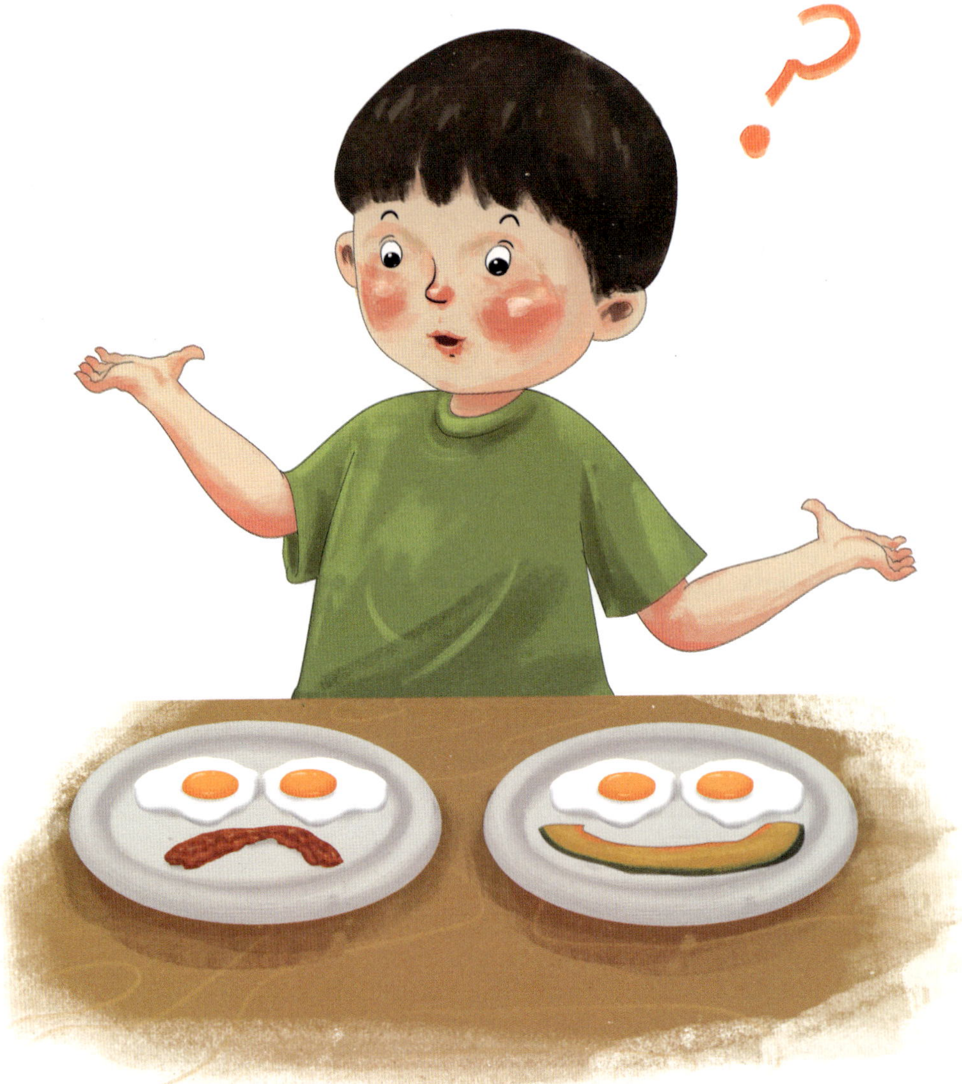

第五章 吃鸡现在时：还要美味与健康

## 越来越多的相反证据

令人难以置信的是，关于多吃富含胆固醇的鸡蛋会增加心血管疾病风险的说法竟然缺乏直接的科学证据。美国心脏协会和其他机构提出限制鸡蛋摄入量的建议，主要基于三个并不完美的证据：第一个证据是动物模型表明，摄入过多的胆固醇会增加血清胆固醇水平和动物动脉粥样硬化的发展；第二个证据是流行病学调查说明高胆固醇饮食与心血管疾病高发病率相关；第三个证据是临床观察显示高胆固醇摄入导致血清胆固醇水平升高。

这三个看似环环相扣的证据却存在致命漏洞。科学家一般采用大鼠、豚鼠、兔子等动物来开展动物胆固醇饲喂实验，胆固醇添加量远远高于日常膳食的胆固醇摄入量，往往需要达到药理学水平才会引发血清胆固醇水平的变化。例如，美国亚利桑那大学的研究人员曾经给一群豚鼠饲喂0（对照）、0.08%（相当于人类0.6克/天）、0.17%（相当于人类1.275克/天）或0.33%（相当于人类2.475克/天）膳食胆固醇，结果发现膳食胆固醇摄入量与血清低密度脂蛋白胆固醇之间存在正相关关系。不过在该研究中，豚鼠在饲喂0膳食胆固醇和含有0.08%胆固醇的饲料后，血清胆固醇浓度并

## "吃鸡自由"科学简史

没有显著差异,只有当饲喂更高剂量的胆固醇时,血清胆固醇浓度才会显著升高。

关于膳食胆固醇与心血管疾病发病率相关性的流行病学调查结果更是经常"打架",让公众一头雾水,无所适从。早期流行病学调查研究大多依靠简单的相关性分析来得出结论,比如只是记录了鸡蛋的消费量,但是并没有考虑其他膳食成分的影响,甚至也没有考虑抽烟、喝酒等其他可能造成心血管疾病的因素,因此这类研究的结论并不可靠。但是这类研究由于涉及的受试者人数众多,随访时间较长,往往更能吸引"眼球"。

20世纪90年代以来,越来越多的研究表明鸡蛋摄入量、膳食胆固醇与心血管疾病发病率几乎没有关联。1999年,哈佛大学公共卫生学院的研究人员在《美国医学会杂志》上发表了一项重磅研究成果,研究人员对超过11.7万人开展了8~14年的随访研究,在剔除了年龄、吸烟和心血管疾病等其他影响因素之后,结果显示每周吃1个鸡蛋与每天吃1个鸡蛋的人在心血管疾病风险方面没有显著差异。瑞典卡罗林斯卡学院的研究人员对超过6万人进行了长达13年的随访研究,同样认为每天的鸡蛋摄入量与心血管疾病发病率没有关联。

有一些研究甚至认为适当吃鸡蛋会降低心血管疾病风险。2018年，北京大学、中国中医科学院、牛津大学等机构的研究人员开展了一项涉及50万人的队列研究，发现与基本不吃鸡蛋相比，中等水平的鸡蛋摄入量（平均0.79个/天）的心血管疾病死亡风险降低了18％，出血性中风死亡的风险降低了28％。这与2003年日本广岛辐射效应研究基金会的研究结果相似。日本研究人员在对4万多人进行了16年随访后，发现每天都吃鸡蛋的人中风死亡的风险比不吃鸡蛋的人要低30％，每周吃1~4个鸡蛋的中风死亡风险也相应降低。在一项针对韩国13多万名40~69岁成年受试者的研究中，韩国国立首尔大学的研究人员发现，在女性受试者中，与每周摄入少于1个鸡蛋的人相比，每周摄入超过7个鸡蛋的人罹患代谢综合征风险较低。

理论上，随机对照试验是验证膳食胆固醇与心血管疾病风险相关性最有效和最可靠的方法。一般是招募一些健康或有基础代谢疾病的志愿者，随机分成实验组和对照组，对照组的食物中一般没有鸡蛋或不含胆固醇，而实验组则给予不同剂量的鸡蛋或胆固醇，其

### "吃鸡自由"科学简史

他食物成分基本相同，然后观察 1~12 个月，再检测志愿者血清胆固醇有什么变化。与动物试验类似，一般只有药理学水平的鸡蛋摄入量（比如每天 6 个鸡蛋）才会引发血清胆固醇水平的显著变化。大多数随机对照试验都证明每天吃 1~3 个鸡蛋对血清胆固醇水平影响不大，即使那些有糖尿病的病人也不用担心。在一项为期 1 年的随机对照实验中，荷兰马斯特里赫特大学的研究人员让实验组志愿者每天饮用含有 1.5 个蛋黄（富含叶黄素）的酪乳饮料，对照组则饮用不含蛋黄的安慰剂，结果发现一年后两组之间的总胆固醇、低密度脂蛋白胆固醇、高密度脂蛋白胆固醇及总胆固醇与高密度脂蛋白胆固醇的比率都基本没有差异。相反，有一些随机对照实验证明食用鸡蛋反而会降低患代谢综合征的风险。不过，目前这类随机对照实验存在样本少、观察时间短等问题，仍需进一步完善。

为了纠正一些错误认知，1995 年，美国心脏协会发表的指南、美国国家胆固醇教育计划的指南、《美国居民膳食指南》和美国食品药品监督管理局发布的指南中的营养成分表都不约而同地将膳食胆固醇建议设定为低于 0.3 克/天，而且建议减少含胆固醇高的鸡蛋等动物源食物的摄入。但是，由于缺少足够的科学证据证明摄入正常水平的鸡蛋或其他膳食胆固醇对人体有害，进入新千年以来，制定膳食指南的相关机构相继取消了关于鸡蛋和膳食胆固醇摄入量的限制建议。2002年，美国心脏协会取消了每周3~4个鸡蛋的具体限制，同时保持低于0.3克/天的膳食胆固醇指南。2013年，美国心脏协会才正式宣布"没有足够的证据来确定降低膳食胆固醇是否会降低低密度脂蛋白胆固醇"，取消了关于不超过0.3克/天的膳食胆固醇建议。2015—2020年版及2020—2025年版的《美国居民膳食指南》都取消了膳食胆固醇摄入量低于0.3克/天的建议。据《中国居民膳食指南科学研究报告（2021）》显示，目前全球只有印度、澳大利亚等10个国家单独对鸡蛋摄入量进行建议，大多数国家建议的鸡蛋摄入量为每周3个左右。《中国居民膳食指南（2022）》建议的鸡蛋摄入量为1个/天，同时提出"鸡蛋营养丰富，吃鸡蛋不弃蛋黄。"

## 原来体内存在胆固醇反馈机制

虽然目前大多数膳食指南都取消了鸡蛋和膳食胆固醇的摄入量限制建议，但是公众对富含胆固醇的鸡蛋仍然心存疑虑，担心

## "吃鸡自由"科学简史

长期吃鸡蛋会导致体内胆固醇水平升高,心血管疾病风险也会随之增加。多摄入膳食胆固醇是否就意味着血清胆固醇水平高呢?实际上并不完全如此。

研究表明,人体的胆固醇只有约25%来自饮食摄入,其他主要依靠自身进行生物合成。由于胆固醇在人体中发挥重要作用,因此人体几乎所有细胞都能合成胆固醇,其中肝脏和肠道负责合成人体每日所需的约80%的胆固醇,大脑、肾上腺和生殖器官也能高效地合成胆固醇。体重70千克的成年人每天合成约0.85克胆固醇。临床研究表明,膳食胆固醇每天变化0.1克,血浆总胆固醇水平平均会变化0.0022~0.0025克/分升,相当于吃一个鸡蛋只会引起2%~3%的血清胆固醇变化。

原来,科学家发现人体存在一种针对胆固醇的反馈代偿机制,即当人体摄入过多的膳食胆固醇时,机体吸收和合成胆固醇的能力将受到限制,而且也将加速多余胆固醇的排泄和清除,从而维持血清总胆固醇的平衡。

1991年,《新英格兰医学杂志》报道了一个吃鸡蛋"成瘾"的极端案例。一位88岁的男性每天要吃20~30个鸡蛋,持续时间至

## 第五章 吃鸡现在时：还要美味与健康

少有15年，但是医生发现他的血脂水平基本正常，其中血清总胆固醇竟然也维持在正常水平，平均值为5.18毫摩尔/升（正常范围3.12~5.72毫摩尔/升），而且病人也没有出现动脉粥样硬化等与胆固醇过量摄入相关的疾病。为了进一步研究这一特殊病例，研究人员进行了随机对照实验，实验组在常规饮食基础上每天每人加餐5个鸡蛋，不加鸡蛋的作为对照组。结果发现，在常规饮食时，对照组摄入胆固醇的吸收率达53％，而在高胆固醇饮食即加餐5个鸡蛋的期间，实验组摄入胆固醇的吸收率降至46％，但是老人只吸收了摄入胆固醇的18％，其他胆固醇则随粪便排出体外。与此同时，该老人的总胆汁酸合成速率是对照组的两倍，这说明该老人体内存在非常有效的代偿机制，在大量摄入胆固醇的情况下，一方面会减少摄入胆固醇的吸收，另一方面则会降低人体胆固醇合成能力，从而维持总胆固醇的平衡。

当然，并非所有人对膳食胆固醇的反应都一样，一般会因为遗传、个体代谢水平、性别、年龄等多种因素而表现出不同。研究表明，大约有2/3的人摄入过多胆固醇后，血清总胆固醇不会或只会轻微升高。这些人与上述88岁的老人一样具有有效的胆固醇代偿机制，能根据膳食胆固醇摄入量，对胆固醇的吸收、排泄和合成进行相应的调整。但是另一些人则可能缺乏类似的代偿机制，摄入过多的膳食胆固醇，将会引发血清胆固醇较大幅度的升高。

## 容易忽视的优质营养来源

鸡蛋是全世界最常见的动物源食品。由于其低廉的价格和充足的供应，人们往往觉得鸡蛋不过是一种非常普通的动物蛋白食品。其实，小小的鸡蛋含有丰富的营养成分，有一些甚至出乎意料。鸡蛋被认为是人类蛋白质、维生素 A、维生素 $B_{12}$、核黄素、胆碱、铁等营养成分成本最低的动物源食品来源，以及锌和钙成本第二低的动物源食品来源。

蛋白质是鸡蛋最基本的营养成分和活性物质。100 克新鲜鸡蛋中约有 12 克蛋白质，目前已知的蛋白质超过 1000 种。目前蛋清中的已知蛋白质超过 150 种，其中一半是卵清蛋白，主要为鸡胚生长提供必需氨基酸，另外还有溶菌酶、卵黏蛋白和蛋白酶抑制剂等重要蛋白质，其中溶菌酶具有抗菌作用，而卵黏蛋白则让蛋清具有黏性。蛋黄中的蛋白质以脂蛋白居多，其中低密度脂蛋白含量约占

68％，高密度脂蛋白约占16％，其他活性蛋白则占到10％左右。尽管蛋壳主要由碳酸钙组成，重量比约为95％，但是蛋壳中也含有种类繁多的蛋白质成分。蛋白组学分析结果显示，至少有900种以上的蛋白质参与了蛋壳的钙化。

鸡蛋的脂肪主要由甘油三酯和胆固醇酯组成，100克新鲜鸡蛋中有9~11克脂肪，这些脂肪主要集中在蛋黄中。鸡蛋总脂质含量相对稳定，但是不同脂肪酸的含量则可通过母鸡的膳食加以调控。值得注意的是，鸡蛋中不饱和脂肪酸含量也相当于饱和脂肪酸的2倍。在不饱和脂肪酸中，单不饱和脂肪酸约占70％，多不饱和脂肪酸约占30％。

鸡蛋富含维生素，除了维生素C之外，几乎所有的维生素都能在鸡蛋中找到。每天吃两个鸡蛋可以满足人类所需维生素的10％~30％。鸡蛋富含磷、钙、钾和钠等矿物质，还含有所有人体必需的微量元素，包括铜、铁、镁、锰、硒和锌，蛋黄是铁和锌供应的主要来源。另外，鸡蛋也是人体所需膳食胆碱的主要来源，鸡蛋的胆碱含量在动物性食物中仅次于牛肝。胆碱被证明是婴幼儿大脑发育的必需营养素，如果胆碱摄入不足，可能会有导致脊柱裂等神经管缺陷的风险。摄入较多胆碱还会降低乳腺癌的发病率和死亡率,也有可能对降低心血管疾病的发病率有所帮助。

越来越多的证据表明,鸡蛋或饮食中的胆固醇摄入与心血管疾病风险增加无关,摄入鸡蛋还可以解决许多营养不足的问题,并且可以为整个生命周期的健康做出重要贡献。因此,大多数人都可以放心吃鸡蛋,即使一些患有代谢综合征或心血管疾病的病人也可以正常食用。

第五章 吃鸡现在时：还要美味与健康

# 鸡蛋是如何拯救人类的？

鸡蛋是人类动物蛋白的重要来源之一，作为药方成分治病救人也偶有耳闻，但是鸡蛋还有更大的用处。如今，通过先进生物技术的加持，一个看似普通的鸡蛋就可以摇身一变，化身成为小小药物原料的生产"车间"，用来生产救命的疫苗和药物，既可以为人类建立起健康屏障，也可以为原本无药可医的罕见遗传病病人带来重生的希望。

**鸡蛋入药历史悠久**

传统医学讲究药食同源，鸡蛋不仅可以作为美食，还可以作为药物治疗疾病。在中国，鸡蛋入药的历史可追溯到公元前3世纪之前。

长沙马王堆汉墓出土的《五十二病方》被认为是迄今最早的医学方书，专家推测其成书年代为战国时期（约公元前3世纪），早于中医经典《黄帝内经》和《神农本草经》。《五十二病方》记载了"以鸡卵弁兔毛，敷之"，可治疗火伤溃烂；还有关于鸟卵治疗白处（相当于白癜风一类的皮肤病）的记载。这是鸡蛋首次作为药物出现在医书上。

作为中国最早的本草专著，《神农本草经》认为"鸡子"（即鸡蛋）有"主除热、火疮、痫痉、安五脏"的功效。《神农本草经》与《黄帝内经》《难经》《伤寒杂病论》并称为中医四大经典著作。

《伤寒杂病论》为东汉著名医学家张仲景于3世纪初所著，是我国第一部理、法、方、药具备的医学典籍。该书记载了多个鸡蛋组方，每个组方均有方名，比之前的医书记载更进一步。《伤寒杂病论》中的鸡蛋药方的治疗范围有所扩展，治疗方法也有所创新，例如《五十二病方》中提到鸡蛋外敷治疗火疮，《伤寒杂病论》则将鸡蛋治疗皮肤溃烂疾患扩展到咽喉部的溃烂疾患，而且由外敷改为内服。《伤寒杂病论》还对鸡蛋清和鸡蛋黄进行了功效的区分，比如认为鸡蛋黄具有安定作用，黄连阿胶汤（含黄连、阿胶、黄芩、鸡蛋黄、白芍）、百合鸡子黄汤（含百合、鸡蛋黄）可治疗少阴心烦不眠等症，而鸡蛋清则没有安定功效。

汉代之后的古代医学典籍对鸡蛋入药记载得更加详细和丰富。首次明确提出食疗概念的唐代孟诜所著的《食疗本草》，不仅详细记载了多个鸡蛋疗法，可治疗"产后血不止""赤白痢""久热毒发"等病症，而且记载了鹅蛋、雀卵等禽蛋的功用。唐代孙思邈的《千金方》、北宋翰林医官院王怀隐等人编撰的《太平圣惠方》、宋徽宗时由朝廷组织编纂的《圣济总录》、宋代陈直撰著的《寿亲养老新书》、元代饮膳太医忽思慧所撰的《饮膳正要》、明代朱橚等人编撰的《普济方》等古代医书中均记载了不少鸡蛋药方。

明代李时珍所著的《本草纲目》则是鸡蛋药方的集大成之作，共收录了70多个鸡蛋药方，对应的病症涵盖内科、妇科、儿科、外科、五官科等诸科疾病，使用方法丰富多样，而且阐述了鸡蛋治病的机理。明代内府大御医龚廷贤所著的《寿世保元》不仅用鸡蛋治病，而且首次提出通过改变饲料成分来生产药用蛋。作为御医，龚

## "吃鸡自由"科学简史

廷贤在用药方面基本不考虑成本，他提出用人参拌小米来喂小母鸡，所产的蛋被称为"吕洞宾蛋"，并且声称该蛋可治疗色欲过度导致的身体损伤，还有美容的功效。当然，这种蛋造价太高，功效真假也有待验证。无论如何，龚廷贤算是为后世开辟了保健蛋的先河。大家现在可以在市场上找到各种声称具有保健功能的鸡蛋产品，其生产过程大致相同，都是通过在饲料中添加或减少某些营养成分或微量元素，让母鸡产下具有特殊功能的鸡蛋，售价要比普通鸡蛋高出不少，如高碘蛋、富硒蛋、高锌蛋、低胆固醇蛋、鱼油蛋等。不仅中国有这些保健蛋，日本、美国等国家也已经开发了很多保健蛋。日本野山集团1976年推出了日本第一款高碘鸡蛋，目前仍然在销售。

中华人民共和国成立以来，鸡蛋药方仍然被广泛使用，而且在各类医学杂志中也出现了众多关于鸡蛋治疗疾病的临床观察结果。利用知网可以搜索到数百篇鸡蛋治病的报道，疾病涉及褥疮、烫伤、口腔溃疡、流行性腮腺炎、肾炎、月经不调、痛经、偏头痛、脚癣等，大多数发表的临床观察结果都较为理想。不过，中医中用鸡蛋药方治疗的大多数病人都没有生命危险，从这个角度来说，鸡蛋作为药方还远远谈不上达到救命的功效。

## 鸡蛋生产防病疫苗

鸡蛋真正能大规模挽救人类的生命,主要还是得益于20世纪30年代科学家发明的基于鸡胚的疫苗生产技术,流感病毒是这些疫苗的主要对手。

流感何时起源,人们不得而知。1918—1920年席卷全球的流感大流行造成了数千万人死亡,流感病毒的巨大破坏力至今让人心有余悸。即使到目前,流感病毒仍然是全球主要的健康威胁之一。据世界卫生组织估计,全球儿童季节性流感病毒感染率为20%~30%,成年人也有5%~10%,每年造成44.4万~55.3万人死亡。

当时人们并不知道大流行的罪魁祸首是流感病毒,直到20世纪30年代初,英国病毒学家威尔逊·史密斯(Wilson Smith)等人首次分离出人的流感病毒,才揭开了这一致命病毒的神秘面纱。史密斯发现的只是A型流感病毒,后来科学家相继发现,流感病毒可分为A、B、C和D四种类型。

### "吃鸡自由"科学简史

发现流感病毒之后，科学家一直在尝试对流感病毒进行体外培养，以期用这些体外培养的病毒大规模制备疫苗。到30年代中期，史密斯等多个团队发现流感病毒能在鸡胚的绒毛尿囊膜中快速生长，依靠鸡胚提供的丰富营养大量繁殖。由于鸡胚由受精蛋孵化而来，容易获得，适宜大规模生产，而且价格便宜，科学家很快发现鸡胚其实是一种大规模生产疫苗的理想载体。

鸡胚生产疫苗的大致过程为：准备受精蛋并孵化成鸡胚，将病毒注射到发育10天左右的鸡胚尿囊腔中，待病毒在鸡胚中生长2～3天后，收集鸡胚中的尿囊液，然后用甲醛等化学溶剂对病毒进行灭活，即让其失去致病性，但仍然保留其激起机体免疫反应的能力，接下来用高速离心等方法分离纯化灭活的病毒，即可制备成灭活疫苗。当然，在给人群大规模应用流感疫苗之前，还需要开展一系列严格的临床试验，验证疫苗的安全性和有效性，并获得各个国家药监部门的上市批准。

20世纪30—40年代，英国和美国等国家先后开展了流感疫苗的大规模临床试验，证明了用鸡胚生产的流感灭活疫苗具有安全性和有效性。1945年，美国政府正式批准了世界上首个流感灭活疫苗。

## 第五章 吃鸡现在时：还要美味与健康

尽管用细胞生产的重组蛋白疫苗等新型流感疫苗不断被研发和生产出来，但是时至今日，鸡胚生产的灭活疫苗仍然是全世界流感疫苗的主流，每年挽救数以万计的生命。其中，美国每年生产1.5亿剂以上季节性流感疫苗，其中80%以上来自鸡胚生产体系，而中国流感疫苗接种率远低于美国，近年来每年生产约5000万剂流感疫苗，90%以上依靠鸡胚生产。

可见，鸡和鸡蛋的确为人类健康做出了重要贡献。不过，并非什么鸡蛋都能用来生产疫苗。在流感疫苗刚开始应用时，鸡胚疫苗生产系统差一点因为自身的缺陷而被抛弃。原来，20世纪40年代末，鸡胚不仅用于生产流感疫苗，而且用于生产黄热病疫苗等。黄热病疫苗曾被大量用于参加第二次世界大战的美国军人，后来发现这些疫苗被大量的禽白血病病毒污染，而这些禽白血病病毒则来自生产受精鸡蛋的母鸡。随着研究的深入，科学家陆续发现鸡身上可携带几十种病原体。由于一些病原体可以通过母鸡垂直传播给下一代鸡胚，如果用这些鸡胚生产人用疫苗，则其他病原体可能会引发人体不必要的免疫反应，降低疫苗的免疫效果。如果用来生产减毒活疫苗，则可能直接将一些病原微生物传播给接种对象，引发更严重的

## "吃鸡自由"科学简史

疫情。这时候，大家才意识到必须对用来生产疫苗的鸡群进行特定病原体的净化，即采用无特定病原体鸡（SPF 鸡，Specific Pathogen Free），以避免鸡身上携带的病原体对人体健康造成不利影响。

SPF 鸡的研究历史可以追溯到 20 世纪初的无菌鸡，这些无菌鸡只对少数致病细菌进行净化，主要用于家禽传染病的研究。20 世纪 50 年代，美国相关研究机构和企业相继开始培育不携带某些特定致病细菌或病毒的 SPF 鸡群。随着家禽疫病研究的不断深入，病原体检测技术和防控技术的不断发展，SPF 鸡的检测标准也在不断发生变化，从最初少数致病细菌和病毒的检测净化到目前的 16 种以上，甚至有些国家特定病原体检测项目有 30 种以上。这些 SPF 鸡必须饲养在与外界环境隔绝的屏蔽系统或隔离系统中，且每只鸡定期接受病原体监测。从 60 年代开始，一些美国疫苗生产企业开始自觉采用 SPF 鸡蛋。到了 90 年代，美国和欧洲联盟（后文简称"欧盟"）开始强制在人用和兽用疫苗生产中采用 SPF 鸡蛋。由于疫苗生产事关重大，一些国家将 SPF 鸡场的地点或数量列为军事机密，从不对外公布。

中国对 SPF 鸡的研究从 20 世纪 70 年代末开始。山东省农科院

我可以做美味的荷包蛋

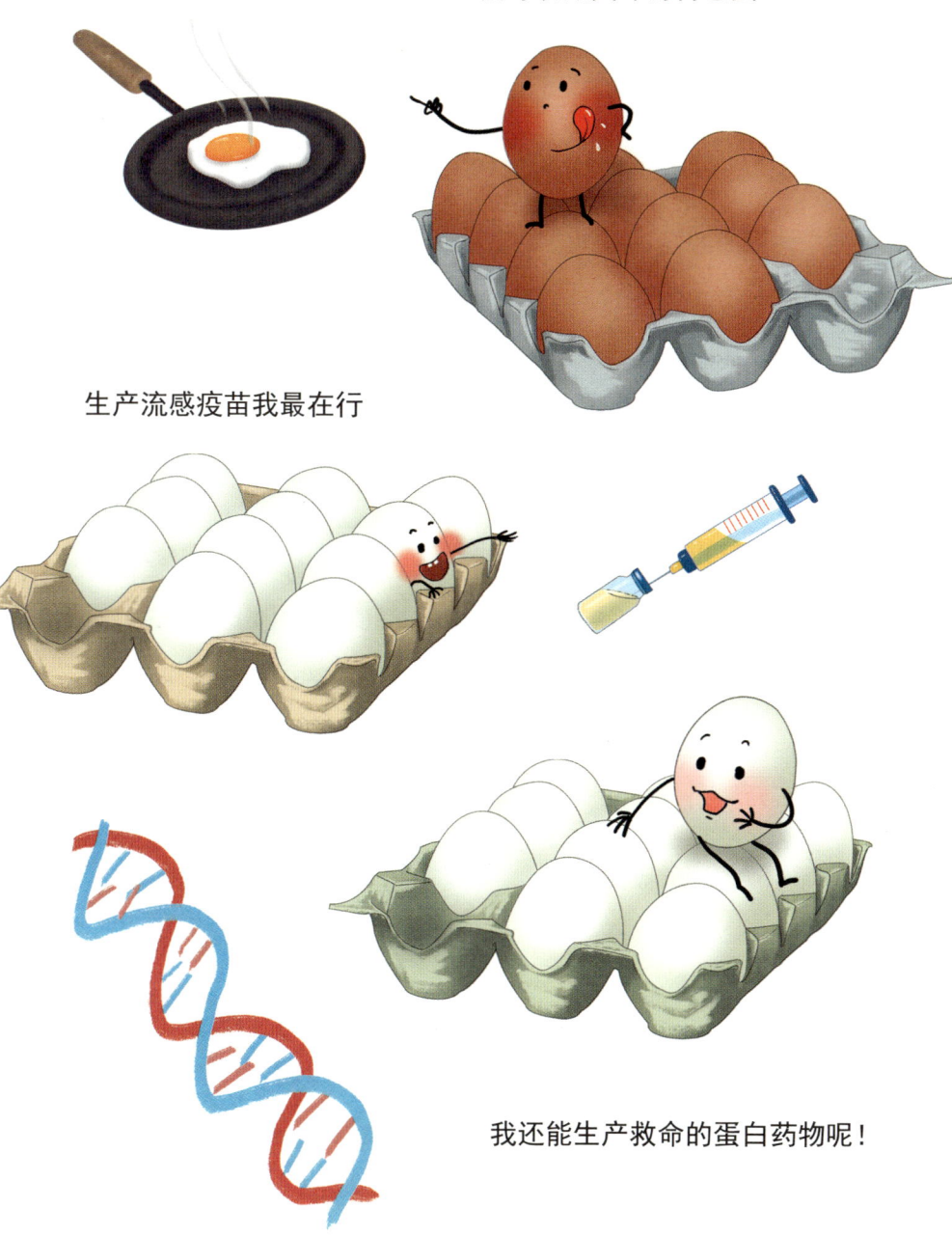

生产流感疫苗我最在行

我还能生产救命的蛋白药物呢！

## "吃鸡自由"科学简史

家禽研究所自1982年起开始进行SPF鸡的研究，3年后成功地培育出我国第一个SPF鸡群，1987年正式对外提供SPF鸡蛋。随后，北京生物制品研究所、中国兽药监察所、江苏农学院、北京市兽医生物药品厂、江西生物制品研究所股份有限公司、中国农业科学院哈尔滨兽医研究所、北京实验动物研究中心等单位相继建立了SPF鸡群。一些商业化SPF鸡企业也相继成立。目前，我国SPF鸡蛋的生产能力可完全满足国内需求。

目前，SPF鸡蛋主要用于生产预防流感、腮腺炎、风疹以及黄热病等疾病的人用疫苗，以及兽用减毒活疫苗。由于重组蛋白疫苗、核酸疫苗等新型疫苗很难在短时期内完全替代鸡胚生产的传统疫苗，预计SPF鸡仍将是人类对付一些致命传染病的重要帮手。

### 鸡蛋还能生产救命药物

有了先进生物技术的加持，鸡蛋不仅能大规模生产救命的疫苗，更能为有罕见遗传病的病人、有恶性肿瘤的病人生产救命的药物。比如利用转基因技术或基因编辑技术，让治疗性重组蛋白或重组单克隆抗体在鸡蛋清中高效表达，这些重组蛋白或抗体被纯化后

## 第五章 吃鸡现在时：还要美味与健康

即可开发成救命的药物。目前，这种转基因鸡蛋生产的药物已经从实验室走向临床，用于救治一些之前无药可医的罕见遗传病病人。

这些病人罹患一种叫作溶酶体酸性脂肪酶缺乏症的罕见遗传病，大约每30万人中只有1人可能患上这种病。这种遗传病的名字又叫沃尔曼病，是六十多年前一位以色列波兰裔医生摩西·沃尔曼（Moses Wollman）首次发现的。开始时，这些婴儿只是表现出转氨酶升高、血脂异常等一些常见的症状，但是很快就会出现肝脏肿大、肝脏纤维化和肝硬化等严重症状，之后更多组织器官遭受损伤，最终导致死亡。后来医生们发现，这种遗传病主要是因为体内负责合成溶酶体酸性脂肪酶的基因发生突变，导致体内缺乏溶酶体酸性脂肪酶。这种酶对于婴幼儿生长发育至关重要，主要负责水解胆固醇和三酰甘油，维持体内胆固醇含量的相对稳定。一旦缺乏该酶，人体就无法分解脂肪，最后脂肪会在肝脏、脾脏、血管壁等处堆积，导致肝脏等器官严重病变，直至死亡。

由于这种病太罕见，没有引起医药机构的重视，长时间内没有有效的治疗药物，临床医生只能对患病婴儿进行营养和维持疗法，但这些患儿往往难以活过6个月。而对成年病人则使用他汀类药物，

### "吃鸡**自由**"科学**简史**

也只能缓解部分症状，无法解决肝脏中脂肪堆积的问题，有些病人不得不采用肝脏移植来解除痛苦。

好在专门从事罕见病药物开发的美国 Synageva 生物制药公司（2015年被 Alexion 制药公司收购）终于将目光投向这种罕见遗传病的药物开发，该公司的研究人员采用的技术正是转基因鸡制药技术，并且进行了一系列技术创新，使鸡蛋清能大量生产重组人溶酶体酸性脂肪酶。

鸡基因组中并没有溶酶体酸性脂肪酶，而人类基因组中含有一种编码溶酶体酸性脂肪酶的特殊基因，但是这种基因只能在人类细胞中表达溶酶体酸性脂肪酶，而且含量极微，在鸡的细胞中更是难以表达。

为了让溶酶体酸性脂肪酶能在鸡蛋清中大量合成，Synageva 公司的研究人员求助于一种卵清蛋白基因。卵清蛋白是鸡蛋清中含量最高的蛋白质，约占蛋清蛋白质的65%。研究人员推测，卵清蛋白在蛋清合成量最高，主要是因为这个基因的启动子（相当于控制蛋白合成的"引擎"）启动卵清蛋白合成的能力非常强。于是，研究人员将人溶酶体酸性脂肪酶基因与卵清蛋白启动子拼凑在一起，构

第五章 吃鸡现在时：还要美味与健康

成重组基因，相当于给这个新基因装上了一个超级引擎，然后将新基因转入鸡的生殖细胞，产生的鸡蛋孵化后就变成转基因小鸡了。这种转基因鸡长大后再将上述重组基因稳定地遗传给后代，转基因鸡家族就这样不断发展壮大起来了。

接下来，研究人员从转基因鸡蛋的蛋清中分离纯化出大量重组人溶酶体酸性脂肪酶，这种酶被命名为 Kanuma。通过临床试验，研究人员证明转基因鸡蛋中提取的重组人溶酶体酸性脂肪酶可用于救治那些患有先天性溶酶体酸性脂肪酶缺乏症的婴儿，大大增加了患儿成活的时间和康复的希望。在一项已完成的临床试验中，经过连续四周，每周注射一次 Kanuma 的治疗之后，9 名沃尔曼病患儿中有 6 名婴儿（67%）在 12 个月大时仍存活，其中 5 名患儿的存活时间超过 2 年，而历史对照组（由于病例少，该研究采用之前治疗的患儿作为对照）的 21 名婴儿中没有人能存活。在另一项针对 4 岁以上儿童和成年人的临床 III 试验中，Kanuma 对病人肝损伤和脂质异常标志物的改善效果可持续 5 年以上。

美国食品药品监督管理局于 2015 年 12 月 9 日正式批准了 Kanuma 药物用于治疗人的溶酶体酸性脂肪酶缺乏症，是全球首个也是唯

## "吃鸡自由"科学简史

一一种治疗溶酶体酸性脂肪酶缺乏症的重组蛋白药物。除了美国，日本、欧盟等国家和组织也相继批准了这种创新药物。

受到Kanuma药物开发成功的鼓舞，目前美国、中国、日本、韩国、英国、加拿大、波兰、澳大利亚等十几个国家的科学家开展了对转基因鸡的研究，人干扰素、抗CD20单克隆抗体、抗人HEN2单克隆抗体等药用重组蛋白和单克隆抗体均已在转基因鸡蛋清中得到高效表达，有些重组蛋白产品也已进入临床试验阶段。预计在不久的将来，源自转基因鸡的重组蛋白创新药物将接连出现，"救命鸡蛋"的名号也将更加响亮。

第五章 吃鸡现在时：还要美味与健康

# 乌骨鸡到底有没有药用价值？

中国是乌骨鸡的起源地，也是乌骨鸡品种和群体数量最多的国家。乌骨鸡得以在中国形成和繁衍生息，主要得益于中国人早在2000多年前就发现了乌骨鸡的药用功效。

### 乌骨鸡是中国的古老鸡种

中国乌骨鸡的饲养和药用历史已有2200年以上。现今最古老的医学方书《五十二病方》出土于湖南长沙马王堆三号汉墓，记载有乌骨鸡的药用功效。学者推测该医书约成书于战国时期。东晋葛洪的《肘后备急方》，唐代孟诜的《食疗本草》、陈藏器的《本草拾

## "吃鸡自由"科学简史

遗》、昝殷的《食医心鉴》，五代南唐陈仕良的《食性本草》，明代李时珍的《本草纲目》、龚云林的《寿世保元》、缪希雍的《本草疏经》等古代医书多有关于乌骨鸡的药用记载。

由于中医普遍认为乌骨鸡具有药用价值，中国很多地区都饲养乌骨鸡，并形成了本地区各具特色的乌骨鸡品种。早在16世纪，李时珍就在《本草纲目》中介绍了不同特点的乌骨鸡，有白毛乌骨、黑毛乌骨、斑毛乌骨……既有骨肉俱乌的，也有肉白骨乌的。他还总结道，如果鸡舌是黑的，则肉骨都是黑的，入药最佳。

根据《国家畜禽遗传资源品种名录（2021年版）》，我国地方鸡品种中有乌骨特征的鸡种超过20个，占地方鸡种总量的17%。其中以乌骨鸡为名的包括丝毛乌骨鸡、江山乌骨鸡、余干乌骨鸡、淅川乌骨鸡、郧阳乌骨鸡、雪峰乌骨鸡、乌蒙乌骨鸡、四川山地乌骨鸡、他留乌骨鸡、盐津乌骨鸡和无量山乌骨鸡共11种，金湖乌凤鸡、广西乌鸡、德化黑鸡、腾冲雪鸡、略阳鸡、东乡绿壳蛋鸡包含乌骨鸡特征的鸡种6个，以及黔东南小香鸡、金阳丝毛鸡、泸宁鸡、石棉草科鸡、海东鸡等地方鸡种中也存在有乌骨特征的个体。从地理位置来看，大多数乌骨鸡均位于长江以南，特别是云南、贵州、四川

## 第五章 吃鸡现在时:还要美味与健康

等地。除了这些地方鸡种,近年来,中国农科院牧医所等单位还相继利用乌骨鸡地方品种资源,培育出金陵黑凤鸡、金陵麻乌鸡、凤翔乌鸡等乌骨鸡品种(配套系)。

最有名的乌骨鸡当属江西和福建等地所产的丝羽乌骨鸡,具有桑椹冠、缨头、绿耳、胡须、丝羽、毛脚、五爪、乌皮、乌肉、乌骨"十大"特征,已作为观赏鸡被列为国际标准品种,在国际上享有盛誉。乌骨鸡被西方人所知晓,最早可追溯到13世纪末的《马可波罗游记》,书中记载了马可波罗等人在福州国(福建)一带见到的丝毛乌骨鸡,他们将这种乌骨鸡身上的鸡毛类比成猫毛或羊毛。随着中外贸易通过陆上和海上丝绸之路的不断开展,中国的丝毛乌骨鸡漂洋过海到达日本和东南亚,甚至被商人们带到西方国家。西方人主要着迷于丝毛乌骨鸡漂亮的外表,他们非常喜欢这种全身披白色丝状绒毛、头顶白色绒球的东方珍禽,却对它们的"药用"功效并不在意,甚至认为黑色的鸡肉令人不悦。1874年,美国家禽协会正式将白色丝毛乌骨鸡(White silkies)列为标准品种。1915年,丝毛乌骨鸡作为观赏鸡参加巴拿马国际家禽博览会,并荣获金奖,名扬全球。

你长一身白毛，也敢冒充乌骨鸡？

我可是世界上最有名的乌骨鸡。

## 第五章 吃鸡现在时：还要美味与健康

除了中国，在日本、印度、越南、印度尼西亚等很多亚洲国家，瑞典和阿根廷等国家也有乌骨鸡品种。例如，印度尼西亚的西马尼乌鸡（Ayam Cemani）、印度的 Kadakhnath、越南的 Black H'Mong、阿根廷的 Argentinean Tuzo type 和瑞典的 Svarthöna 等，不过大多数文献均认可乌骨鸡最早起源于中国。

### 乌骨性状是如何形成的？

别看乌骨鸡外表漂亮，味道鲜美，而且还有滋补和药用功效，不过从某种角度来说，乌骨鸡的黑色其实是一种"病"，即色素过度沉积或纤维黑色素病（Fibromelanosis）。当然，对于家鸡来说，这只是一种特殊的表型，并非真正的疾病。相反，正因为黑色素在鸡的表皮、肌肉及骨骼等组织器官中过量沉积，被讲究药食同源的中国人挖掘出这种黑色鸡肉的滋补和药用功效，乌骨鸡才得以在中国各地繁衍生息，成为中国乃至世界地方鸡种质资源的重要组成部分。

乌骨鸡的黑色为什么深入骨骼？黑皮、黑肉、黑色骨骼，这些特殊的表型很早就引起科学家的兴趣。原来，黑色素是一种结构复杂的生物色素，在动植物中普遍存在。人类的眼睛和皮肤等组织均含有黑色素，以抵抗大多数紫外线的侵害。

黑色素可以分为真黑色素、脱黑色素、异黑色素等多种类型，其中以真黑色素最为常见。真黑色素呈棕色、暗棕色甚至黑色，主要存在于动物的眼、皮肤、羽毛及其他多种组织中。经检测，乌骨鸡体内的黑色素正是真黑色素。这种黑色素以吲哚环为主体，周围连接其他一些芳香烃或烯烃类及羧基等基团的多聚化合物。黑色素基本不溶于水和几乎所有溶剂，理化性质比较稳定，而且无固定形态，但是可聚合多种金属元素，也能与多种蛋白质牢固结合。

进一步研究发现，黑色素是由黑色素细胞分泌的。有趣的是，黑色素细胞竟然与神经系统有着千丝万缕的联系。原来，在脊椎动物中，除了眼睛上的视网膜上皮细胞外，几乎所有的黑色素细胞都起源于神经嵴。神经嵴是脊椎动物胚胎期的原始神经结构之一，为胚胎期神经管背侧部的细胞带，可以分化为多种神经和非神经谱系，如感觉和交感神经元及神经胶质、颅面部的骨细胞、软骨细胞、平滑肌细胞及黑色素细胞等。体外试验显示，在神经嵴分化的各类细胞中，黑色素细胞的分化要比神经细胞晚6个小时。具有黑色素

第五章　吃鸡现在时：还要美味与健康

性的神经嵴细胞分化后定位于外胚层，最终形成皮肤表皮上的黑色素细胞。

　　成熟的黑色素细胞大部分位于动物的毛囊中，少数存在于表皮层的基底部。黑色素细胞成熟后很快开始分泌黑色素，这一功能主要由特有的细胞器——黑色素小体来完成。黑色素的合成过程是由酪氨酸酶等多种酶催化的复杂反应。黑色素合成后被运送到固定区域沉积。在乌骨鸡体内，黑色素的沉积分布有着独特的规律：在胚胎发育5天左右时，鸡胚背部皮肤首先出现黑色素，然后以背部为中心，分别向前后左右拓展。黑色素首先在骨膜肌膜和皮肤中沉积，接着在肌间结缔组织，最后发生于肌纤维组织中，在肌肉中沉积，而乌骨鸡骨骼中的黑色素则是由于黑色素细胞转移导致的。黑色素在乌骨鸡各组织中的含量各不相同，骨膜、腹腔膜、气管、爪等部位黑色素分布最多，舌头、鸡冠、皮肤和肌肉中的分布次之，内脏中的黑色素分布最少。以泰和乌骨鸡为例，有研究表明其骨膜中的黑色素含量高达2%，皮肤中约含0.6%，肌肉中约含0.23%，而内脏中的黑色素含量仅为0.16%。

"吃鸡自由"科学简史

## 乌骨性状可能出现在家鸡驯化早期

早在20世纪的10—20年代，科学家已经通过杂交试验发现，乌骨鸡黑色素过度沉积主要受纤维黑色素基因（FM）调控，该基因属于常染色体显性遗传。不过后来，科学家又发现纤维黑色素基因的作用受到真皮黑色素抑制基因（ID）的上位影响。真皮黑色素抑制基因位于性染色体Z上，呈隐性伴性遗传。只有当真皮黑色素抑制基因座位上的两个等位基因都是隐性时，显性的纤维黑色素基因才起作用，乌骨性状才能表现出来；一旦真皮黑色素抑制基因座位上出现一个显性基因，黑色素沉积将受到较大程度的抑制，甚至使鸡的皮肤完全呈现白色。

虽然知道了真皮黑色素抑制基因和纤维黑色素基因的遗传规律，但是这两个基因具体在染色体的什么位置？由哪些序列组成？哪些突变与显性或隐性性状有关？找到这些问题的答案可费了一番工夫，花了近百年的时间。

瑞典乌普萨拉大学、日本庆应义塾大学和中国农业大学的研究人员分别设计了一系列乌骨鸡与普通鸡的复杂杂交试验，通过遗传分析和基因测序等方法，3个研究小组不约而同地发现了纤维黑色素基因的主效基因。原来，乌骨鸡的20号染色体上有两个长度均在10万个碱基以上的基因组大片段发生重复，导致其中一个叫作内皮素3的基因拷贝数增加，而普通鸡的内皮素3基因只有1个拷贝。内皮素3的基因拷贝数增加的直接后果是导致乌骨鸡的内皮素3表达量增加，为普通鸡的1.5~2倍。由于之前已证实内皮素3的主要功能是促进黑色素细胞有丝分裂，导致黑色素细胞快速增殖。因此，3个研究小组均认为，内皮素3基因拷贝数增加是乌骨鸡黑色素过度沉积的主要原因，即内皮素3基因是导致乌骨鸡组织器官"黑化"的主效基因，而且他们在印度尼西亚、越南、瑞典等地的不同乌骨鸡品种中发现了类似的内皮素3基因拷贝数增加现象。

找到这个导致乌骨鸡"黑化"的主效基因之后，研究人员还推测鸡的黑色素过度沉积性状最早出现的时间可追溯到6600~9100年前，即这一性状应该出现在乌骨鸡品种形成之前，甚至可能在家鸡驯化之前就已出现。我们也可以推测，先有包括内皮素3基因在内的大片段基因重复突变，然后产生黑色素过度沉积性状，而这一特殊的性状由于某种原因被人们看中，继而经过长期选育成为一些独具特色的乌骨鸡品种，而药用功效则是乌骨鸡品种在中国各地得以留存的最重要原因。

## 乌骨鸡入药有啥科学依据？

在中国古医书中，乌骨鸡被视为一种重要的药用食材，认为其鸡肉、内脏、鸡血、蛋等均有药用功效。据大量医药专著和文献记载，乌骨鸡具有补肝肾、益血气、退虚热、调经止带等功能，还可医治心腹痛、虚损、崩中带下、遗精、消渴、久痢、骨折、腰酸腿痛、各种出血症、紫癜、肝炎等疾病。以乌骨鸡为主要原料制成的"乌鸡白凤丸"则是驰名中外、主治妇科疾病的良药。

传统医学更多的是经验总结，而现代医学则更讲究试验验证，往往从乌骨鸡的主要成分组成和结构分析入手，找到与发挥药用功效有关的物质基础，接下来开展临床前的动物试验和人体临床试验。

与非药用鸡种相比，乌骨鸡肉游离脂肪酸高、胆固醇低、富含人体必需氨基酸，同时还含有丰富的维生素和微量元素，例如乌骨鸡各组织器官中的钙、铁元素显著高于非药用鸡种。不过，研究表明，乌骨鸡发挥其药用功效的最重要物质基础是体内富含黑色素。

## 第五章 吃鸡现在时：还要美味与健康

研究显示，铜、锰、铁、钴、镍等微量金属元素以二价或三价的形式，通过黑色素的羰基与黑色素结合。这些金属元素是三大物质代谢途径中关键酶的激活剂或辅酶，可以直接参与机体的细胞免疫，也参与一些维生素的合成，还能抑制一些诱导剂所导致的基因突变。

果蝇和小鼠是验证黑色素药用功效的主要试验动物。南京农业大学的徐幸莲等人用从乌骨鸡肉中提取的黑色素饲喂果蝇，结果发现与对照组相比，乌骨鸡黑色素可显著延长果蝇的平均寿命，而且还能提高其性活力。进一步研究发现，黑色素能有效清除超氧阴离子，减少果蝇体内的脂褐素（俗称老年素），表明黑色素具有一定延缓衰老的作用。其他研究人员则给老年小鼠饲喂乌骨鸡肉粉末或乌骨鸡黑色素一个半月，结果发现小鼠肝、肠、肾中的大多数关键酶类活性都显著增强，揭示了乌骨鸡黑色素具有促进机体代谢、维持内环境稳定、延缓衰老的作用。体外试验和体内试验表明，黑色素具有抗氧化、清除自由基、延缓衰老、抗紫外线、增强免疫力、促进肠胃功能、抗病毒和抗肿瘤等多种生理功能。

在乌骨鸡医药产品中，乌鸡白凤丸开展的临床试验最多。除了在治疗妇产科疾病领域有确切的疗效外，乌鸡白凤丸对男科、消化科、内分泌代谢科、血液科、呼吸科、皮肤黏膜科、肾病科、神经内科和骨科的诸多疾病也具有一定疗效。不过，目前大多数乌鸡白凤丸的临床试验存在样本量少、随机方法不明、盲法缺失等问题，若要更好地评价乌鸡白凤丸的临床效用，未来还需要有更多高质量的循证医学证据支撑。

第五章　吃鸡现在时：还要美味与健康

# 鸡为科学家带来几项诺贝尔奖？

除了中国，很多古代文明的传统医学都将鸡作为治病救人的神奇动物，鸡肉、鸡骨、内脏、羽毛、鸡冠、肉垂、鸡蛋……几乎鸡的所有部位和组织，均成为古代药方中的重要成分。虽然古代医学对鸡的充分利用更多源于经验，有些甚至掺杂宗教和迷信色彩，但是对于现代医学而言，鸡的确做出了重要贡献。作为廉价而易得的实验动物，鸡从亚里士多德时代就开始为人类的医学发现做出重要贡献，特别是医学的基础研究领域，至今已帮助科学家获得7项诺贝尔奖。

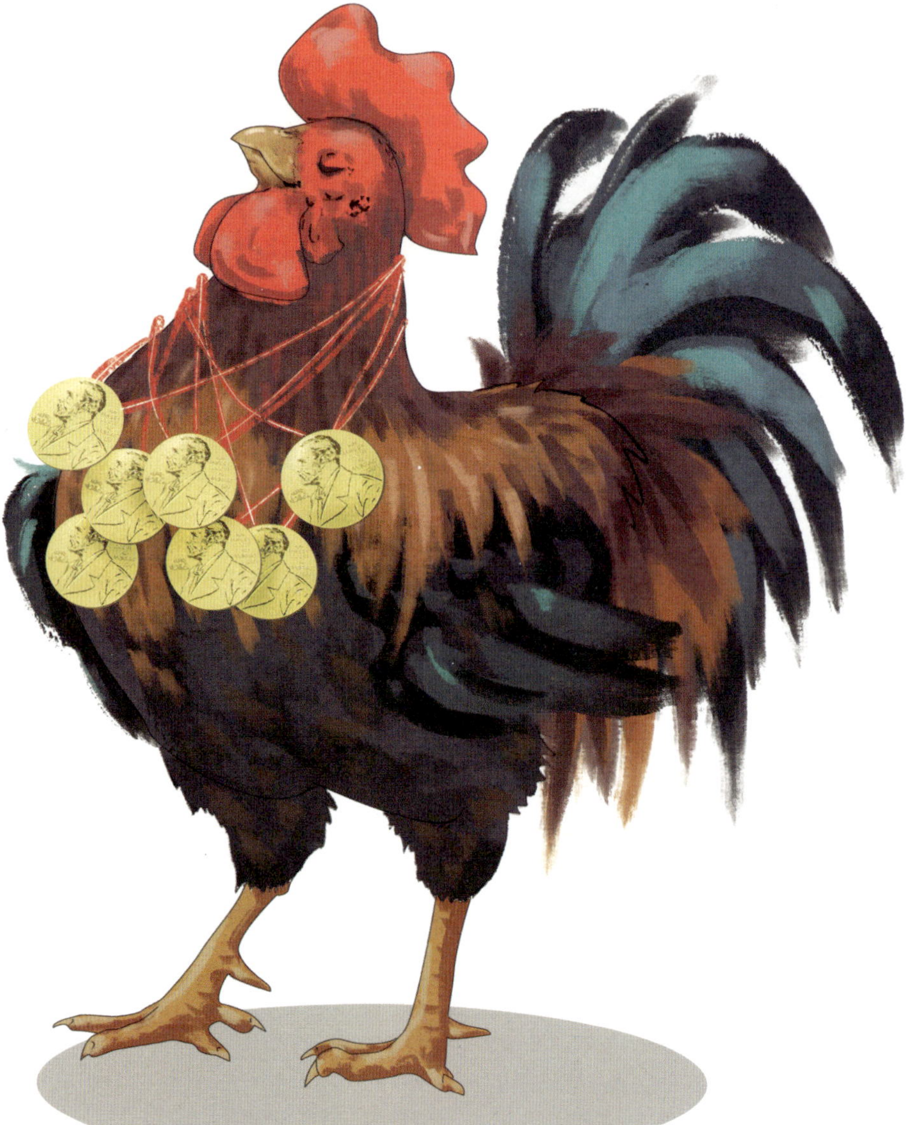

## 第五章 吃鸡现在时：还要美味与健康

### 鸡与维生素的发现

鸡第一次与诺贝尔奖发生联系是在19世纪末。

1887年，荷兰医生和生理学家克里斯蒂安·艾克曼（Christiaan Eijkman）在获得生理学博士学位4年后，被派往荷属东印度群岛（今印度尼西亚），希望查明脚气病的病因。脚气病并非大家所熟知的、由真菌引起的脚气，而是当时一种非常普遍且致命的疾病，主要症状包括体重减轻、情绪障碍、感官知觉受损、四肢无力和疼痛，以及心律不齐。如果治疗不及时，则有可能致命。早在公元3世纪的东晋，中国医学家葛洪就曾经描述过脚气病，并提出了一些有效的治疗手段，可惜当时他并不知道脚气病真正的致病原因。

有脚气病的病人往往出现群体性患病，例如同一艘船上的水手或者同一个部队的士兵。艾克曼起初怀疑脚气病是细菌引起的，于是，他买了一些鸡来验证他的假设，他让一部分鸡接触所谓的"病原体"，另一部分鸡则不接触任何"病原体"，结果所有的鸡都出现了类似脚气病的症状。随后，艾克曼又买了一批鸡，并将每只鸡饲养在单独的笼子里，那些没有接触"病原体"的鸡同样无一幸免。艾克曼怀疑试验场地被污染了，于是在不同的地方进行类似的试

## "吃鸡自由"科学简史

验,结果仍然没有变化,这让艾克曼百思不得其解。不过,荷兰驻军的厨师帮了艾克曼大忙。原本这些实验用鸡都跟荷兰驻军一样,吃的都是精制的大米(只保留白色的胚乳),鸡都出现了类似脚气病的症状,几个月后,军厨觉得鸡吃的太好,于是买来便宜的糙米(只去掉稻壳,保留稻米的内保护皮层)喂鸡,结果病鸡身上的症状神奇地消失了。

观察到这一现象后,艾克曼和助手进行了大规模试验,最后得出结论,糙米中肯定含有能治疗脚气病的成分,他将其称为"抗脚气因子"。

到底这种"抗脚气因子"是什么呢?艾克曼和助手通过实验排除了稻壳中的蛋白质和矿物质,但是一直没能分离出"抗脚气因子"。1911年,波兰生化学家卡西米尔·芬克(Casimir Funk)重复了艾克曼的实验,并将"抗脚气因子"命名为"维生素"(Vitamine)。直到1926年,科学家才正式分离出这种"维生素"——维生素$B_1$,即硫胺素,这也成为第一种被纯化分离的维生素。1929年,艾克曼与英国生化学家弗雷德里克·哥兰·霍普金斯(Sir Frederick Gowland Hopkins)获得了诺贝尔生理学或医学奖,后者

第五章　吃鸡现在时：还要美味与健康

曾在1912年通过一系列动物实验证明了一类维持生命所必需的微量物质——维生素的存在。

同样通过鸡的饲喂实验，丹麦生化学家亨利克·达姆（Henrik Dam）在1929年发现脂类食物中可能存在一种促进血液凝固的物质，他将其命名为"凝血维生素"或维生素K。1939年，美国科学家爱德华·埃德伯特·多依西（Edward Adelbert Doisy）分离纯化出维生素K，并区分出维生素$K_1$和$K_2$。因为维生素K的发现，达姆和多伊西共同获得了1943年的诺贝尔生理学或医学奖。

## 鸡肿瘤开启认识人类肿瘤的大门

在芬克根据艾克曼的研究首次提出维生素概念的同一年，美国病理学家弗朗西斯·佩顿·劳斯（Francis Peyton Rous）也在鸡的帮助下取得了一项影响深远的重大发现。

这项发现首先归功于纽约长岛的一个有心的养鸡农场主，她发现一只芦花洛克母鸡的右胸部长出了一个很大的肿块，要是一般人有可能将病鸡吃掉或丢弃了事。由于担心这只病鸡会感染其他的鸡，这位农场主将病鸡送到了洛克菲勒医学院的劳斯博士手中。劳

## "吃鸡自由"科学简史

斯博士当时以研究人类肿瘤而闻名。对于这只不速之客，劳斯博士也没有拒绝。在对肿块进行检查后，劳斯发现这是一种可以影响肌肉或骨骼的肉瘤。接下来，劳斯利用一种细菌过滤器过滤掉肿块组织的细胞和可能存在的细菌，然后将无细胞的过滤液注射到健康的鸡体内，结果发现这些健康的鸡也长出了肉瘤。劳斯推测肉瘤的过滤液中可能含有可传染肿瘤的成分，这种成分既不是肿瘤细胞，也不是某些细菌，由此他得出结论，肿瘤可以通过"可过滤成分"传染。

1911年，劳斯将研究成果发表在《实验医学杂志》上，引发了肿瘤科学家的质疑，大家都认为劳斯关于肿瘤可传染的说法完全是无稽之谈，因为之前的主流观点认为肿瘤是不具有传染性的。在随后几十年里，科学家相继在鸡、小鼠、兔和人类等物种身上发现了类似的可传染肿瘤，并发现这些传染肿瘤的可过滤成分其实是一类病毒，人们也将劳斯在鸡身上发现的病毒称为"劳氏肉瘤病毒"。

不过，劳斯的研究成果长时间没有得到足够的重视。直到50年代末，加州理工学院的研究生霍华德·特明（Howard Temin）和博士后哈里·鲁宾（Harry Rubin）合作研制出了一种新的劳氏肉瘤

## 第五章 吃鸡现在时：还要美味与健康

病毒定量方法，该方法可以分离出单个病毒，也可观察单个病毒与单个细胞的相互作用，加速了肿瘤病毒学研究的进程。1966年，87岁的劳斯终于获得诺贝尔生理学或医学奖的青睐，他也成为迄今为止该奖项年龄最大的获奖者。

劳氏肉瘤病毒与诺贝尔奖的缘分并没有结束。进入威斯康星大学麦迪逊分校工作的特明继续围绕劳氏肉瘤病毒开展研究，其中最重要的研究成果是1970年他证明了该病毒是一种逆转录RNA病毒，这也是第一个被鉴定的逆转录病毒。几乎同时，麻省理工学院的大卫·巴尔的摩（David Baltimore）独立证明了小鼠白血病病毒同样也是一种逆转录RNA病毒。两人研究的最关键发明点在于发现逆转录病毒含有逆转录酶，可将病毒单链RNA逆向转录成双链DNA，该发现印证了特明在20世纪60年代初提出的"原病毒假说"，并证明遗传信息可以在RNA与DNA之间双向传递，也突破了科学界的原有认知——遗传信息只能从DNA传递到RNA。1970年，这两项研究发表在同一期的《自然》杂志上。5年后，特明和巴尔的摩一起获得了当年的诺贝尔生理学或医学奖。

随着逆转录病毒研究的深入，科学家发现这类病毒感染宿主细胞后，在逆转录酶的帮助下，病毒单链 RNA 被逆向转录成双链 DNA，然后病毒来源的双链 DNA 整合到宿主基因组中，以"搭便车"的形式大量复制新的病毒 DNA，并转录成 RNA，再与新合成的病毒蛋白颗粒组装成新的病毒颗粒。

到底致癌病毒是如何引发癌症的呢？20 世纪 60 年代末，有科学家提出"病毒基因 — 致癌基因"假说，即几乎所有癌症都是由致癌基因引发的，这些致癌基因既存在于致癌病毒中，也可能存在于正常细胞中。病毒的致癌基因可将癌症从父母代垂直传递给后代，而正常细胞的致癌基因（一般称为原癌基因）在一定条件的刺激下，也可将正常细胞转化为癌细胞。

很快，科学家就发现劳氏肉瘤病毒含有一个导致正常宿主细胞转化为癌细胞的关键基因 —— *v-src* 基因。那么，正常细胞中到底有没有所谓的原癌基因呢？20 世纪 70 年代初，很多科学家开始争相寻找正常细胞中的原癌基因，其中加利福尼亚大学旧金山分校的迈克尔·毕夏普（Michael Bishop）和哈罗德·瓦尔穆斯（Harold Varmus）拔得头筹。1976 年，这个癌症遗传学领域的黄金二人组首次在正常鸡细胞的基因组中发现了与劳氏肉瘤病毒关键致癌基因

(*v-src* 基因)序列非常相似的基因,他们将其称为"*c-src* 基因",这是第一个被发现的原癌基因。

原癌基因存在于几乎所有脊椎动物的基因组内,一般没有危害,但是如果受到致癌病毒感染、紫外线照射等致癌因素的刺激,原癌基因发生突变,则有可能在宿主细胞中引发不受控制的生长,即癌变。其实,类似劳氏肉瘤病毒的致癌病毒之所以含有致癌基因,主要是因为病毒不仅会"搭便车",利用宿主细胞来复制自己,还善于"顺手牵羊",从宿主细胞基因组中偷来原癌基因为己所用。在鸡正常细胞中找到的原癌基因开启了癌症遗传学崭新的研究领域,也为癌症治疗找到了新的途径。因此,两人于1989年获得了诺贝尔生理学或医学奖。

## 在鸡胚中寻找神经生长的奥秘

同样因为容易获得且廉价,鸡胚也成为发育学家和神经学家的重要实验材料。1986年,意大利的传奇女科学家丽塔·列维-蒙塔尔奇尼(Rita Levi-Montalcini)利用鸡胚发现了神经生长因子,获得了诺贝尔生理学或医学奖。不过丽塔的科研之路并不平坦,以至于

## "吃鸡自由"科学简史

后来她对媒体表示："如果我没有受到歧视或遭受迫害，我永远不会获得诺贝尔奖。"

丽塔于1909年出生在意大利都灵一个富裕的犹太人家庭，父母都受过良好教育，不过他的父亲对于女性接受高等教育存在偏见，不希望丽塔和她的姐妹上大学。经过多次据理力争，丽塔最终说服父亲，于1930年进入都灵大学医学院学习。丽塔的大学老师是意大利著名的解剖学家和组织学家朱塞佩·列维（Giuseppe Levi），她将丽塔引入了当时正在兴起的神经科学领域。列维虽然没有获得诺贝尔奖，但是他的三位学生都相继获得诺贝尔生理学或医学奖。萨尔瓦多·卢里亚（Salvador Luria）和雷纳托·杜尔贝科（Renato Dulbecco）都获得了诺贝尔奖，其中卢西亚因为发现病毒遗传结构复制机制于1969年获奖，杜尔贝科因为在致癌病毒方面的研究而获奖。

1936年，丽塔以优异的成绩毕业，并留下来担任列维的助手，从事人类神经系统的研究。正当她犹豫是当个医生还是从事基础研究之时，意大利法西斯独裁者墨索里尼颁布的一项禁令让她和列维的研究工作戛然而止，该禁令禁止非雅利安意大利公民从事学术活

## 第五章 吃鸡现在时:还要美味与健康

动。列维被赶出学校,丽塔则跟随列维辗转来到比利时继续科研工作。不过,1940年德国入侵比利时,丽塔不得不返回意大利都灵。在都灵,丽塔既不能在学术机构工作并申请资助,也不能与所谓的雅利安科学家进行学术交流,但是这些都无法阻止丽塔的科学之心。丽塔在自家卧室里建了一个简陋的实验室,并以便宜的鸡胚作为实验材料来开展神经系统研究。列维也从比利时返回都灵,帮助丽塔开展研究。

丽塔科研路上一个重要的转机是她看到当时美国著名的胚胎学家维克多·汉堡(Viktor Hamburger)发表的一篇论文:当鸡胚中的四肢被切除后,脊髓内的运动神经元会立即消失,不能再生长、扩散,汉堡认为这是因为缺乏受精组织释放的某种诱导因子。丽塔和列维重复了汉堡的实验却发现,鸡胚的四肢切除后,脊髓神经元并不是马上停止生长,而是会继续向目的地生长一段时间,才会凋亡,这一结果让师徒二人兴奋不已。她们推测试验结果的诱因并不是汉堡所认为的缺乏某种诱导因子,而是缺乏某些促进神经元生长的因子。丽塔和列维的研究论文没能在意大利发表,但是幸运地被比利时杂志《生物学文献》收载。更幸运的是,远在

## "吃鸡自由"科学简史

华盛顿大学圣路易斯分校的汉堡读到了这篇论文,他邀请丽塔前往他的实验室做访问研究。1947年秋天,丽塔前往汉堡的实验室,原计划待10~12个月,却没想她会在华盛顿大学圣路易斯分校度过了26个春秋。

丽塔不仅在汉堡的实验室中重复出她和列维在意大利做出的实验,证明丽塔的发现是正确的,而且汉堡的一个研究生开展的实验给予了丽塔新的灵感。这位研究生将小鼠肉瘤注入鸡胚中,发现鸡胚的神经纤维生长显著加快,这位研究生认为是肿瘤更大的表面积为鸡胚神经纤维的生长提供了空间,但是丽塔意识到小鼠肿瘤中有可能含有某种促进神经纤维生长的因子,正好与自己的研究结果不谋而合。

为了更清晰地证明自己的推测,丽塔学习并掌握了一种培养单个鸡胚神经节的技术。当她将小鼠肉瘤与这些单个鸡胚神经节共同培养时,丽塔惊奇地发现这些神经节中的神经纤维向四周发散开来,在显微镜下形成像太阳光一样的美丽光晕。这个实验进一步证明了"神经生长因子"的存在,但是这个因子到底是什么呢?

当时,大多数科学家都对这一生长因子的存在持怀疑态度。

第五章　吃鸡现在时：还要美味与健康

这时候，年轻的博士生斯坦利·科恩（Stanley Cohen）加入了丽塔的团队，两人努力地想证明神经生长因子的存在。他们从小鼠肉瘤中纯化出一种含有蛋白质和核酸的无细胞溶液，在培养物中重现了小鼠肿瘤所形成的光晕。后来，他们在蛇毒和小鼠唾液中也发现了大量的神经生长因子，可以形成更大的神经纤维光晕，通过神经生长因子的抗血清则可消除这种光晕。之后，丽塔和同事分离出了神经生长因子，并对其进行了蛋白质测序，至此人们对神经生长因子的怀疑才逐渐消失。神经生长因子也成为第一个被发现的生长因子，成为科学家了解癌症和神经系统疾病的重要工具，也是癌症等疾病治疗药物开发的关键靶点。1986年，丽塔和科恩因为发现神经生长因子而荣获诺贝尔生理学或医学奖，这也得益于鸡胚的贡献。

## 鸡胚的特殊贡献

鸡胚对生命科学和人类健康的贡献，不仅在于帮助科学家取得了一些重大的科学发现，而且更重要的是，它们被大量用于生产救命的疫苗，让数以亿计的人类免受传染病的侵害，还顺便给科学家

## "吃鸡自由"科学简史

带来了一项诺贝尔奖,获奖者是美国纽约洛克菲勒基金会的马克斯·泰勒(Max Tailer)。

泰勒并不是第一个利用鸡胚生产疫苗的人。自从18世纪末英国医生爱德华·詹纳(Edward Jenner)首次将牛痘作为天花"疫苗"以来,疫苗已成为人类对付传染病的有效武器。19世纪80年代,法国著名的微生物学家路易斯·巴斯德(Louis Pasteur)开发了一系列疫苗,第一种疫苗是禽霍乱疫苗,当时禽霍乱致病菌——巴氏杆菌刚刚被分离出来,巴斯德的助手由于疏忽,将巴氏杆菌接种到培养基上忘记处理,自己度假去了,一个月后回来发现巴氏杆菌仍然活着,他将菌液注射到鸡体内,意外发现注射病菌的鸡只表现出禽霍乱的轻微症状,而且很快就恢复健康了,这让巴斯德意识到这种毒力减弱的致病菌可作为"疫苗",可惜这个禽霍乱"疫苗"的预防效果不佳。

不过很快,巴斯德和助手就利用类似的方式开发出首个有效的细菌减毒活疫苗——炭疽疫苗,并于1881年5月开展了一项著名的公开实验。实验分为两组,实验组的受试动物包括24只绵羊、1只山羊及6头牛,对照组受试动物包括24只绵羊、1只山羊及4

## 第五章 吃鸡现在时：还要美味与健康

头牛。5月5日和17日，巴斯德和助手用减毒炭疽疫苗对实验组所有动物进行了两次免疫，对照组则不注射疫苗。5月31日，实验组和对照组的所有动物均被注射了高毒力的炭疽杆菌。2天后，实验组的所有动物均健康存活，而对照组的所有羊均死亡，4头牛虽然没有死亡，但表现出严重的炭疽感染症状。巴斯德的总结报告显示，当时现场吸引了数百名观众，他们一起见证了减毒炭疽疫苗的神奇效果。后来，巴斯德和助手还开发出猪丹毒疫苗和第一个狂犬病疫苗。由于在疫苗领域和其他微生物领域的巨大成就，巴斯德被誉为法国的国家英雄，在他1895年过世时，法国政府为他举行了国葬，并成立了以他名字命名的巴斯德研究所，该研究所后来成为全球最负盛名的生物领域科研机构之一。

由于很多疫苗展现出突出的预防效果，20世纪初，很多欧美国家开始在全国范围内大规模应用疫苗接种来预防传染病。这时，疫苗生产面临的最大问题是用来生产疫苗的病毒或致病菌如果进行规模化扩繁，特别是减毒活疫苗，需要在动物体或组织上连续进行上百代的培养，如此才能获得理想的减毒病毒株。最开始，人们采用小鼠、兔子和家禽等活体动物来繁殖病菌，但是这种方式无法满足疫苗的规模化生产。20世纪20年代，科学家相继开发出病毒的动物组织培养技术来生产减毒疫苗，其中鸡胚成为最重要的病毒培养系统。

1931年，美国病理学家和医生欧内斯特·威廉·古德帕斯特尔(Ernest William Goodpasture)和他在范德比尔特大学的同事一起，发明了病毒的受精鸡胚培养方法，并利用这一方法成功培育出鸡痘疫苗和立克次体疫苗。后来这一方法成为疫苗生产的一种标准，并广泛应用于流感、水痘、天花、黄热病、斑疹伤寒和许多其他疾病的疫苗开发，其中黄热病疫苗的开发为马克斯·泰勒赢得了诺贝尔生理学或医学奖。

泰勒1899年出生于南非，在英国获得医学学位后，前往美国从事研究工作，并开始研究黄热病。黄热病是一种起源于非洲，由蚊虫传播的热带传染病，一般症状包括发热、头痛、肌肉痛、恶心、呕吐等，继而出现肝脏损伤引起的黄疸，严重时会导致病人死亡，总死亡率可达7.5%。在日本科学家提出黄热病致病原为细菌的说法之后，泰勒证明了黄热病其实是由病毒传播的，同时证明了西非和南美的黄热病病毒具有高度同源性。其实，黄热病病毒

## 第五章 吃鸡现在时：还要美味与健康

主要是随着黑奴贸易从非洲传播到南美的，而且很多非洲人已对黄热病病毒形成了一定抵抗力，但是病毒在欧美人和印第安人中一度造成重大伤亡，增加了欧美殖民者对黑奴的需求，反过来又促进了黑奴贸易。

20世纪初，美国人一直试图找到黄热病的病因，美国医生沃尔特·里德（Walter Reed）曾带领一个团队前往巴拿马调查黄热病的致病原。他们用细菌过滤器查出比细菌更微小的"可过滤成分"是黄热病的致病原。二十多年后大家才知道这其实是一种病毒，而蚊子则是传播这种病毒的罪魁祸首。通过灭蚊运动，可有效地降低黄热病的发病率。此后几十年，美国和欧洲的科学家一直在寻找对付黄热病更为有效的办法。

受到古德帕斯特尔等人的启发，泰勒在1935—1937年间开展了一系列对黄热病病毒的研究。他和同事首先从黄热病幸存者身上提取高毒力的黄热病病毒，然后分别放在小鼠胚胎、鸡胚、小鼠睾丸组织里进行长期培养，发现黄热病病毒的毒力都会有不同程度的弱化，这是开发黄热病疫苗的第一步。黄热病病毒的毒力主要包括嗜内脏毒力和嗜神经毒力，前者主要导致全身性感染，后者则会引

## "吃鸡自由"科学简史

发脑炎。研究表明,小鼠胚胎培养的病毒嗜内脏毒力有所减弱,而睾丸组织长期培养的病毒嗜内脏毒力基本丧失,但是它们的嗜神经毒力却没有什么变化,都能引发致命脑炎。只有鸡胚培养的黄热病病毒达到比较理想的疫苗要求,经过100多代的连续培养,黄热病病毒的嗜内脏毒力大幅降低,而且嗜神经毒力基本消失,接种这种减毒疫苗的实验动物或人类则能有效抵抗高毒力病毒的攻击。

这是一个理想的减毒疫苗!泰勒等人将其命名为"17D",随即泰勒所在的纽约洛克菲勒基金会迅速开展黄热病疫苗的研发。1940—1947年间,洛克菲勒基金会生产了超过2800万剂疫苗,在南美地区一度较大程度地控制了黄热病疫情。直到现在,尽管基于细胞培养的新黄热病疫苗已研制成功,但是很多热带地区的国家仍然在使用泰勒等人开发的"17D"疫苗,该疫苗已累计使用超过4亿剂。从1937年开始,泰勒经过多次提名后,最终于1951年获得诺贝尔生理学或医学奖,成为诺贝尔奖一百多年历史中唯一一个因为开发病毒疫苗而获奖的人。

自此,鸡胚成为生产病毒疫苗的重要载体,流感疫苗、麻疹疫苗、腮腺炎疫苗等依赖鸡胚培养的疫苗相继被开发出来。据美国疾病控制与预防中心统计,美国一年就要投入1.74亿剂流感疫苗,其中约85%来自鸡胚生产。在全球范围内,每年数以亿计的鸡胚被用于疫苗生产,可以说,无数只母鸡和无法成长为小鸡的鸡胚为保护人类健康做出了巨大贡献和牺牲。

# 第六章
# 吃鸡将来时

全球正进入饲料禁抗新时代　308

基因编辑会为鸡的育种带来惊喜吗？　321

细胞培养肉能替代养殖鸡肉吗？　330

"吃鸡**自由**"科学**简史**

## 全球正进入饲料禁抗新时代

集约化肉鸡养殖最大的威胁在于高死亡率,细菌性传染病则是造成鸡死亡的最主要因素之一。在肉鸡业起步的20世纪20年代,肉鸡死亡率超过30%,到40年代死亡率仍有10%~20%。有时候因为一次传染病暴发,整个鸡场会全军覆没,养殖户血本无归。抗生素的出现为动物细菌性传染病的控制带来了希望,并曾给包括养鸡业在内的畜牧水产养殖业带来意外的惊喜,但最终却给人类健康造成始料未及的深远影响。

## 抗生素的意外作用

人类已有几千年的抗生素使用历史，埃及、中国、希腊和罗马等古代文明都曾有过关于使用霉菌来治疗细菌性疾病的记载，不过当时人们并不知道细菌的存在，也不知道抗生素是何物。

20世纪初，德国微生物学家保罗·埃尔利希（Paul Ehrlich）等人从染料中发现了能杀死细菌的化合物，并开发了治疗梅毒的抗生素。但这类以化合物为基础的抗生素副作用非常大，使用范围有限。1928年，英国医生亚历山大·弗莱明（Alexander Fleming）意外发现了青霉素，40年代初，青霉素得以纯化，并很快在第二次世界大战期间治疗军队伤员中发挥了巨大的作用。青霉素等生物来源的抗生素迅速成为治疗细菌性传染病的有力武器，各种抗生素也相继被开发出来。

第二次世界大战结束后，抗生素不仅被科学家和医生广泛应用于人类疾病治疗上，也被一些兽医用于鸡的白痢、副伤寒、传染性鼻炎、腹泻、球虫病等疾病的治疗，取得不错疗效。令人意外的是，1946年威斯康星大学麦迪逊分校的摩尔等人观察到在有充足叶酸的情况下，链霉素和磺胺类抗生素单独或联合饲喂白来航鸡，不仅

## "吃鸡自由"科学简史

可大幅减少胃肠道的致病性大肠杆菌数量，还能显著促进小鸡的生长，不过这项研究并没有得到太多关注。

广受认可的研究是美国氰胺公司（美国著名的化学品公司，2009年被辉瑞公司收购）的斯托克斯塔德和朱尔斯完成的。1950年前后，斯托克斯塔德和朱尔斯在研究维生素 $B_{12}$ 时，意外发现利用金黄色链霉菌分离维生素 $B_{12}$ 时的副产物金霉素作为饲料添加剂，可有效促进小鸡生长，增重量最高可比不添加金霉素时提高50%以上，而且金霉素能显著降低小鸡的死亡率。斯托克斯塔德和朱尔斯等人的一系列研究让人们意识到，抗生素不仅可以作为药物治疗和预防动物传染病，大幅降低死亡率，而且能作为饲料添加剂促进动物生长，提高饲料报酬率，有望为养殖户带来可观的经济效益，也为养殖业集约化水平进一步提高提供了重要保障。

很多科学家纷纷加入到研发促生长抗生素的竞争中，进一步证明金霉素、链霉素、土霉素、青霉素等多种抗生素能促进各种农业动物的生长发育，甚至有人尝试用抗生素来促进人类婴儿的生长。《科学》《自然》等国际顶级学术期刊相继发表了多项关于抗生素促进动物生长的研究成果，并探讨了抗生素促生长的机制：抗生素能改善胃肠道菌群,减少有害微生物的数量,增加有益菌群的丰度,更有利于动物胃肠道对营养成分的吸收,从而促进动物的生长发育。

很快,肉鸡和其他养殖业开始大量采用抗生素作为促生长饲料添加剂。以美国为例,据美国国际贸易委员会统计,从1950年开始,美国的抗生素产量和消费量逐年提高,1978年抗生素产量达到1.17万吨,为1950年的近30倍。据美国国家科学研究委员会在《动物饲料中亚临床治疗使用抗菌剂对人类健康的影响》咨询报告中估计,1978年约有40%的抗生素用于饲料添加剂,其中养猪业消耗1400吨,养禽业紧随其后,约消耗1000吨。美国食品药品监督管理局的资料显示,2010年美国兽用抗生素消费量已达人用抗生素的四倍。20世纪50—60年代,大多数欧洲国家也相继批准了抗生素促生长用途。70年代初,欧洲共同体将抗生素促生长剂纳入统一管理,制定了可在欧洲共同体所有国家销售的抗生素饲料添加剂目录和可在单个国家销售的抗生素饲料添加剂目录,并规定只有在目录中的抗生素才能用作饲料添加剂。

随着全球动物源食品的需求量持续增长,全球动物抗生素消费

### "吃鸡自由"科学简史

量也一直呈增长趋势。2015年，美国普林斯顿大学等机构的研究人员在《美国科学院院刊》中首次估计了全球食用动物抗生素的使用情况，2010年全球兽用抗生素消费量超过6.3万吨，兽用抗生素消费份额最大的5个国家包括中国（23%）、美国（13%）、巴西（9%）、印度（3%）和德国（3%）。不同畜种具有不同的平均抗生素消耗量，其中生猪每千克体重平均消耗抗生素0.172克，家禽则消耗0.148克，牛需消耗0.045克。该研究警告称，如果不采取监管行动，预计到2030年全球动物抗生素消费量将比2010年增长67%，其中约有2/3的增长归因于动物养殖数量的增加，而另外1/3的增长则来源于集约化养殖程度的提升。该报告还预测在这一时期，巴西、俄罗斯、印度、中国和南非的抗生素消费量将增长1倍，中国动物抗生素消费量占全球的份额将从2010年的23%提高到2030年的30%，而整个亚洲的动物抗生素消费量将占全球的80%以上。在亚洲，到2030年，鸡和猪的抗生素消费量预计将分别增长129%和124%，猪和鸡仍然是兽用抗生素的消耗大户。

## 第六章 吃鸡将来时

### 耐药菌问题日趋严重

抗生素的发现被认为是 20 世纪最重要的科学成就之一，它显著改善了人类和动物的健康状况。令人意想不到的是，当人们享受抗生素带来的好处时，抗生素滥用和不规范使用所隐藏的健康风险早在抗生素诞生初期就悄然而来，其中最大的风险是耐药菌问题。

顾名思义，耐药菌是耐受抗生素的病原性细菌。从20世纪30年代中期开始，耐药菌现象随着磺胺类抗生素的大量使用相继被发现。40年代后期，科学家观察到流感嗜血杆菌对青霉素 G 产生了耐药性，导致感染流感嗜血杆菌的病人在接受青霉素 G 治疗后仍然得了败血症。1955—1960年，科学家发现金黄色葡萄球菌对青霉素产生了耐药性。1971年，澳大利亚科学家首次发现肺炎球菌也对青霉素具有耐药性，青霉素的剂量需要比非耐药菌提高25倍才能抑制肺炎球菌的生长。

更令人担心的是，细菌的耐药性不仅能以垂直传播方式遗传给下一代，而且还能通过水平传播方式将耐药性传递给其他细菌。1976年，美国塔夫茨大学医学院的利维等人在《自然》杂志上发表了一项重磅研究，他们不仅观察到具有耐药性的大肠杆菌在鸡群之

## "吃鸡自由"科学简史

间传播，而且能从鸡传播给人类。研究人员将一种温度敏感型抗氯霉素基因转入大肠杆菌中，获得重组耐药性大肠杆菌，然后注射到几只鸡的肠道中，这些耐药性大肠杆菌很快在鸡群中传播开来。研究人员还观察到，这些耐药菌中的耐药基因能从鸡体内传播给在鸡场活动的人类，其中一个是实验鸡场管理人员12岁的儿子，在清洗鸡笼两天后，研究人员在他的粪便中发现78％的大肠杆菌都具有温度敏感型抗氯霉素的能力。这些研究最大的发现在于，耐药基因主要通过细菌中的质粒（细菌中的一种环形DNA）水平传播到鸡体内的其他大肠杆菌。原来细菌并非完全的无性繁殖，有时候两个细菌会相互接触，通过菌毛发生接合，这时候细菌内的质粒就会通过菌毛形成的通道将遗传物质运送到另一个细菌内部，耐药基因就是在这种情况下悄无声息地从一种细菌水平转移到另一种细菌身上。科学家后来发现，细菌非常善于利用这种接合方式分享自己的基因。

随后，利维等人开展了另外一项研究，他们给鸡饲喂添加有四环素的饲料。5个月后，在超过30％的鸡场工人的粪便样本中，耐四环素细菌的比例都超过80％，证明抗生素作为促生长添加剂在饲料中的应用，不仅会产生耐药菌，而且这些耐药菌基因还能通过水平传播方式在人群中传播。

值得注意的是,耐药基因并非在抗生素诞生和广泛应用后才产生的。科学家比较了从270万年前的永久冻土中分离出的细菌和现在的菌株,发现它们的耐药性并没有显著差异,因此科学家推测抗生素的广泛应用只是让那些携带耐药基因的细菌形成了生存优势,让这些原本并不突出的"小众"细菌谱系,摇身一变成为同类细菌中最靓的"仔"——最流行的细菌谱系。

随后几十年,关于耐药菌的报道层出不穷。可以说是"道高一尺、魔高一丈",人类科学家不断开发新的抗生素,耐药菌的耐药技能也在不断升级强化。更糟糕的是,一些超级耐药菌能同时对抗多种抗生素,一旦感染这种超级细菌,有可能面临没有可用抗生素的危险。耐药菌已成为全球三大公共卫生问题之一,造成了巨大的健康危机和经济损失。据国际著名医学杂志《柳叶刀》报道,国际细菌耐药性合作者的研究人员对全球204个国家和地区进行了细菌耐药性分析,发现2019年全球与细菌耐药性相关的死亡人数超过495万,其中主要因为细菌耐药性死亡的人数超过127万。大肠杆菌、金黄色葡萄球菌、肺炎克雷伯菌、肺炎链球菌、鲍曼不动杆菌和铜对抗生素说No！

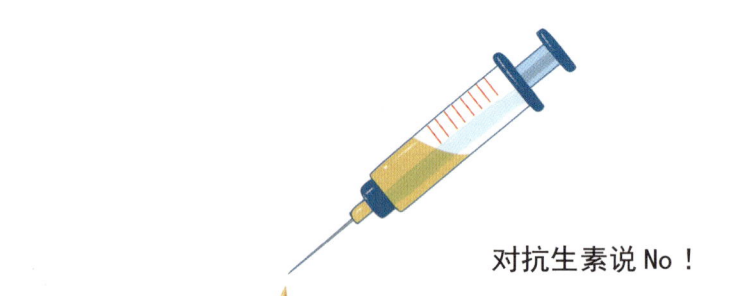

第六章　吃鸡将来时

绿假单胞菌是最主要的耐药菌，共导致93万人死亡，其中抗甲氧苯青霉素（甲氧西林）的金黄色葡萄球菌致死人数超过10万，是最致命的耐药菌。另据一份由英国政府委托进行的抗生素耐药性审查报告推测，到2050年，耐药菌每年可能导致1000万人死亡，同时将造成100万亿美元的经济损失。

## 养殖业禁抗生素势在必行

随着关于耐药菌的报道越来越多，各国政府部门开始重视抗生素滥用引发的耐药菌问题，抗生素促生长饲料添加剂成为一个全球关注的焦点。

1969年，一个由英国政府任命的畜牧兽医联合委员会向英国国会提交了《抗生素在畜牧业和兽医的使用》报告，首次从政府层面关注耐药菌问题。该报告陈述了动物抗生素使用情况、可能存在的风险及耐药性等问题，并提出了在畜牧业和兽医中谨慎使用抗生素的原则，该报告同时建议应禁止在饲料中使用青霉素、金霉素和土霉素，除非有执业兽医的处方。1980年，美国国家科学研究委员会发布了《动物饲料中亚临床治疗使用抗生素对人类健

### "吃鸡自由"科学简史

康的影响》咨询报告，首次对动物饲料中使用抗生素作为添加剂给人类健康带来的风险进行了全面的审视，认为目前对动物饲料中添加抗生素如何影响人类健康的研究还较为有限，但是其导致耐药菌的爆发是不争的事实，需要对抗生素饲料添加剂进行重点监测和流行病学等研究。

1997年，世界卫生组织开始关注兽用抗生素问题。2000年，世界卫生组织在联合国粮食及农业组织和世界动物卫生组织的参与下，制定了《遏制食品动物源抗菌药物耐药性全球指导准则》，以期减少对食品动物源滥用和过量使用抗生素。2015年5月，第68届世界卫生大会通过了《抗生素耐药全球行动计划》，提出了控制抗生素耐药性的干预措施，包括减少人类和动物不必要地使用抗生素。2017年，世界卫生组织再次发布关于在食用动物中使用医学上重要抗生素的指南，提出在食用动物中全面减少各类重要医用抗生素的使用，全面限制在食用动物中所有重要医用抗生素的促生长剂和预防用途等。

随着调查研究的深入，是时候对抗生素饲料促生长剂采取行动了。欧洲最早从政府层面对抗生素促生长剂采取行动。1986年，瑞典成为第一个禁止在饲料中使用抗生素添加剂的欧洲国家。从90年代中期开始，欧洲多个国家相继禁止单种或全部抗生素用作促生长剂。欧盟在1997年禁止在饲料中使用阿伏霉素，2006年欧盟全面禁止在动物饲料中使用抗生素。由于采取旨在减少耐药菌发生率的国家行动计划、动物抗生素慎用国家运动、食用动物抗生素禁用或动物抗生素处方限制等诸多措施，欧洲抗生素消费量和相关的耐药性风险持续降低。欧洲药品管理局的欧洲兽用抗生素消费监测年度报告显示，2011—2020年，欧洲25个国家的兽用抗生素消费总量减少了43%，其中第三代和第四代头孢菌素的销售额下降33%，多黏菌素下降77%，氟喹诺酮类下降13%，其他喹诺酮类下降85%。

禁用抗生素饲料添加剂对耐药菌感染率降低的效果非常明显。1995年，禁止在饲料中添加万古霉素类似物阿伏霉素之后，丹麦肉鸡耐万古霉素的肠球菌感染率从1995年的72.7%下降到2000年的5.8%，在意大利、匈牙利、德国等国家也观察到类似的趋势。另外，丹麦技术大学的研究人员对1992—2008年丹麦全国养猪场抗生素消费量和生产力的变化情况进行分析，发现17年间丹麦养猪业抗生素单位消耗量降低了一半,这期间丹麦生猪养殖规模提高了近14倍,母猪生产能力、仔猪和育肥猪日增重等指标均有所提高,而死亡率基本维持不变,表明禁用抗生素添加剂并不会影响生猪的生产力。大量研究表明,通过改善养殖场卫生条件、加强疫苗接种,推广益生菌、益生元、抗菌肽等抗生素替代品等措施,可以有效弥补禁用兽用抗生素带来的养殖健康风险。

由于欧洲的示范效应,禁用抗生素促生长剂成为大势所趋。目前,全球有超过120个国家禁止在饲料中添加抗生素促生长剂。2017年,美国正式禁止抗生素作为促生长剂用于动物饲料生产,中国则于2020年底禁止了含有抗生素促生长剂的商品饲料的生产和流通,中国养鸡业也将迎来"无抗"时代。

第六章　吃鸡将来时

## 基因编辑会为鸡的育种带来惊喜吗？

如果要评选最具应用潜力的生物育种技术，基因编辑技术无疑是呼声最高的技术之一。2012年、2013年、2015年和2017年，基因编辑技术多次被国际权威学术期刊《科学》杂志评为十大科学进展之一。2018年，美国国家科学院发布的《2030年推动食品与农业研究的科学突破》报告中，将基因编辑技术列为未来10年将极大提高美国食品与农业研究能力的5项技术之一。2020年10月，瑞典诺贝尔奖委员会决定将诺贝尔化学奖授予两位女性生物学家——法国的埃马纽埃尔·卡彭蒂耶（Emmanuelle Charpentier）和美国的詹妮弗·杜德纳（Jennifer A. Doudna），因为她们发明了第三代基因编辑工具。

"吃鸡自由"科学简史

## 基因编辑育种时代已悄然而至

基因编辑技术，简单来说就是一种对生物 DNA 或 RNA 的精准修饰技术，就像利用 word 软件对近十亿字的中国古典巨著《四库全书》进行编辑，可以精确到一个词语或一个字的删除、替换或添加，同样基因编辑技术可以在几十亿个碱基对的基因组中实现对单个碱基的修改。

基因编辑技术主要包括锌指核酸酶技术、类转录激活样效应因子核酸酶（TALEN）技术和 CRISPR/Cas 9 技术。这三种主要的基因编辑技术有一个共同特点，它们都是由 DNA 结合结构域和核酸内切酶两个功能元件组成，负责识别和结合基因组 DNA 中的特异序列，相当于 word 软件中的"查找"工具，可以定位到某个特定 DNA 序列或单个碱基，核酸内切酶负责将 DNA 切断，利用细胞自身的 DNA 损伤修复功能，实现对目的基因的修饰，相当于 word 软件中的"剪切"工具，能轻松剪切掉 DNA 序列或单个碱基，并对目标序列进行删除、替换等操作。

CRISPR/Cas 9 技术是由法国微生物学家埃马纽埃尔·卡彭蒂耶（Emmanuelle Charpentier）和美国生物学家詹妮弗·杜德纳 (Jennifer

Doudna)合作开发的第三代基因编辑技术。CRISPR/Cas 9基因编辑技术是通过单链向导RNA（sgRNA）引导一段成簇规律间隔的短回文重复序列（即CRISPR）RNA在基因组内搜寻和锚定靶标DNA，然后在核酸内切酶Cas蛋白的作用下，断裂靶标双链DNA，激发细胞的DNA自我修复机制。与前两代基因编辑技术相比，CRISPR/Cas 9技术具有设计制作简单、基因编辑准确性高、功能更加灵活多样等特点，迅速成为最主流的基因编辑工具，广泛应用于基因治疗、生物育种等领域，展现出巨大的应用前景。2020年，卡彭蒂耶和杜德纳这两位女科学家因此获得了诺贝尔化学奖。

由于可以对目标序列进行精准的修饰，可实现转基因技术无法实现的操作，基因编辑技术一问世，就在动植物育种中展现出巨大的潜力。目前全球已研发出具有抗病性能优良、生产效率提升、富含营养成分或动物福利改善等特性的上百种基因编辑动物，基因编辑动物也已进入了产业化应用阶段，其中抗热应激基因编辑牛和α-半乳糖苷酶基因编辑猪已在美国获准上市，而两种快速生长型基因编辑鱼则率先在日本销售，预示着基因编辑技术将成为主要的动物育种技术之一。

## "吃鸡自由"科学简史

### 鸡基因编辑育种大有可为

虽然目前没有基因编辑鸡产品上市，但是基因编辑技术在培育优良鸡种、挽救濒危鸡种等方面具有巨大的潜力。

与哺乳动物相比，家禽的基因编辑操作难度更大。由于哺乳动物的受精卵可在体内或体外轻松获取，科学家可以对尚处于单细胞的受精卵进行基因编辑，产生的后代即为基因编辑动物。但是这种操作方法对家禽并不适用，因为家禽具有独特的生殖系统。以鸡为例，其受精过程在鸡蛋形成之初就已完成，等到产蛋时，鸡胚内的细胞已有6万个左右，难以在单细胞期的受精卵中进行基因编辑操作。好在科学家从这些鸡胚细胞团中分离出了原始生殖细胞（PGCs），这类细胞属于高度特化的细胞，具有分化为雌性或雄性配子的能力。将PGCs细胞分离培养后，可在体外对其进行基因编辑操作，将编辑后的PGCs细胞注射到受体胚胎内产生嵌合体（由基因编辑细胞和普通细胞组成），嵌合体性成熟后进行配种，即可获得一定比例的纯合基因编辑鸡。目前，PGCs基因编辑技术主要在鹌鹑和鸡中成功应用，基因编辑鹌鹑主要用作实验动物，而基因编辑鸡则在抗病、性别控制、濒危物种保护等方面展现出重要的育种价值。

禽白血病、禽流感等疫病对养鸡业造成巨大损失，因此基因编辑抗病育种被寄予厚望。禽白血病是一类由禽白血病病毒引起的慢性传染性肿瘤疾病，多数为淋巴细胞病变，造成淋巴细胞增生，使之逐渐发展成为恶性肿瘤。该病的主要症状是食欲萎靡、精神不振，解剖发现肝脏肿大，多器官出现肿瘤病变，发病率超过25%，死亡率超过20%。禽白血病病毒是一种逆转录病毒，必须在鸡细胞表面一个受体蛋白的帮助下，才能进入细胞内部，将它们的RNA反转录成DNA后插入到鸡基因组中，从而让鸡内脏器官的细胞无限增生，然后借用鸡细胞的DNA复制系统和蛋白质合成系统，大量组装新的病毒颗粒。捷克国家科学院的研究人员比较了对禽白血病病毒有抗性和无抗性的鸡细胞，发现它们的表面受体只在第38位氨基酸残基上有差异，其中对病毒无抗性的鸡的细胞表面受体第38位氨基酸残基为色氨酸，一旦该氨基酸残基缺失或被其他氨基酸残基替代，该细胞就会表现出抗病毒活性。于是，研究人员利用基因编辑手段，删除鸡细胞表面禽白血病病毒受体的第38位色氨酸残基，如同戳瞎了这个"内奸"的双眼，病毒就失去了"内奸"的引领和帮

### "吃鸡自由"科学简史

助,根本无法进入鸡细胞的内部。当研究人员给这些双等位基因编辑的鸡进行禽白血病病毒静脉注射后,这些鸡并没有表现出通常的病毒血症,而一部分非基因编辑鸡则出现了严重的病毒血症,表明基因编辑鸡具有良好的禽白血病病毒抗性。德国慕尼黑工业大学也采取类似的技术,获得了抗禽白血病病毒的基因编辑鸡,这些鸡生长发育正常,而且具有较强的抗病毒能力,在攻毒63天后,基因编辑鸡血液中检测不到病毒RNA,解剖后也没有在其体内观察到病变,而攻毒后对照组鸡大多表现出病毒感染的相应症状。

在蛋鸡生产中,公鸡往往没有什么利用价值,因此经过性别鉴定之后,公鸡一般会被将当成垃圾处理,预计全球每年有数以亿计的小公鸡被杀掉,这也成为养鸡业被动物保护组织诟病的一个方面。韩国首尔国立大学的研究人员利用基因编辑技术将绿色荧光蛋白基因定点整合到Z染色体上,获得了基因编辑母鸡。由于母鸡的性染色体是ZW型,而公鸡的性染色体是ZZ型,当Z染色体携带绿色荧光蛋白基因的母鸡与野生型公鸡交配后,后代中的母鸡完全不携带外源基因,而后代中的公鸡都是携带绿色荧光蛋白基因的转基因鸡,通过绿色荧光蛋白检测,即使在其未出生时也可轻松鉴别鸡的性别，即可将这些鸡蛋淘汰，避免在小公鸡出生后再将其杀死。

现代养殖业对地方鸡种造成巨大冲击，导致大量地方鸡种灭绝或处于濒危状态，但是如果低温冷冻保存有这些地方鸡种的原始生殖细胞和精液，基因编辑技术就可能复活纯种的濒危或已灭绝的珍贵地方鸡种。英国爱丁堡大学的研究人员利用基因编辑技术将一个商业肉鸡雌性性腺发育的关键基因破坏掉，创造了一种不含雌性原始生殖细胞的基因编辑母鸡，通过移植珍贵地方鸡种的原始生殖细胞，并用地方鸡种精液进行人工授精，这些基因编辑母鸡将变成代孕母鸡，为地方鸡种繁殖大量的纯种后代，有望完全复活灭绝或濒危地方鸡种。

## 全球基因编辑监管政策日趋放松

越来越多的动物育种者热衷于采用基因编辑技术，也培育出越来越多性能突出的基因编辑动物新品种。不过这些基因编辑动物产品最终能否进入市场，一方面取决于相关产品的市场前景及技术创新性，另一方面则取决于各国政府关于基因编辑动物的监管政策。

目前，还没有国际公认的基因编辑生物监管框架，每个国家都在根据自己的国情、研发进展等对基因编辑生物制定不同的监管政策。另外，不同的基因编辑产品也可能适用不同的监管政策，这是因为基因编辑技术可对基因组进行不同方式的修改，包括自有基因定点删除、外源基因定点插入、碱基精确替换等。不同基因编辑操作的安全性不可一概而论，一般认为不含外源基因的基因编辑生物与同类生物具有相同的安全性。因此大多数国家倾向于采取产品导向监管政策，即根据产品的具体情况来决定是否采取监管措施。

目前，美国、加拿大、澳大利亚、日本、阿根廷、巴西等多个国家已将无外源基因导入的基因编辑生物视为非转基因生物，一般采取备案制，无须进行安全评价即可进入市场。这一政策显著促进了这些国家基因编辑生物产业化发展，截至2020年10月份，美国农业部就已批准超过70种基因编辑作物进入市场，包括抗褐变蘑菇、高油酸大豆、抗白粉病小麦、高油荠蓝、高油山茶花、富含花青素紫色西红柿等。在批准基因编辑动物产品上市方面美国也走在了国际前列，相继批准了医食两用的基因编辑猪、抗热应激基因编辑牛等产品上市。日本作为从未批准转基因动植物在本国种养的国家，不仅批准了富含 $\gamma$ - 氨基丁酸基因编辑番茄，还批准了两种快速生长的基因编辑鱼上市销售，表明日本已成为国际基因编辑动物产业化的领跑者。而长期反对转基因作物种植的欧盟，对基因编辑生物的态度同样有所松动，欧盟委员会将基因编辑技术归于"新基因组技术"，正在研讨制订针对基因编辑作物新的监管框架。

2022年1月，我国农业农村部发布了《农业用基因编辑植物安全评价指南（试行）》，主要简化了无外源基因导入的基因编辑作物安全评价程序。新的指南对无外源基因导入的基因编辑植物采取分类管理措施，即当目标性状不增加环境安全风险和食用安全风险时，可在完成中间试验后，直接申报生产应用安全证书，无须提供环境安全和食用安全数据材料，省去了原来《转基因植物安全评价指南》所规定的环境释放和生产性试验两个程序，大大简化了安全评价流程，预计可节省2年以上的时间，也将大幅降低相关研发成本。

不过，目前中国还没有出台基因编辑动物安全评价指南。理论上，对于无外源基因引入的基因编辑动物应该采取基因编辑作物类似的监管政策。中国科学家在基因编辑动物研发领域已取得一系列国际领先的研究成果，相继培育出十多种具有产业化前景的基因编辑动物，中国政府也正在研讨制订基因编辑动物安全评价指南，有望进一步明确相关监管政策，加速我国基因编辑动物的产业化进程。

"吃鸡**自由**"科学**简史**

## 细胞培养肉能替代养殖鸡肉吗？

2020年12月初，新加坡一家名为"1880"的高级餐厅开始向公众出售一种特殊的鸡肉产品，引起全世界媒体的关注。这种鸡肉并非来自养殖场的鸡，而是实验室培育箱中的细胞生长而来的鸡。细胞培养鸡肉在火热的全球细胞培养肉赛道中率先撞线，新加坡也成为第一个正式批准细胞培养肉产品上市销售的国家。两年后，新加坡越来越多的饭店和街边摊开始向顾客供应细胞培养鸡肉产品。人类吃鸡的历史会不会就此彻底改变？

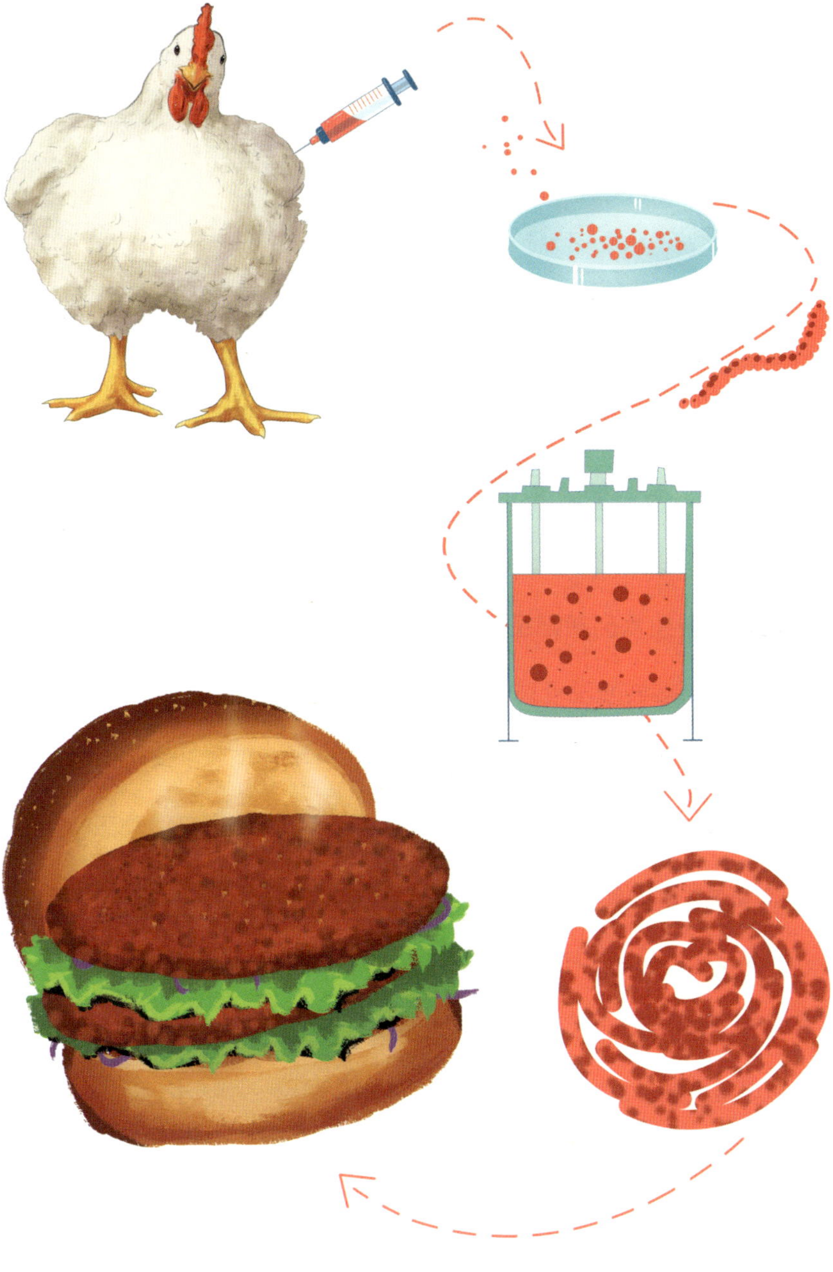

"吃鸡**自由**"科学**简史**

## 细胞培养肉为何受青睐？

新加坡人率先吃上细胞培养鸡肉是有原因的。新加坡是一个位于东南亚的城市型国家，土地资源非常有限，人住的地方都比较紧张，农业和养殖用地自然就捉襟见肘了。这导致新加坡90％左右的食物依赖进口，大多数来自邻国马来西亚。

为了减少对进口食品的依赖，新加坡食品局在2019年制定了"30×30"目标，即到2030年，新加坡本地生产的食物将满足新加坡30％的营养需求。这个目标对新加坡来说还是相当艰巨的，支持食品前沿技术创新则是新加坡实现"30×30"目标的主要措施之一，因此新加坡鼓励全球创新型企业在新加坡开展创新创业。来自美国旧金山的好肉公司（Good Meat）正好抓住了这一契机。

好肉公司是Eat Just公司的子公司，后者是一家用植物原料生产人造鸡蛋的创新型公司。Eat Just公司于2011年在美国加利福尼亚州成立，从2013年开始推出一系列人造鸡蛋产品，这些产品用豌豆、绿豆等植物原料制成。到2021年3月，该公司已生产相当于1亿个鸡蛋的人造鸡蛋产品。同月，该公司获得2亿美元投资，用于拓展全球业务。

在植物基人造鸡蛋产品上取得巨大成功的同时，Eat Just公司

## 第六章 吃鸡将来时

将目光转向了动物细胞培养肉赛道，于2017年推出了第一款动物细胞培养的人造鸡肉产品"Good Meat"，该产品70%的成分来自动物细胞，其余成分则是植物基原料。2020年12月好肉公司在新加坡实现了人造鸡肉产品的量产，并获得新加坡政府批准，开始在新加坡市场上大规模销售。2021年该公司即筹集2.67亿美元的风险投资，用于大规模细胞培养鸡肉生产。

据好食品研究所（GFI）统计，除了好肉公司，全球已有超过100家科技公司从事细胞培养肉的研发和生产，至少涉及25个国家和地区。2021年，全球细胞培养肉公司获得近14亿美元的投资，比上一年增长74%。为什么细胞培养肉公司如此受资本的青睐？

相对于传统的鸡肉生产，细胞培养鸡肉有几个好处：一是更加安全，它不容易藏匿病菌和传播食源性疾病，还可以根据消费者的健康需要来定制产品；二是降低能源消耗，细胞培养方式只须生产可食用的鸡肉产品，而不用生产羽毛、骨头等非食用部分；三是减少环境污染，细胞培养方式不会产生大量粪便污染，也不存在非食用部分所带来的环境污染；四是不涉及动物福利问题，细胞培养方式无需圈禁和屠宰动物。

## "吃鸡自由"科学简史

### 细胞培养肉咋生产?

由于技术较为成熟、研发周期较短及生产成本较低,以植物为原料的人造肉产品率先在商业化上取得成功。例如,植物基人造肉领头羊别样肉客(Beyond Meat)公司在2013年推出第一款人造肉产品之后,其利用豌豆分离蛋白、大米蛋白、绿豆蛋白等植物基原料制成的各种人造肉产品,已经在全球超过90个国家和地区的约13万个超市和餐馆销售,2021年该公司销售额突破4.64亿美元,约占全球植物基人造肉市场的1/10。

不过,相对传统养殖肉而言,植物基人造肉在口感、风味等方面很难满足大多数肉食者的需求,因此近年来,基于干细胞的细胞培养肉技术得到快速发展。这也是Eat Just公司除了深耕原有植物基人造鸡蛋业务之外,还积极开拓细胞培养鸡肉、牛肉和鱼肉等新兴业务的重要原因。

要体外培养鸡肉,首先需要弄明白的是鸡肉的结构。大多数鸡肉如胸肉、腿肉等,其实主要由骨骼肌组成。骨骼肌由大约90%的肌纤维和其余10%的脂肪和结缔组织组成。尽管脂肪和结缔组织在肌肉中所占的比例较小,但它们仍然很重要,因为肉的嫩度、多汁性和风味高度依赖于这些成分。

肌细胞则是一种细长的管状多核细胞，因其内部含有很多细长的纤维，又被称为肌纤维。每条肌纤维呈细长圆柱形，直径为10~100微米，长度范围从几毫米到几厘米。成束的肌纤维形成一个肌纤维束，大量肌纤维束聚集在一起形成骨骼肌。脂肪细胞松散地沉积于肌纤维束间，形成肌肉脂肪组织。同时，每一块骨骼肌都被三层结缔组织所包围，即包裹整块肌肉的肌外膜、包裹肌肉束的肌束膜和包裹肌纤维的肌内膜。结缔组织以成纤维细胞为主，对肌肉结构的形成有显著贡献，是肌肉分化和发育所必需的组织。

了解鸡肉的主要结构之后，我们就会发现，要在体外培养细胞中生产鸡肉，不仅要大量获得肌纤维，还需要辅之以脂肪和结缔组织。肌纤维和脂肪细胞自身没有再生能力，必须借助干细胞才能实现大规模生产。多能干细胞和骨骼肌干细胞均可分化成肌纤维。多能干细胞包括胚胎干细胞和诱导多能干细胞，其中胚胎干细胞包括胚胎细胞期前的所有细胞，属于全能干细胞，理论上可分化为机体任何细胞，而诱导多能干细胞则是通过添加一些特定转录因子，将体细胞逆转成具有类似胚胎干细胞多能性的一类干细胞。但是鸡的胚胎

## "吃鸡自由"科学简史

干细胞和诱导多能干细胞都很难培养，体外进行干细胞诱导分化也比较费劲，而且一些未完全分化的干细胞还有发育成畸形瘤的风险。

多能干细胞看似很"多能"，但是在细胞培养鸡肉生产中并不实用。因此，人们转而求助骨骼肌干细胞等成体干细胞。骨骼肌干细胞属于专能干细胞，其唯一的用途是定向分化为肌纤维。骨骼肌干细胞平时潜伏在肌纤维附近，处于静默状态，一旦周边肌纤维凋亡或受损，骨骼肌干细胞就会接到指令，加速分化成新的肌纤维，实现肌纤维的新老更替。所以，骨骼肌干细胞是细胞培养鸡肉更理想的候选干细胞。

当然，骨骼肌干细胞也有它们自己的脾气，比如必须有人给它们发号施令（某种生长因子）才能启动分化。多能干细胞和脂肪干细胞像浮萍，能飘浮在培养液中自由生长，而骨骼肌干细胞则像绿苔，必须依附一些支架才能愉快生长。其实搭建支架也是好事，无论是想吃鸡胸肉还是鸡腿肉，只要设计相应的支架，骨骼肌干细胞和脂肪干细胞就会按照人类设计的路线和形状生长。

根据官网介绍，好肉公司的细胞培养鸡肉生产过程大概是这样的：第一步从优良肉鸡品种的蛋或活鸡身上提取状态最好的干细胞；

第二步对这些干细胞进行检测和筛选，挑选那些能生产最健康、最美味和最可持续鸡肉的种子细胞；第三步利用这些挑选好的种子细胞组成"细胞库"，这些种子细胞可以持续进行分裂和鸡肉生产；第四步则进入了正式生产阶段，将种子细胞引入大型的生物反应器中，这些生物反应器相当于大的发酵罐，可以持续提供养分和热量，维持细胞不断生长；第五步要持续提供细胞生长所需的足够养分，即细胞培养基，主要成分包括氨基酸、脂肪、葡萄糖、维生素和矿物质，绝大多数成分来自植物；第六步是细胞进入生物反应器中大概6周后即可进行收获，然后加工成终端产品，如各种形状的鸡肉产品。

## 细胞培养肉面临巨大挑战

尽管细胞培养肉越来越被看好，但是也面临一系列挑战，短时间内很难取代传统的养殖肉类。

首当其冲的是监管问题。细胞培养肉作为新型食品，需要获得政府的监管。除了新加坡和美国，目前很多国家和地区已经开始制定相关的监管政策。欧盟计划将细胞培养肉纳入"新型食品"法规管辖范围，需要对细胞培养肉产品进行上市前授权和上市后检查。

## "吃鸡自由"科学简史

美国细胞培养肉由美国食品药品监督管理局和美国农业部共同监管,其中前者负责监管细胞培育和生产阶段,后者则负责监管细胞的收获和细胞培养肉产品加工,同样需要进行上市前授权。中国没有针对细胞培养肉的专门监管政策,但是按照新食品原料相关法规的规定,细胞培养肉应该属于新食品原料的范畴,根据《食品新原料安全性审查管理办法》的要求,细胞培养肉在获得上市许可前需要开展安全性评价。不过,近年来,我国在政策上也释放了一些积极信号。2021年12月,农业农村部发布《"十四五"全国农业农村科技发展规划》,首次提到了细胞培养肉和其他人工合成蛋白,称其是未来食品制造中值得关注的重要技术。国家发展改革委日前发布的《"十四五"生物经济发展规划》提出,要发展合成生物学技术,探索研发"人造蛋白"等新型食品,实现食品工业迭代升级,降低传统养殖业带来的环境资源压力。

其次是如何降低成本的问题。相对于其他畜禽养殖,鸡肉生产成本优势非常明显。美国劳工统计局的数据显示,美国城市鸡肉平均售价在每磅3.6美元左右,相当于每千克鸡肉售价为8美元左右。2013年,荷兰组织工程学家马克·波斯特(Mark Poster)教授在英国伦敦宣布，他领导的团队利用干细胞技术在实验室的培养皿中生产出约2万条牛肌肉纤维，并手工制作成世界上第一个人造牛肉汉堡，这个汉堡耗资约32万美元。2016年，美国Upside foods公司将细胞培养牛肉和鸡肉的生产成本分别降至4万美元/千克和2万美元/千克。以色列生物科技初创企业未来肉食科技公司（Future Meat Technologies）是另一家细胞培养鸡肉领先公司，一直致力于通过技术创新不断降低细胞培养肉的生产成本。2021年底，该公司采用植物源培养基再生技术将每磅鸡肉的生产成本降至7.7美元，该技术可提高细胞培养密度至每升培养液中细胞数量达1000亿个，是细胞培养工业标准密度的10倍以上。据CE Delft咨询公司预测，到2030年，通过减少细胞培养必需的重组蛋白价格、降低生长因子价格、缩短生产运行时间、增加细胞培养密度等手段，可以将细胞培养肉生产成本降低至每千克6.43美元。不过，有人认为CE Delft咨询公司的预测过于乐观，还有很多不确定因素。可见，细胞培养鸡肉公司要使生产成本达到养殖鸡肉的水平，还需要做出更多的努力。

第三则是产能问题。美国农业部数据显示，2021年全球鸡肉产量达到惊人的1亿吨，而美国是世界上鸡肉产量最大的国家，年

## "吃鸡自由"科学简史

产鸡肉约2000万吨。作为世界上首个也是目前唯一实现商业化的细胞培养鸡肉公司，好肉公司计划大展宏图，但是其细胞培养鸡肉产能很难在短时间内对养鸡业构成竞争威胁。据该公司官网消息，好肉公司正在新加坡建设包括一个6000升的生物反应器的细胞培养鸡肉工厂，预计2023年初投入使用，将成为迄今为止世界上最大的肉类生物反应器。好肉公司还有一个更大的计划，拟在美国建设10个25万升的肉类生物反应器，将在2024年投产，预计到2026年产能将达到每年11800吨，到2030年达到每年13700吨。不过，相对于美国2000万吨左右的养殖鸡肉产量，该公司的细胞培养鸡肉产量仍然是小巫见大巫。

因此，细胞培养鸡肉将是未来产业一个不错的发展方向，但是要取代传统的养殖鸡肉，还有很长的路要走。与此同时，传统的肉鸡生产者也应该积极拥抱细胞培养肉这一新型生产方式，不管是作为传统养鸡业的重要补充，还是其重要对手，这种新型肉类生产方式都有可能对传统养鸡业带来积极影响，促进传统养鸡业更加健康、可持续发展。

# 参考文献

## 第一章 起源与扩散

### 用鸡复活恐龙,一共要几步?
包新康,刘迺发,顾海军,等.鸡形目鸟类系统发生研究现状 [J].动物分类学报,2008(04):720-732.
桑卡斯·查特吉.鸟类的崛起: 2.25亿年的进化 [M].北京: 电子工业出版社,2020.
徐星,周忠和,王原,等.热河生物群研究的回顾与展望 [J].中国科学: 地球科学,2019,49(10):1491-1511.
张玉光.始祖鸟与鸟类起源 [J].自然杂志,2009,31(1):7.

### 中国会是家鸡全球驯化中心吗?
Eriksson J, Larson G, Gunnarsson U, et al. Identification of the yellow skin gene reveals a hybrid origin of the domestic chicken[J]. PLoS Genetics. 2008, 4(2):e1000010.
Lawal RA, Martin SH, Vanmechelen K, et al. The wild species genome ancestry of domestic chickens[J]. BMC Biology. 2020, 18(1):13.
Miao YW, Peng MS, Wu GS, et al. Chicken domestication: an updated perspective based on mitochondrial genomes.[J]. Heredity. 2013, 3(110):277-282.
Rubin CJ, Zody MC, Eriksson J, et al. Whole-genome resequencing reveals loci under selection during chicken domestication[J]. Nature. 2010, 464(7288):587-591.

## "吃鸡自由"科学简史

Tixier-Boichard M, Bed'hom B, Rognon X. Chicken domestication: from archeology to genomics[J]. Comptes Rendus Biologies. 2011, 334(3): 197-204.

Wang MS, Thakur M, Peng MS, et al. 863 genomes reveal the origin and domestication of chicken[J]. Cell Research. 2020, 30(8): 693-701.

Wong GK, Liu B, Wang J, et al. A genetic variation map for chicken with 2.8 million single-nucleotide polymorphisms[J]. Nature. 2004, 432(7018): 717-722.

达尔文. 动物和植物在家养下的变异[M]. 北京：北京大学出版社, 2014.

袁靖, 吕鹏, 李志鹏, 等. 中国古代家鸡起源的再研究[J]. 南方文物, 2015(03): 53-57.

### 鸡和欧洲人到底谁先到达美洲？

Al-Jumaili AS, Boudali SF, Kebede A, et al. The maternal origin of indigenous domestic chicken from the Middle East, the north and the horn of Africa[J]. BMC Genetics. 2020, 21(1): 30.

Eda M, Lu P, Kikuchi H, et al. Reevaluation of early Holocene chicken domestication in northern China[J]. Journal of Archaeological Science. 2016, 67: 25-31.

Hata A, Takenouchi A, Kinoshita K, et al. Geographic Origin and Genetic Characteristics of Japanese Indigenous Chickens Inferred from Mitochondrial D-Loop Region and Microsatellite DNA Markers[J]. Animals. 2020, 10(11): 2074.

Herrera MB, Kraitsek S, Alcalde JA, et al. European and Asian contribution to the genetic diversity of mainland South American chickens[J]. Royal Society Open Science. 2020, 7(2): 191558.

Herrera MB, Thomson VA, Wadley JJ, et al. East African origins for Madagascan chickens as indicated by mitochondrial DNA[J]. Royal Society Open Science. 2017, 4(3): 160787.

Lawal RA, Hanotte O. Domestic chicken diversity: Origin, distribution, and adaptation[J]. Animal Genetics. 2021, 52(4): 385-394.

Liu YP, Wu GS, Yao YG, et al. Multiple maternal origins of chickens: Out of the Asian jungles[J]. Molecular Phylogenetics & Evolution. 2006, 38(1): 12-19.

Osman SA, Nishibori M, Yonezawa T. Complete mitochondrial genome sequence of Tosa-Jidori sheds light on the origin and evolution of Japanese native chickens[J]. Animal Bioscience. 2021, 34(6): 941-948.

Perry-Gal L, Erlich A, Gilboa A, et al. Earliest economic exploitation of chicken outside East Asia: Evidence from the Hellenistic Southern Levant[J]. Proceedings of the National Academy of Sciences of the United States of America. 2015, 112(32): 9849-9854.

Ramis D, Anglada M, Ferrer A, et al. Faunal Introductions to the Balearic Islands in the Early 1st Millennium Cal BC[J]. Radiocarbon. 2017, 59(5): 1415-1423.

Redding RW. The Pig and the Chicken in the Middle East: Modeling Human Subsistence Behavior in the Archaeological Record Using Historical and Animal Husbandry Data[J]. Journal of Archaeological Research. 2015, 23: 325-368.

Storey AA, Stephen AJ, David B, et al. Investigating the Global Dispersal of Chickens in Prehistory Using Ancient Mitochondrial DNA Signatures[J]. PLoS ONE. 2012, 7(7): e39171.

## 参考文献

Thomson VA, Lebrasseur O, Austin JJ, et al. Using ancient DNA to study the origins and dispersal of ancestral Polynesian chickens across the Pacific[J]. Proceedings of the National Academy of Sciences of the United States of America. 2014, 111(13): 4826-4831.

Woldekiros HS, D'Andrea AC. Early Evidence for Domestic Chickens (Gallus gallus domesticus) in the Horn of Africa[J]. International Journal of Osteoarchaeology. 2017, 27(3): 329-341.

梁勇, 康乐, 姜庆林, 等. 中国家鸡多起源及相关分子生物学研究 [J]. 中国家禽, 2015, 37(14): 1-6.

袁靖, 吕鹏, 李志鹏, 等. 中国古代家鸡起源的再研究 [J]. 南方文物, 2015(03): 53-57.

### 难道是贪玩的人类推动鸡成为全球物种？

Bi H, Yi G, Yang N. Increased copy number of SOCS2 gene in Chinese gamecocks[J]. Poultry Science. 2017, 96(5).

Fothergill BT. Urban Animals: Human-Poultry Relationships in Later Post-Medieval Belfast[J]. International Journal of Historical Aarchaeology. 2017, 21(1): 107-133.

Herrera MB, Kraitsek S, Alcalde JA, et al. European and Asian contribution to the genetic diversity of mainland South American chickens[J]. Royal Society Open Science. 2020, 7(2): 191558.

Komiyama T, Ikeo K, Gojobori T. Where is the origin of the Japanese gamecocks?[J]. Gene. 2003, 317: 195-202.

Komiyama T, Yoshikawa M, Yokoyama K, et al. Analysis of the source of aggressiveness in gamecocks[J]. Scientific Reports. 2020, 10(1): 7005.

Liu YP, Zhu Q, Yao YG. Genetic relationship of Chinese and Japanese gamecocks revealed by mtDNA sequence variation[J]. Biochemical Genetics. 2006, 44(1-2): 19-29.

Luuk Hans and Willem van Ballekom. The History of Cockfighting g. http://www.aviculture-europe.nl/nummers/ 14 E 01 A 05. pdf.

Osman, SA, Nishibori M, Yonezawa T. Complete mitochondrial genome sequence of Tosa-Jidori sheds light on the origin and evolution of Japanese native chickens[J]. Animal Bioscience. 2021, 34(6): 941-948.

Richard E. Powell Jr. Sport, social relations and animal husbandry: early cock - fighting in north America[J]. The International Journal of the History of Sport. 1993, 10(3): 361-381.

Robert Joe Cutter. Brocade and Blood: The Cockfight in Chinese and English Poetry[J]. Journal of the American Oriental Society. 1989, 109(1): 1-16.

Rodrigues F, Queiroz S, Duarte J. Genetic relatedness among wild, domestic and Brazilian fighting roosters[J]. Revista Brasileira de Ciência Avícola. 2006, 8(2): 83-87.

国家畜禽遗传资源委员会. 中国畜禽遗传资源志: 家禽志 [M]. 中国农业出版社, 2011.

米克房. 关于《深层游戏: 关于巴厘岛斗鸡的记述》对民族志书写的启示 [J]. 中国民族博览, 2017(07): 201-202.

杨孝鸿, 杨赫. 文化视域下的斗鸡风俗及其墓葬图像 [J]. 艺术探索, 2018, 32(05): 79-87.

朱文奇, 李慧芳, 郭军, 等. 中国斗鸡 mtDNA 遗传多样性及起源研究 [J]. 畜牧兽医学报, 2009, 40(10): 1560-1563.

# "吃鸡自由"科学简史

## 第二章 吃鸡之外

### 咯咯哒，如何让母鸡多下蛋？

Benoit, J. My Research in Neuroendocrinology: Study of the Photo-Sexual Reflex in the Domestic Duck. In: Meites, J, Donovan, B.T, McCann, S.M. (eds) Pioneers in Neuroendocrinology. Perspectives in Neuroendocrine Research, vol 1 [M]. Springer, Boston, MA. 1975.

Berry WD. The physiology of induced molting[J]. Poultry Science. 2003, 82(6): 971-980.

Carneiro P, Lunedo R, Fernandez-Alarcon MF, et al. Effect of different feed restriction programs on the performance and reproductive traits of broiler breeders[J]. Poultry Science. 2019, 98(10): 4705-4715.

Hanlon C, Ramachandran R, Zuidhof MJ, et al. Should I Lay or Should I Grow: Photoperiodic Versus Metabolic Cues in Chickens[J]. Frontiers in Physiology. 2020, 11: 707.

https://www.guinnessworldrecords.com/world-records/70781-most-prolific-chicken.

Whetham EO. Factors modifying egg production with special reference to seasonal changes[J]. Journal of Agricultural Science. 1933, 23(3): 383-418.

Yousaf M, Chaudhry AS. History, changing scenarios and future strategies to induce moulting in laying hens[J]. World's Poultry Science Journal. 2008, 64(01): 65-75.

Zaguri S, Bartman J, Avital-Cohen N, et al. Targeted Differential Monochromatic Lighting Improves Broiler Breeder Reproductive Performance[J]. Poultry Science. 2020, 99(7).

郭军, 曲亮, 窦套存, 等. 鸡产蛋数遗传力的 Meta 分析 [J]. 广东农业科学, 2020, 47(03): 111-116.

王俊生, 汪美莲, 张常松, 等. 蛋种鸡的人工强制换羽技术 [J]. 中国家禽, 2006(09): 26-27.

杨宁. 蛋鸡商业化育种的发展和面临的问题 [J]. 中国禽业导刊, 2006(20): 6-7.

### 喔喔喔，公鸡打鸣会把自己耳朵震聋吗？

Claes R, Muyshondt PGG, Dirckx JJJ, Aerts P. Do high sound pressure levels of crowing in roosters necessitate passive mechanisms for protection against self-vocalization?[J]. Zoology (Jena, Germany). 2018, 126: 65-70.

Komiyama T, Ikeo K, Gojobori T. The evolutionary origin of long-crowing chicken: its evolutionary relationship with fighting cocks disclosed by the mtDNA sequence analysis[J]. Gene. 2004, 333: 91-99.

Marx G, Jurkevich A, Grossmann R. Effects of estrogens during embryonal development on crowing in the domestic fowl[J]. Physiology & Behavior. 2004, 82(4): 637-645.

Shimmura T, Ohashi S, Yoshimura T. The highest-ranking rooster has priority to announce the break of dawn[J]. Scientific Reports. 2015, 5: 11683.

Shimmura T, Tamura M, Ohashi S, Sasaki A, Yamanaka T, Nakao N, Ihara K, Okamura S, Yoshimura T. Cholecystokinin induces crowing in chickens[J]. Scientific Reports. 2019, 9(1): 3978.

Shimmura T, Yoshimura T. Circadian clock determines the timing of rooster crowing[J]. Current Biology. 2013, 23(6): 231-233.

张琪. "求长鸣鸡" 与刘贺被废考释 [J]. 江西社会科学, 2018, 38(09): 156-164.

# 参考文献

### 咯咯哒还是喔喔喔，母鸡性别转换之谜

Bigland CH, Graesser FE. Case Report Of Sex Reversal In A Chicken[J]. Canadian Journal Comparative Meddicine and Veterinary Science. 1955, 19(2): 50-52.

Cox JJ, Willatt L, Homfray T, Woods CG. A SOX 9 duplication and familial 46, XX developmental testicular disorder[J]. The New England Journal of Medicine. 2011, 364(1): 91-93.

Crew FA. Studies in intersexuality.—Ⅱ. Sex-reversal in the fowl[J]. Proceedings of The Royal Society B: Biological Sciences. 1960, 95: 256-278.

Ioannidis J, Taylor G, Zhao D, et al. Primary sex determination in birds depends on DMRT 1 dosage, but gonadal sex does not determine adult secondary sex characteristics[J]. Proceedings of the National Academy of Sciences of the United States of America. 2021, 118(10): e 2020909118.

Lin M, Thorne MH, Martin IC, et al. Development of the gonads in the triploid (ZZW and ZZZ) fowl, Gallus domesticus, and comparison with normal diploid males (ZZ) and females (ZW)[J]. Reproduction, Fertility and Development. 1995, 7(5): 1185-1197.

Nemesházi E, Gál Z, Ujhegyi N, et al. Novel genetic sex markers reveal high frequency of sex reversal in wild populations of the agile frog (Rana dalmatina) associated with anthropogenic land use[J]. Molecular Ecollogy. 2020, 29(19): 3607-3621.

Smith CA, Sinclair AH. Sex determination: insights from the chicken[J].BioEssays:news and reviews in molecular, cellular and developmental biology. 2004, 26(2): 120-132.

崔道枋. 鸡的性反转 [J]. 动物学杂志, 1959(03): 107-109.

崔小燕, 王杰, 刘杰, 等. 去势对北京油鸡鸡冠发育、屠宰性能及脂肪代谢的影响 [J]. 畜牧兽医学报, 2016, 47(07): 1414-1421.

骆科印, 王智伟, 王现科, 等. 去势对鸡肌肉品质影响的研究进展 [J]. 饲料博览, 2022(5): 16-21.

刘祖洞, 梁志成. 家鸡性转换的遗传学研究 [J]. 遗传学报, 1980(02): 103-110+201-202.

王铭农. 明清时期动物阉割术的发展和影响 [J]. 中国农史, 1996(04): 74-78.

王铭农. 魏晋以前的动物阉割术 [J]. 中国农史, 1993(04): 65-70.

## 第三章 吃鸡过去时

### 从祭坛用品到待客美食：中国人吃鸡简史

陈剩勇. "九州"新解 [J]. 东南文化, 1995(04): 13-17.

董希如. 我国古代养鸡概述 [J]. 农业考古, 1986(01): 387-390+417.

李群, 李新. 我国家禽饲养历史考 [J]. 中国家禽, 2008, 30(23): 5-8.

刘金华. 汉代西北边地物价述略——以汉简为中心 [J]. 中国农史, 2008(03): 45-57.

柳成栋. 一唱雄鸡天下白——漫话历代咏鸡诗 [J]. 黑龙江史志, 2017(04): 46-49.

龙霄飞. 中国古陶瓷中的鸡 [J]. 文物天地, 2017(02): 16-23.

王铭农, 叶黛民. 关于养鸡史中几个问题的探讨 [J]. 中国农史, 1988(1): 8: 67-74.

王生雨, 连京华, 廉爱玲. 我国养鸡业历史回顾及未来发展趋势 [J]. 山东家禽, 2003(01): 8-13.

文传良. 古代养鸡十二术 [J]. 四川畜牧兽医, 1993(02): 59.

张昕. 唐代养鸡业的历史考察 [J]. 吕梁学院学报, 2021, 11(03): 49-53.

# "吃鸡自由"科学简史

## 从"预言家"到盘中餐：世界人民吃鸡缩影

Doherty SP , Foster A, Best J, et al. Estimating the age of domestic fowl (Gallus gallus domesticus L. 1758) cockerels through spur development[J]. International Journal of Osteoarchaeology. 2021 ,31(5):770-781.

Loog L, Thomas MG, Barnett R, et al. Inferring Allele Frequency Trajectories from Ancient DNA Indicates That Selection on a Chicken Gene Coincided with Changes in Medieval Husbandry Practices[J]. Molecular Biology and Evolution. 2017 , 34(8):1981-1990.

Perry-Gal L, Erlich A, Gilboa A,et al. Earliest economic exploitation of chicken outside East Asia: Evidence from the Hellenistic Southern Levant[J]. Proceedings of the National Academy of Sciences of the United States of America. 2015 ,112(32):9849-9854.

Vittoria Traverso. The Egyptian Egg Ovens Considered More Wondrous Than the Pyramids. https://www.atlasobscura.com/ articles/egypt-egg-ovens .

Wood-Gush, Gm D. A History of the Domestic Chicken from Antiquity to the 19th Century[J]. Poultry Science. 1959, 38(2):321-326.

安德鲁·劳勒著．萧傲然译．鸡征服世界[M]．北京：中信出版集团，2017.

## 人类能实现"吃鸡自由"，多亏了两个女人

Brahma chicken. https://livestockconservancy.org/heritage-breeds/heritage-breeds-list/brahma-chicken/.

Byemelyn Rude. The Forgotten History of 'Hen Fever'. https://www. nationalgeographic. com/culture/article/the-forgotten- history-of-hen-fever.

Character of the Day: The Delaware Housewife Who Invented the Modern Chicken Industry. https://www.secretsoftheeasternshore.com/character-cecile-steele/.

George Pendle. The California Town That Produced 10 Million Eggs a Year. https://www.atlasobscura .com/articles/the-california-town-that-produced- 10 -million-eggs-a-year.

George P Burnham. The history of the hen fever. A humorous record. https://www.biodiversitylibrary.org/page/37262373 #page/ 130 /mode/ 1 up.

http://bill-hammerman.blogs.petaluma360 .com/ 13099 /lest-we-forget-lyman-byce/.

http://broadkillblogger.org/ 2016 / 12 /the- 500 how-cecile-steele-began-a-multi-billion-dollar-industry/.

https://ediblemarinandwinecountry.ediblecommunities.com/food-thought/petaluma-land-eggs-butter.

Maryn Mckenna. The Surprising Origin of Chicken as a Dietary Staple. https://www.nationalgeographic.com/environment/article/poultry-food-production-agriculture-mckenna.

Maryn McKenna. Big Chicken: The Incredible Story of How Antibiotics Created Modern Agriculture and Changed the Way the World Eats[M]. Washington, DC: National Geographic Partners.2017.

Poultry Pride Came to the Boston Garden in 1849 . https://www.newenglandhistoricalsociety.com/poultry-pride-came-boston- garden/.

Williams, William H. Delmarva's Chicken Industry - 75 Years of Progress. Delmarva Poultry Industry. 1998 . https://www.dcachicken.com/about/history.cfm.

# 参考文献

## 第四章 吃鸡现在时：先要"自由"

### 为什么肉鸡长得快？基因告诉你答案

Agnvall B, Ali A, Olby S, et al. Red Junglefowl (Gallus gallus) selected for low fear of humans are larger, more dominant and produce larger offspring[J]. Animal. 2014, 8(9): 1498-1505.

Agnvall B, Katajamaa R, Altimiras J, et al. Is domestication driven by reduced fear of humans? Boldness, metabolism and serotonin levels in divergently selected red junglefowl (Gallus gallus)[J]. Biology Letters. 2015, 11(9).

Beatrix A, Markus J, Erling S, et al. Heritability and Genetic Correlations of Fear-Related Behaviour in Red Junglefowl–Possible Implications for Early Domestication[J]. PLoS ONE. 2012, 7(4): e35162.

Bélteky J, Agnvall B, Johnsson M, et al. Domestication and tameness: brain gene expression in red junglefowl selected for less fear of humans suggests effects on reproduction and immunology[J]. Royal Society Open Science. 2016, 3(8).

Bennett CE, Thomas R, Williams M, et al. The broiler chicken as a signal of a human reconfigured biosphere[J]. Royal Society Open Science. 2018, 5(12): 180325.

Flink LG, Allen R, Barnett R, et al. Establishing the validity of domestication genes using DNA from ancient chickens[J]. Proceedings of the National Academy of Sciences of the United States of America. 2014, 111(17): 6184-6189.

Kerje S, Carlborg O, Jacobsson L, et al. The twofold difference in adult size between the red junglefowl and White Leghorn chickens is largely explained by a limited number of QTLs[J]. Anim Genetics. 2003, 34(4): 264-274.

Liisa L, Thomas MG, Ross B, et al. Inferring Allele Frequency Trajectories from Ancient DNA Indicates That Selection on a Chicken Gene Coincided with Changes in Medieval Husbandry Practices[J]. Molecular Biology & Evolution. 2017, 34(8): 1981-1990.

Rubin CJ, Zody MC, Eriksson J, et al. Whole-genome resequencing reveals loci under selection during chicken domestication[J]. Nature. 2010, 464(7288): 587-591.

Zuidhof MJ, Schneider BL, Carney VL, et al. Growth, efficiency, and yield of commercial broilers from 1957, 1978, and 2005[J]. Poultry Science. 2014, 93(12): 2970-2982.

### 给种鸡"算命"是个技术活

Hata A, Takenouchi A, Kinoshita K, et al. Geographic Origin and Genetic Characteristics of Japanese Indigenous Chickens Inferred from Mitochondrial D-Loop Region and Microsatellite DNA Markers[J]. Animals (Basel). 2020, 10(11): 2074.

Hill WG. Applications of population genetics to animal breeding, from wright, fisher and lush to genomic prediction[J]. Genetics. 2014, 196(1): 1-16.

Meuwissen TH, Hayes BJ, Goddard ME. Prediction of total genetic value using genome-wide dense marker maps[J]. Genetics. 2001, 157(4): 1819-1829.

Ranran Liu, Siyuan Xing, Jie Wang, et al. A new chicken 55K SNP genotyping array[J]. BMC Genomics. 2019, 20(1): 410.

杨宁, 姜力. 动物遗传育种学科百年发展历程与研究前沿[J]. 农学学报, 2018, 8(01): 55-60.

李宁. 动物遗传育种学科发展历史与研究前沿 [J]. 中国家禽, 2012, 34(02): 1-3.

刘冉冉, 赵桂苹, 文杰. 鸡基因组育种和保种用SNP芯片研发及应用[J]. 中国家禽, 2018, 40(15): 1-6.

347

# "吃鸡自由"科学简史

蒋小松,杨朝武.国际肉鸡育种遗传评估与选择技术研究[J].中国家禽,2013,35(07):2-4.
李东.我国鸡的育种历史、现状和新进展[J].中国家禽,1996(03):2-4.
吴常信.畜禽遗传育种技术的回顾与展望[J].中国农业科技导报,2004,(03):3-8.

## 中国鸡种对世界鸡种遗传贡献知多少

Guo Y, Lillie M, Zan Y, et al. A genomic inference of the White Plymouth Rock genealogy - ScienceDirect[J]. Poultry Science. 2019, 98(11):5272-5280.
Hata A, Takenouchi A, Kinoshita K, et al. Geographic Origin and Genetic Characteristics of Japanese Indigenous Chickens Inferred from Mitochondrial D-Loop Region and Microsatellite DNA Markers[J]. Animals. 2020, 10(11):2074.
谢成侠.中国鸡种的历史研究[J].中国农史,1984(1):10.
邱祥聘.中国养禽业的过去、现在和未来[J].四川畜牧兽医,2001(02):29-31.
张仲葛.中国养鸡简史[J].农业考古,1986(02):279-282+294.
薄吾成.试论中国家鸡的起源[J].农业考古,1991(1):345-349.
黎寿丰.禽类的起源、演化及我国主要家禽品种类型与分布[J].中国家禽,2009,31(03):7-10.

## 白羽肉鸡如何逆袭成为"明日之鸡"?

Aviagen Chickens and Turkeys. http://tr.aviagen.com/assets/Tech_Center/Broiler_Breeder_Tech_Articles/English/AviagenBrief-DecadesOfWelfare-2016-EN.pdf.
Dominic Elfick. A Brief History of Broiler Selection: How Chicken Became a Global Food Phenomenon in 50 Years. 2011. http://en.aviagen.com/assets/Sustainability/50-Years-of-Selection-Article-final.pdf.
Fox TW, Smyth JR. Further Studies on the Effect of the Recessive White Genotype on Early Growth Rate and Body Size[J]. Poultry Science. 1982, 61(8):1585.
Hric P, C Hrnčár and Bujko J. Diversity in Population Size and Production Parameters of Selected Varieties of Plymouth Rock Chicken Breed[J]. Lucrari Stiintifice Zootehnie Si Biotehnologii, 2012, 45(1).
Mayn Mckenna. The Surprising Origin of Chicken as a Dietary Staple. https://www.nationalgeographic.com/environment/article/poultry-food-production-agriculture-mckenna.
Tallentire CW, Leinonen I, Kyriazakis I. Breeding for efficiency in the broiler chicken: A review[J]. Agronomy for Sustainable Development. 2016, 36(66).
U.S. Broiler Performance. https://www.nationalchickencouncil.org/about-the-industry/statistics/u-s-broiler-performance/.
文杰.我国白羽肉鸡育种进展[J].北方牧业,2019(19):12-13.

## 国产白羽肉鸡新品种诞生记

孙有林,顾华兵.中国白羽肉鸡育种企业昂首迈入国际先进行列——访北京家禽育种有限公司中方副总经理方国裕先生[J].中国禽业导刊,2001(21):2-4.
文杰.中国白羽肉鸡自有品种的育种发展及进展[J].北方牧业,2016(14):1.
李辉,杜志强,王守志,等.白羽快大型肉鸡育种的过去、现在和将来[J].中国家禽,2016,38(19):1-8.
李辉,冷丽.中国白羽快大型肉鸡育种战略研究报告[J].中国家禽,2012(13):10-73.
文杰:我国白羽肉鸡育种进展[J].北方牧业,2019(19):12-13.

# 参考文献

## 小个子也有大作为

Guillaume J. The Dwarfing Gene dw: Its Effects on Anatomy, Physiology, Nutrition, Management. Its Application in Poultry Industry[J]. Worlds Poultry Science Journal. 1976, 32(4): 285-305.

Hutt FB. Sex-linked dwarfifism in the fowl[J]. Journal of Heredity. 1959, 50: 209-221.

Ji M, Guan WJ, Gao YH, et al. Cultivation and Biological Characterization of Chicken Primordial Germ Cells[J]. Brazilian Archives of Biology and Technology. 2016, 59.

Landauer WT. Hyrogenous dwarfifism (myxoedema infantilis) in the domestic fowl[J]. American Journal of Anatomy. 1929, 43: 1-43.

The current recognized breed and variety list as of 2021. https://www.bantamclub.com/recognized-breed-and-variety.

Wang MS, Otecko NO, Wang S, et al. An Evolutionary Genomic Perspective on the Breeding of Dwarf Chickens[J]. Molecular Biology and Evolution. 2017, 34(12): 3081-3088.

戴茹娟, 吴常信, 李宁. 性连锁矮小鸡生长激素受体基因位点多态性分析[J]. 畜牧兽医学报, 1996(04): 315-318.

肖璐, 李宁, 戴茹娟, 等. 性连锁矮小鸡 (dwdw) 生长激素受体 (cGHR) 基因突变的精确定位[J]. 农业生物技术学报, 1996(02): 74-78.

宁中华. 节粮小型蛋鸡新配套系的选育及配套饲养技术的研究[D]. 中国农业大学, 2004.

张华杰, 张芳毓, 赵中利, 等. 鸡性连锁矮小基因的研究进展及应用现状[J]. 黑龙江畜牧兽医, 2017(07): 104-106.

赵桂苹. 鸡性连锁矮小基因的研究及应用[J]. 中国家禽, 1998(11): 31-33.

欧阳依娜, 阮谦, 钱林东, 等. 大围山微型鸡、云龙矮脚鸡和拉伯高脚鸡 mtDNA D-loop 遗传多样性分析[J]. 云南农业大学学报(自然科学), 2017, 32(01): 70-77.

## 第五章 吃鸡现在时：还要美味与健康

### 儿时的土鸡味，到底是啥味？

Jin Y, Cui H, Yuan X, Liu L, et al. Identification of the main aroma compounds in Chinese local chicken high-quality meat[J]. Food Chemistry. 2021, 359: 129930.

Khan MI, Jo C, Tariq MR. Meat flavor precursors and factors influencing flavor precursors--A systematic review[J]. Meat Science. 2015, 110: 278-284.

崔小燕, 苟钟勇, 蒋守群, 等. 鸡肉风味的形成机制与调控研究进展[J]. 动物营养学报, 2019, 31(02): 500-508.

黄涛, 陈喜斌, 刘华贵, 等. 鸡肉风味品质的评定指标(体系)研究[J]. 肉类工业, 200(04): 32-36.

姜琳琳, 刘华贵, 齐德生, 等. 鸡肉中挥发性风味物质的研究进展[J]. 黑龙江畜牧兽医, 2006, 000(010): 25-26.

吾斯曼·吐尼亚孜, 葛宇, 陈余, 等. 鸡肉品质评价的研究进展[J]. 农业与技术, 2020, 40(22): 128-132.

### 让脂肪长在正确的位置上

Chen P, Suh Y, Choi YM, et al. Developmental regulation of adipose tissue growth through hyperplasia and hypertrophy in the embryonic Leghorn and broiler[J]. Poultry Science. 2014, 93(7): 1809-1817.

Farmani J and Rostamiri L. Characterization of chicken waste fat for application in food technology[J]. Food Measure. 2015, 9: 143-150.

## "吃鸡自由"科学简史

Fouad AM, El-Senousey HK. Nutritional factors affecting abdominal fat deposition in poultry: a review[J]. Asian-Australas Journal of Animal Science. 2014, 27(7): 1057-1068.

Hood R. Cellular and Biochemical Aspects of Fat Deposition in the Broiler Chicken[J]. World's Poultry Science Journal. 1984, 40(2): 160-169.

Huang HY, Liu RR, Zhao GP, et al. Integrated analysis of microRNA and mRNA expression profiles in abdominal adipose tissues in chickens[J]. Science Reports. 2015, 5: 16132.

Jiang M, Fan WL, Xing SY, et al. Effects of balanced selection for intramuscular fat and abdominal fat percentage and estimates of genetic parameters[J]. Poultry Science. 2017, 96(2): 282-287.

Leng L, Zhang H, Dong JQ, et al. Selection against abdominal fat percentage may increase intramuscular fat content in broilers[J]. Journal of Animal Breeding and Genetics. 2016, 133(5): 422-428.

Liu R, Wang H, Liu J, et al. Uncovering the embryonic development-related proteome and metabolome signatures in breast muscle and intramuscular fat of fast-and slow-growing chickens[J]. BMC Genomics. 2017, 18(1): 816.

Tan X, Liu R, Xing S, et al. Genome-Wide Detection of Key Genes and Epigenetic Markers for Chicken Fatty Liver[J]. International Journal of Molecular Sciences. 2020, 21(5): 1800.

Wang G, Kim WK, Cline MA, et al. Factors affecting adipose tissue development in chickens: A review[J]. Poultry Science. 2017, 96(10): 3687-3699.

Xing S, Liu R, Zhao G, et al. RNA-Seq Analysis Reveals Hub Genes Involved in Chicken Intramuscular Fat and Abdominal Fat Deposition During Development[J]. Frontiers in Genetics. 2020, 11: 1009.

Yuen JSK Jr, Stout AJ, Kawecki NS, et al. Perspectives on scaling production of adipose tissue for food applications[J]. Biomaterials. 2022, 280: 121273.

Zhang XY, Wu MQ, Wang SZ, et al. Genetic selection on abdominal fat content alters the reproductive performance of broilers - ScienceDirect[J]. Animal. 2018, 12(6): 1232-1241.

付睿琦,赵桂苹,刘冉冉,等.北京油鸡体脂分布及沉积规律研究[J].动物营养学报,2013,25(07):1465-1472.

付睿琦.利用蛋白质组学技术研究北京油鸡肌肉发育和肌内脂肪沉积的分子机制[D].中国农业科学院,2013.

郎倩倩,肖昊,王丽,等.优质鸡腹脂选择方法研究进展[J].广东农业科学,2019,46(09):120-127.

骆娜.鸡肌内脂肪和腹脂差异沉积的分子机理解析[D].中国农业科学院,2021.

## 鸡蛋的"坏"名声从何而来?

Anton M. Egg yolk: structures, functionalities and processes[J]. Journal of the Science of Food and Agriculture. 2013, 93(12): 2871-2880.

Blesso CN, Fernandez ML. Dietary Cholesterol, Serum Lipids, and Heart Disease: Are Eggs Working for or Against You?[J]. Nutrients. 2018, 10(4): 426.

Gautron J, Dombre C, Nau F, et al. Review: Production factors affecting the quality of chicken table eggs and egg products in Europe[J]. Animal. 2022, 16(1): 100425.

Hu FB, Stampfer MJ, Rimm EB, et al. A prospective study of egg consumption and risk of cardiovascular disease in men and women[J].The Journal of the American Medical Association. 1999, 281(15): 1387-1394.

Kern F Jr. Normal plasma cholesterol in an 88-year-old man who eats 25 eggs a day. Mechanisms of adaptation[J]. The New England Journal of Medicine. 1991, 324(13): 896-899.

# 参考文献

Larsson SC, Åkesson A, Wolk A. Egg consumption and risk of heart failure, myocardial infarction, and stroke: results from 2 prospective cohorts[J]. The American Journal of Clinical Nutrition. 2015, 102(5): 1007-1013.

Le Roy N, Stapane L, Gautron J, et al. Evolution of the Avian Eggshell Biomineralization Protein Toolkit - New Insights From Multi-Omics[J]. Frontiers in Genetics. 2021, 12: 672433.

Lin EC, Fernandez ML, McNamara DJ. Dietary fat type and cholesterol quantity interact to affect cholesterol metabolism in guinea pigs[J]. Journal of Nutriton. 1992, 122(10): 2019-2029.

McNamara DJ. The Fifty Year Rehabilitation of the Egg[J]. Nutrients. 2015, 7(10): 8716-8722.

McNamara DJ.Dietary cholesterol and atherosclerosis[J]. Biochimica et Biophysica Acta (BBA) - Molecular and Cell Biology of Lipids, 2000, 1529(1-3): 310-320.

Réhault-Godbert S, Guyot N, Nys Y. The Golden Egg: Nutritional Value, Bioactivities, and Emerging Benefits for Human Health[J]. Nutrients. 2019, 11(3): 684.

Sauvaget C, Nagano J, Allen N, et al. Intake of animal products and stroke mortality in the Hiroshima/Nagasaki Life Span Study[J]. International Journal of Epidemiology. 2003, 32(4): 536-543.

Shin S, Lee HW, Kim CE, et al. Egg Consumption and Risk of Metabolic Syndrome in Korean Adults: Results from the Health Examinees Study[J]. Nutrients. 2017, 9(7): 687.

Yang R, Geng F, Huang X, et al. Integrated Proteomic, Phosphoproteomic and N-glycoproteomic Analyses of Chicken Eggshell Matrix[J]. Food Chemistry. 2020, 330: 127167.

## 鸡蛋是如何拯救人类的？

Barberis I, Myles P, Ault S, et al. History and evolution of influenza control through vaccination: from the first monovalent vaccine to universal vaccines[J]. Journal of Preventive Medicine & Hygiene. 2016, 57(3).

Burton BK, Feillet F, Furuya KN, et al. Sebelipase alfa in children and adults with lysosomal acid lipase deficiency: Final results of the ARISE study[J]. Journal of Hepatology: The Journal of the European Association for the Study of the Liver. 2022(3): 76.

Francis T Jr, Magill TP. Cultivation of Human Influenza Virus in an Artificial Medium[J]. Science. 1935, 82(2128): 353-354.

Jones SA, Rojas-Caro S, Quinn AG, et al. Survival in infants treated with sebelipase Alfa for lysosomal acid lipase deficiency: an open-label, multicenter, dose-escalation study[J]. Orphanet Journal of Rare Diseases. 2017, 12(1): 25.

Luginbuhl RE. The commercial production of specific-pathogen-free eggs and chickens: the evolution of an industry[J]. Avian Diseases. 2000, 44(3): 632-637.

Ortiz JR, Jackson ML, Hombach J. Evaluation of influenza vaccine effectiveness: a guide to the design and interpretation of observational studies.2017. https://www.who.int/publications/i/item/9789241512121.

蔡金波.鸡蛋药用400方[M].金盾出版社, 2006.

柴华.古今药蛋疗法纵横选[J].药膳食疗, 2004(3): 5.

何海蓉, 王正春, 刘文峰, 等. 从兽用生物制品企业角度看我国SPF鸡质量控制现状[J]. 中国比较医学杂志, 2011, 21(Z1): 99-103.

张世栋. SPF鸡生产若干关键技术的研究[D]. 南京农业大学, 2006.

# "吃鸡自由"科学简史

## 乌骨鸡到底有没有药用价值？

Dharmayanthi AB, Terai Y, Sulandari S, et al. The origin and evolution of fibromelanosis in domesticated chickens: Genomic comparison of Indonesian Cemani and Chinese Silkie breeds[J]. PLoS One. 2017, 12(4):e0173147.

Dorshorst B, Molin AM, Rubin CJ, et al. A Complex Genomic Rearrangement Involving the Endothelin 3 Locus Causes Dermal Hyperpigmentation in the Chicken[J]. PLoS Genetics. 2011, 7(12):493a.

Elobeid AS, Kamal-Eldin A, Abdelhalim M, et al. Pharmacological Properties of Melanin and its Function in Health[J]. Basic & Clinical Pharmacology & Toxicology. 2016, 120(6):515.

Shinomiya A, Kayashima Y, Kinoshita K, et al. Gene duplication of endothelin 3 is closely correlated with the hyperpigmentation of the internal organs (Fibromelanosis) in silky chickens.[J]. Genetics. 2012, 190(2):627-638.

蒋明,李智,董莲花,等. 乌骨鸡黑色素的研究进展 [J]. 湖南饲料, 2016(02):25-27+35.

李瑞成,尚永彪,管俊峰. 乌骨鸡黑色素及其研究进展 [J]. 肉类研究, 2010(10):54-59.

田颖刚,胡清清,谢明勇. 乌骨鸡与非药用鸡种矿物元素含量特征比较研究 [J]. 光谱学与光谱分析, 2018, 38(11):3563-3566.

田颖刚,谢明勇,吴红静,等. 乌骨鸡与非药用鸡种鸡肉总脂质含量及脂肪酸组成的比较 [J]. 食品与生物技术学报, 2007(03):29-32.

王铭农,李士斌. 乌骨鸡及其药用史 [J]. 农业考古, 1987(01):392-395.

周密,郭海彬. 乌鸡白凤丸药理作用研究与临床应用概述 [J]. 中医药临床杂志, 2017, 29(05):742-745.

## 鸡为科学家带来几项诺贝尔奖？

Abbott A. Neuroscience: One hundred years of Rita[J]. Nature. 2009, 458(7238):564-567.

Bradshaw RA, William M, Rush RA. Nerve Growth Factor and Related Substances: A Brief History and an Introduction to the International NGF Meeting Series[J]. International Journal of Molecular Sciences. 2017, 18(6):1143.

Bradshaw R. A. Rita Levi-Montalcini (1909-2012)[J]. Nature. 2013, 493(7432): 306-306.

Frierson JG. The yellow fever vaccine: a history[J]. Yale Journal of Biology and Medicine. 2010, 83(2):77-85.

Martin GS. The hunting of the Src[J]. Nature Reviews Molecular Cell Biology.2001, 2(6):467-475.

Martin GS. The road to Src[J]. Oncogene. 2004; 23(48):7910-7917.

Norrby E. Yellow fever and Max Theiler: the only Nobel Prize for a virus vaccine[J]. Journal of Experimental Medicine. 2007, 204(12):2779-2784.

Parker RC, Bishop HEVM. [Part 2: Biological Sciences] ǁ Cellular Homologue (c-src) of the Transforming Gene of Rous Sarcoma Virus: Isolation, Mapping, and Transcriptional Analysis of c-src and Flanking Regions[J]. Proceedings of the National Academy of Sciences of the United States of America. 1981, 78(9):5842-5846.

Pietrzak K. Christiaan Eijkman (1856-1930)[J]. Journal of Neurology. 2019, 266(11):2893-2895.

Rita Levi-Montalcini Biographical. https://www.nobelprize.org/prizes/medicine/1986/levi-montalcini/biographical/.

Rous P. A transmissible avian neoplasm (sarcoma of the common fowl)[J]. Journal of Experimental Medicine. 1910, 12(5):696-705.

Stehelin D, Varmus HE, Bishop JM, et al. DNA related to the transforming gene(s) of avian sarcoma viruses is present in normal avian DNA[J]. Nature. 1976, 260(5547):170-173.

Temin HM, Mizutani S. Viral RNA-dependent DNA Polymerase: RNA-dependent DNA Polymerase in Virions of Rous

# 参考文献

Sarcoma Virus[J]. Nature. 1970, 226 (5252): 1211-1213.

The discovery of vitamin K, its biological functions and therapeutical application. https://www.nobelprize.org/uploads/2018/06/dam-lecture.pdf.

Theiler M. The effect of prolonged cultivation in vitro upon the pathogenicity of yellow fever virus[J]. Journal of Experimental Medicine. 1937, 65 (6): 767-786.

Weiss RA, Vogt PK. 100 years of Rous sarcoma virus[J]. The Journal of Experimental Medicine. 2011, 208 (12): 2351-2355.

Zeliadt N. Rita Levi-Montalcini: NGF, the prototypical growth factor[J]. Proceedings of the National Academy of Sciences of the United States of America. 2013, 110 (13): 4873-4876.

## 第六章 吃鸡将来时

### 全球正进入饲料禁抗新时代

Antimicrobial Resistance Collaborators. Global burden of bacterial antimicrobial resistance in 2019: a systematic analysis[J]. Lancet. 2022, 399 (10325): 629-655.

Biely J, March B. The effect of aureomycin and vitamins on the growth rate of chicks[J]. Science. 1951, 114 (2961): 330-331.

Castanon JI. History of the use of antibiotic as growth promoters in European poultry feeds[J]. Poultry Science. 2007, 86 (11): 2466-2471.

Coates ME, Dickinson CD, Harrison GF, et al. Mode of action of antibiotics in stimulating growth of chicks[J]. Nature. 1951, 168 (4269): 332.

European Medicines Agency, European Surveillance of Veterinary Antimicrobial Consumption, 2021. Sales of veterinary antimicrobial agents in 31 European countries in 2019 and 2020 [R]. (EMA/58183/2021).

Levy SB, FitzGerald GB, Macone AB. Changes in intestinal flora of farm personnel after introduction of a tetracycline-supplemented feed on a farm[J]. The New England Journal of Medicine. 1976, 295 (11): 583-588.

Levy SB, FitzGerald GB, Macone AB. Spread of antibiotic-resistant plasmids from chicken to chicken and from chicken to man[J]. Nature. 1976, 260 (5546): 40-42.

Moore PR, Evenson A. Use of sulfasuxidine, streptothricin, and streptomycin in nutritional studies with the chick[J]. Journal of Biological Chemistry. 1946, 165 (2): 437-441.

National Research Council (US) Committee to Study the Human Health Effects of Subtherapeutic Antibiotic Use in Animal Feeds[R]. The Effects on Human Health of Subtherapeutic Use of Antimicrobials in Animal Feeds. Washington (DC): National Academies Press (US). 1980.

Perry J, Waglechner N, Wright G. The Prehistory of Antibiotic Resistance[J]. Cold Spring Harbor Perspectives in Medicine. 2016, 6 (6): a025197.

Sabath LD, Lorian V, Gerstein D, et al. Enhancing Effect of Alkalinization of the Medium on the Activity of Erythromycin Against Gram-negative Bacteria[J]. Applied Microbiology. 1968, 16 (9): 1288-1292.

Shane B, Carpenter KJ. E. L. Robert Stokstad (1913-1995)[J]. Journal of Nutrion. 1997, 127 (2): 199-201.

Stokstad E, Jukes TH. Further Observations on the "Animal Protein Factor"[J]. Experimental Biology & Medicine. 1950,

353

## "吃鸡自由"科学简史

73(3):523-528.

Stokstad EL, Jukes TH. Effect of various levels of vitamin B 12 upon growth response produced by aureomycin in chicks[J]. Proceedings of the Society for Experimental Biology and Medicine. 1951, 76(1):73-76.

Van Boeckel TP, Brower C, Gilbert M, et al. Global trends in antimicrobial use in food animals[J]. Proceedings of the National Academy of Sciences of the United States of America. 2015, 112(18):5649-5654.

### 基因编辑会为鸡的育种带来惊喜吗?

Ballantyne M, Woodcock M, Doddamani D, et al. Direct allele introgression into pure chicken breeds using Sire Dam Surrogate (SDS) mating[J]. Nature Communication. 2021, 12(1):659.

Chai N, Bates P. Na+/H+ exchanger type 1 is a receptor for pathogenic subgroup J avian leukosis virus[J]. Proceedings of the National Academy of Sciences of the United States of America. 2006, 103(14):5531-5536.

Hellmich R, Sid H, Lengyel K, et al. Acquiring Resistance Against a Retroviral Infection via CRISPR/Cas 9 Targeted Genome Editing in a Commercial Chicken Line[J]. Frontiers in Genome Editing. 2020, 2:3.

Koslová A, Trefil P, Mucksová J, et al. Precise CRISPR/Cas 9 editing of the NHE 1 gene renders chickens resistant to the J subgroup of avian leukosis virus[J]. Proceedings of the National Academy of Sciences of the United States of America. 2020, 117(4):2108-2112.

Kucerová D, Plachy J, Reinisová M, et al. Nonconserved tryptophan 38 of the cell surface receptor for subgroup J avian leukosis virus discriminates sensitive from resistant avian species[J]. Journal of Virology. 2013, 87(15):8399-8407.

Lee HJ, Yoon JW, Jung KM, et al. Targeted gene insertion into Z chromosome of chicken primordial germ cells for avian sexing model development[J]. The FASEB Journal. 2019, 33(7):8519-8529.

Woodcock ME, Gheyas AA, Mason AS, et al. Reviving rare chicken breeds using genetically engineered sterility in surrogate host birds[J]. Proceedings of the National Academy of Sciences of the United States of America. 2019, 116(42):20930-20937.

汤波. 基因编辑技术改写"生命天书"[J]. 科学24小时, 2018, No.342(03):4-9.

### 细胞培养肉能替代养殖鸡肉吗?

Bryant CJ. Culture, meat, and cultured meat[J]. Journal of Animal Science. 2020, 98(8):72.

Lee KY, Loh HX, Wan ACA. Systems for Muscle Cell Differentiation: From Bioengineering to Future Food[J]. Micromachines (Basel). 2021, 13(1):71.

Reiss J, Robertson S, Suzuki M. Cell Sources for Cultivated Meat: Applications and Considerations throughout the Production Workflow[J]. International Journal of Molecular Sciences. 2021, 22(14):7513.

Rubio NR, Xiang N, Kaplan DL. Plant-based and cell-based approaches to meat production[J]. Nature Communication. 2020, 11(1):6276.

# 后　记

我们三位作者是从事动物遗传育种研究的科研人员，对鸡这一物种，自以为是司空见惯，再熟悉不过。由于工作需要，我们最初只是想利用业余时间，写几篇科普文章，介绍一些肉鸡产业的发展历程和最新科技进展。当我们收集整理相关资料时，发现很多之前我们自己都并不完全了解的关于鸡的历史故事、文化故事和科学故事，这让我们对鸡物种本身和肉鸡产业有了新的认识，因此决定撰写这样一本科普图书。

我们三个人合作撰写这本科普图书也是一种新的尝试。文杰研究员是国家肉鸡产业技术体系的首席科学家，刘冉冉博士是中国农

### "吃鸡自由"科学简史

业科学院从事肉鸡育种工作的一线研究人员,也是中国农业科学院院级科普工作者,他们对肉鸡产业和肉鸡育种科技非常熟悉,也认识到科普工作对肉鸡产业发展非常重要,但是由于平时科研工作非常繁忙,很难腾出时间和精力来进行系统的科普工作。而汤波博士也是动物遗传育种专业的专家,近年来热心从事科普创作,取得了一些成绩,希望科普工作更好地为产业发展服务,但是对肉鸡产业和科技进展缺乏系统深入的了解。

在一次偶然的交流后,出于对肉鸡产业科普工作的兴趣和责任,三个人一拍即合,决定组成一个团队,共同开展肉鸡产业和科技创新的科普工作。文杰老师负责科普图书总体框架制定、主题遴选,以及图书修改、完善和定稿等工作,全程领导科普图书创作和出版事宜;刘冉冉负责主题完善、文献资料准备和初稿审核;汤波则负责将这些文献资料加工成科普图书的初稿,再交给文杰和刘冉冉审阅和修改。三位作者各司其职,发挥各自的专业特长,共同完成了这本科普图书的创作工作,不失为科普服务于产业发展的有益尝试。

当然,这本科普图书得以顺利出版,也得到了很多同行业专家、老师和同学们的热心帮助。张亚平院士专业、真挚地为这本书撰写了序言,周忠和院士、黄路生院士、姚斌院士和范志红教授为这本图书撰写了推荐语,五位专家还对书稿提出了很多专业性修改

# 后 记

建议，在此特别感谢。在创作科普图书的过程中，中国农科院牧医所鸡遗传育种团队的赵桂苹、郑麦青、崔焕先、李庆贺、王巧等老师给予了大力支持，孙嘉宏、白露、马小春、邢文昊等研究生协助查阅了文献资料，王永丽、蔡克奇、刘晓静、骆娜、王艳可、陈艳茹、王梦杰等研究生对书稿进行了细致认真的审校，在此一并表示感谢。最后还要感谢科学普及出版社青少一分社社长邓文老师、责任编辑郭佳老师和助理编辑王惠珊老师专业的编辑工作，以及画师陈浩老师的精美配图，为这本科普图书增色不少。

但是，由于我们的专业和精力所限，加上时间仓促，这本科普图书的大部分内容侧重于鸡遗传育种，没能对肉鸡产业中的疫病防控、营养调控、肉食加工等领域进行深入详细的介绍。这些领域的专家也取得了令人瞩目的、对肉鸡产业产生深远影响的重大科技成果，希望将来有机会邀请相关领域的专家，一起对这本科普图书进行修订完善。

同时，由于作者的知识局限，书中难免会有遗漏和谬误，还请各位读者不吝赐教，我们将虚心接受，并在再版时予以纠正。

文杰　汤波　刘冉冉

2023年2月20日